全国教育科学“十二五”规划 2011 年度教育部重点课题
中国教育技术装备发展史研究(课题批准号 DCA110188)研究成果

教育装备理论与实践

艾伦　徐力　主编

首都师范大学出版社
CAPITAL NORMAL UNIVERSITY PRESS

图书在版编目(CIP)数据

教育装备理论与实践/艾伦，徐力主编. —北京：首都师范大学出版社，2015.9

ISBN 978-7-5656-2438-4

Ⅰ.①教… Ⅱ.①艾… ②徐… Ⅲ.①教学设备－研究－中国 Ⅳ.①G484－53

中国版本图书馆 CIP 数据核字(2015)第 159537 号

JIAOYU ZHUANGBEI LILUN YU SHIJIAN

教育装备理论与实践

艾伦　徐力　主编

责任编辑　孙　琳

首都师范大学出版社出版发行

地　址　北京西三环北路 105 号

邮　编　100048

电　话　68418523(总编室)　68982468(发行部)

网　址　www.cnupn.com.cn

印　刷　北京集惠印刷有限责任公司

经　销　全国新华书店发行

版　次　2015 年 9 月第 1 版

印　次　2015 年 9 月第 1 次印刷

开　本　710mm×1000mm　1/16

印　张　19.5

字　数　365 千

定　价　43.00 元

本书编委会

主　编　艾　伦　徐　力

参编人员（按负责章节前后排序）

薛　鹏　何　智　许成果　张　杰

前　言

教育装备是教育的重要组成部分。中国在高速向前发展，而各个行业的发展都需要并依赖现代化的装备。教育行业也不例外，没有教育装备的现代化，就没有教育的现代化，教育装备的现代化既是对教育现代化的促进，也是对教育现代化水平的衡量。但是，与其他行业的装备相比，教育装备有它的特殊性，这是因为教育装备与其他装备具有本质上的不同，它的作用对象不是物，而是人类头脑产生的思想、知识、精神。所以，对教育装备的研究就必须是"见人见物"的研究，教育装备必须科学有效地为教育服务。

本书在许多部分都涉及教育装备行业。教育装备行业的构成较为复杂，它既包括生产制造教育装备的广大企业，也有教育装备管理部门、研究机构、服务组织等，同时还包括学校这个教育装备的直接用户。所以，作为反映教育装备事业发展的一本书，就需要针对整个行业进行全面的分析研究，既要考虑行业内部组成部分的全面性，还要考虑教育层次的全面性，同时也要兼顾行业研究领域的全面性。因此，本书的内容涉及行业内的生产、管理、研究、使用的各个组成部分与部门，同时也涉及教育装备的生产、研发、使用、管理及评价的理论与实践。

教育装备主要有三大研究领域：教育装备研发与生产、教育装备应用和教育装备管理。本书涉及教育装备管理与教育装备应用两大领域，是用于培养教育装备管理人员的一本教材。书中论述了教育装备的概念、教育装备的基本理论、教育装备的前期管理、应用管理、科学管理、科学使用与评价、信息化发展、标准化问题，以及教育装备人才需求分析与培养模式。本书作为教材涉及的内容是教育装备研究与实践领域需要认真对待和急需解决的问题。本书对教育装备的概念界定、功能定位、教育意义、发展来源等也都有较为深入的阐述，对教育装备实践领域的建设、配备、管理、应用、研究、培训、评价、生产等内容都有介绍，并辅以案例进行说明，对降低学习者认知强度和培养学习者管理能力都具有很好的作用。教材有知识型和能力型两种类型，本书定位在能力型教材上，以案例的方式对隐性知识(能力)进行传授，体现了以提高学生能力为目的的教学方法与过程的特点。

本书共分为7章。第1章《教育装备基本概念》由艾伦(首都师范大学)、徐力（首都师范大学）编写；第 2 章《教育装备选择与购置》由薛鹏（北京联合大学）编写；第 3 章《教育装备有效应用》由何智（北京市教育技术设备中心）、艾伦、徐力编写；第 4 章《教育装备科学使用与评价》由许成果（广东技术师范学院）编写；第 5 章《教育装备信息化发展》由张杰（福建师范大学）编写；第 6 章《教育装备研究及标准化建设》由艾伦编写；第 7 章《教育装备人才需求与培养》由艾伦编写。全书由艾伦、徐力进行整理。

本书涉及的大部分内容是全国教育科学“十二五”规划 2011 年度教育部重点课题“中国教育技术装备发展史研究（课题批准号 DCA110188）”项目的研究成果，该课题的项目负责人为李兴植，而参与本书编写的人员大部分为该课题的项目组成员。

本书在编写过程中得到刘诗海先生、刘强女士、党建伟女士与蔡石坚先生的帮助，在此表示衷心的感谢。

由于作者水平有限，书中存在诸多不妥之处，望读者能够给予批评指正。

编者

2015.6

目　录

第1章 教育装备基本概念

一般来说，一个研究领域或一个学科的理论体系应该由四部分构成：①属于认识论范畴的描述性理论，解决“是什么与为什么”的问题，即研究对象与研究目的；②属于方法论范畴的操作性理论，解决“做什么与怎么做”的问题，即研究方法；③属于道德论范畴的解释性理论，解决“何以如此想与何以如此做”的问题，即逻辑起点；④属于历史观的史实性理论，解决“前人怎样想与前人怎样做”的问题，即历史起点。

第1节 教育装备研究对象

目前，“装备”一词愈来愈多地见诸媒体，被人们频繁使用。同时该词在政府部门的文件中也频频出现，仅在《中华人民共和国国民经济和社会发展第十二个五年(2011～2015年)规划纲要》文本中，“装备”一词就使用了29次之多，主要集中在装备制造、技术装备、装备产品、武器装备。这一现象说明，人们对装备的重视程度正在逐渐增加，理解正在加深。

一、装备的作用

装备一词源自军事领域，当作名词使用时表示军事装备物资，而当动词使用时则表示对装备物资的配备行为，在《辞海》中，“装备”的注释是：“军队用于作战和作战保障的各种器械、器材等军事装备的统称。”之后逐渐扩展到其他领域，如：工业装备、农业装备、科研装备、医疗装备、体育装备、教育装备等。装备的本质属性其实是人工制造的工具，而各个领域的发展都依赖着该领域装备的现代化、自动化、智能化。尤其是在军事方面，“现代战争，打仗就是打装备”基本上成为人们的共识。装备的发展对人类历史的进步也起着至关重要的作用，最为典型的就是几次工业革命。18世纪末至19世纪初，高效率实用型蒸汽机的使用，引发了第一次工业革命，它推动着人类进入了工业化时代；19世纪末至20世纪初，电动机和电气电力设备大规模使用，由此产生了第二次工业革命，使得人类的生产和生活进入了自动化时代；20世纪末至21世纪初，计算机和信息技术的成功应用，则促使人类向智能化时代迈进。装备的发展促进领域的发展，从而决定着人类社会的前进，装备的进步还增加了人们的知识，从而改变人们的生活方式。

二、装备的作用对象

虽然各个领域都需要重视和发展装备，但是它们的装备却因为作用对象的不同而存在巨大的差异。能源、钢铁、机械、化学、纺织、烟草、加工等工业领域装备的作用对象多为无机物和有机非生命的物质。种植业、林业、畜牧业、渔业、副业等广义农业领域装备的作用对象多为植物或动物的生命体。军事装备的打击对象是敌人和敌人的设施，所以军事装备的作用对象以人为主，并兼有非人类的东西，而且与其他建设性装备相比，它具有破坏性、摧毁性的性质。医疗装备、体育装备、教育装备的作用对象都是人类本身，并且都有建设性的作用。上述各个领域都有自己的科研装备，这些科研装备则根据相关研究领域来确定其装备特点。

三、教育装备的作用对象

虽然教育装备的作用对象与医疗、体育装备一样都是人类本身，但是它们在本质上存在不同。医疗、体育装备基本上是针对人体的生理机能与健康，而教育装备则更多地是为了人类心理的健康、思想的进步、知识的丰富、头脑的强健等。教育装备在研发、设计、生产等方面都有别于其他领域的装备。教育装备有它自己的特点，它的作用对象是宇宙万物中最高级、最复杂的人类的头脑。在这方面，心理学与教育有着非常相似的地方，从学科角度讲，心理学也属于教育学科门类，所以在这里就将心理学装备纳入了教育装备体系。

工业装备作用对象的简单性，使得工业装备得以优先快速发展起来。然而，正是由于教育装备作用对象的高级性与复杂性，使得它的研究始终处于初级阶段。教育装备的发展从来都是“拿来主义”，都是将其他领域的装备直接拿来使用，使得它的性质类似于科研装备，还未构成自己独立的体系。“拿来主义”的教育装备还反映出它们支持的学习正处于模仿阶段，在模仿其他领域的工作，而模仿则是最初级的学习方式。教育装备的研究就是要构建教育的装备体系，使得由教育装备而形成的教学环境下的学习变为高级的学习。

四、装备与主客体关系

装备作为工具时，是人类感官、肢体、思想的延伸。无论是工业、农业、军事、医疗、体育还是教育领域的装备，在设计、制造以及管理它们的过程中，人是这个系统中的主体，而被设计、制造、管理的装备是这个系统中的客体。但是在装备的使用过程中，情况就比较复杂了。在工农业生产过程中，工农业装备被系统中的主体——人——所使用，装备的作用对象是非人类的，这些对象正是系统的客体，并且是具象化的客体，而装备本身则只是工具，是人类感官、肢体的延伸，它既不是主体也不是客体。但是，当装备的作用对象是人类时，例如医疗、体育、教育装备，情况就有所不同。由于人具有主动性与能动性，装备的作用对象人不再是系统的客体，而是与装备的使用者一起构成了系统的主体。系统的客体发生了异化并变得抽象化，装备则仍然只是工具属性，是人工资源。医疗系统中，医生与病人都是主体，而身体的疾病则成为客体；体育系统中，教练与运动员都是主体，而人的体质则成为客体；教育系统中，教师与学生都是主体，而知识则成为客体(图 1.1 说明了这种关系)。其中，客体疾病、体质、知识都具有抽象化的特点。人作为军事装备的作用对象，仍然保持客体地位。对于使用军事装备的主体来说，敌人就是客体，与非人类的装备作用对象保持其客体性表现是一致的，反映出战争行为的非人性一面。如果用哲学语言描述装备的特性，可以这样说：在设计、制造、管理过程中的装备为"知识体"，因为这个过程正在增加装备的使用价值；而使用中的装备就成为"物自体"了，因为此时正体现着它的自然本性，正释放着它的使用价值。这就像交换当中的面包(知识体)和正在被吃下去的面包(物自体)之间的区别一样。

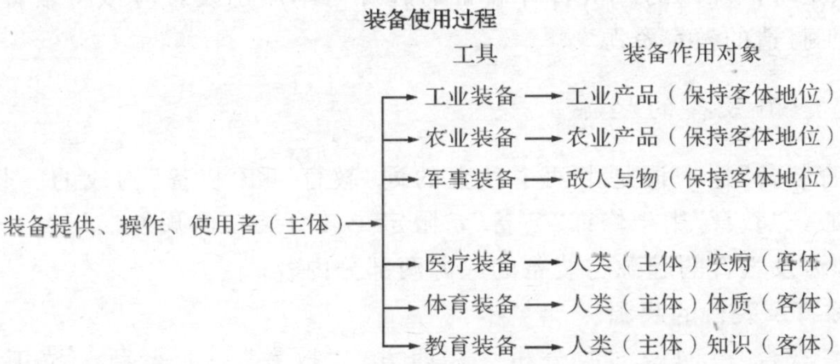

图 1.1　装备的主客体关系

教育系统的特殊性使教育装备的表现产生了质的变化。例如，作为工业装备的一台机床在工厂生产时，其加工的工件就是装备的作用对象，同时它也是这个工业系统中的客体，主体是它的加工者——工人。而将这台机床放到学校里进行教学时，机床与被加工的工件都成为教育装备(它们的作用对象是学生），变成了工具，不是主体也不是客体；教师和学生是这个教育系统中的主体，机床加工原理知识和技能成为该系统的客体。进一步分析可以看出，以学习加工原理知识为目的的机床和以掌握加工技能为目的的机床也应该是有区别的，用于学习知识的机床应该更加清楚地展现出加工过程与原理，而用于掌握技能的机床就应该更加接近工业环境中实际的机床。作为教育装备，它们的共性只表现在更加突出其安全性这一点上。因此可以认为，对于普通教育应该设计制造适应其特点的装备，而对于职业教育就应该直接使用其专业所对应领域的实际装备。

通过上述分析可以得出以下结论：①教育装备在所有装备中具有特殊性，它的作用对象是最为复杂和最为高级的人类的头脑。②在设计、制造和管理的过程中，教育装备处于系统中客体的地位；而在使用过程中则起着工具的作用，既非主体也非客体。③“拿来主义”的教育装备配备不是科学的配备，应该为教育设计自己的装备，以改进学习模式。④教育装备研究的重点在于应用，教育系统客体异化的现象决定了教育装备应该切忌“见物不见人”的研究方式。

第 2 节　教育装备的起源与本质

研究教育装备的起源与研究教育装备的本质其实是一个问题的两个方面。如果说研究教育装备的起源是在寻找它的历史起点，那么研究教育装备的本质就是探讨它的逻辑起点，而马克思主义认为，一个事物的历史起点与逻辑起点应该是辩证统一的。从教育装备的起源与本质出发，应该将教育装备定义为“人工打造的教育资源”。

一、教育装备的起源

“教育装备”这个词是由两个独立的词“教育”和“装备”构成的。其中“装备”是核心，“教育”用于修饰“装备”，限定了教育装备的属性。因此，教育装备的起源涉及教育的起源与装备的起源两部分内容。

1. 教育及装备的起源

先对“教育”一词做词源分析。在西方，“教育”一词来源于拉丁文动词“educere”。这个词是由前缀字母“e”和“ducere”两部分组成的。前缀字母“e”在拉丁文中的意思为“出”，“ducere”的意思为“引”，合起来是“引出”的意思。这就是说，教育要用引导的方法来发展学生的身心。在中国，“教育”最早见于《孟子·尽心上》。但是在 20 世纪之前，很少有人直接使用这两字连用的词，而是使用“教”或“学”。其中，“教”在甲骨文中的常见写法是“[illegible]”，左边下半部是表示孩子的人形，左边上半部是一个“爻”字(有卜卦或真相的意思)；而右边则是一个成人手拿鞭子或棍子，表示正在督促孩子学习。

关于教育的起源，一般有四种学说：第一，教育的生物起源说。教育的生物起源说发起者法国人利托尔诺认为，动物正是基于它们固有的天赋和保存自己种类的本能才把“知识”“技巧”传授给幼小的动物。第二，教育的心理模仿起源说。美国教育史专家孟禄是教育的心理起源论的代表，他用心理学的观点去解释教育起源问题，认为教育起源于无意识的模仿。第三，教育的劳动起源说。20世纪30年代，苏联教育理论界认为劳动是从猿转变为人的根本原因，劳动创造了人，因而劳动必然是教育产生的最初的本源。于是他们在此理论基础上，建立了教育起源于劳动的新理论。第四，教育的人类社会需求起源说。从马克思主义观点来看，需要是人类社会生活中存在的一切现象的动因和根由，研究教育这种社会现象的起源问题，只有从需要的角度来考察和分析才是正确的。从人类学、文化学的观点来看，文化是人类群体和个体共同需要的，并统一于教育这一社会文化传承的活动之中。教育起源于社会生活的需要是指起源于社会群体传递、传文化于个体和个体社会化这两方面的共同需求。

探讨教育的起源问题不仅要从逻辑上论述，还需要考古学的支持。中国的考古发现，仰韶文化(公元前4800～前4300年)遗址的西安半坡村有一间160余平方米的大房子，里面有早期的图形文字。历史学家认为这是氏族活动的场所，而这些活动起着教育的作用，该场所被认为是最早的学校。国外的考古学家则认为古巴比伦在大约公元前2100年建立了世界上最早的学校，这些学校主要使用泥板作为书写工具，因此称为“泥板学校”。这些学校纪律严明，“学生经常会受到老师的棒打和鞭笞的处罚”。通过这些考古发现可以看出，教育确实是与人类的社会活动相关联的，自有人类起就有了教育，教育是人类的社会需求。

“装备”一词可以做名词使用，也可以做动词使用。做名词使用时，装备是被其概念规定的客体(相对于主体人)或实体，是装备物，对应的英文单词是名词“equipment”。而做动词使用时，装备则是表示对主体(人)进行客体装备物配备的行为，对应的英文单词是动词“equip”。其中名词“cquipment”是配备、装备、设备、器械、用具的意思，但同时还有才能、知识、素养的意思。及物动词“equip”是装备、配备行为和使有能力、使有资格以及赋予的意思。在《辞海》中，“装备”一词的注释是：“军队用于作战和作战保障的各种器械、器材等军事装备的统称。”而《现代汉语词典》的解释有两个：“①配备(武器、军装、器材、技术力量等)；②指配备的武器、军装、器材、技术力量等。”显然，汉语中“装备”一词更多的是作为名词使用。但是，将一个部队或一个学校"装备起来"这样的语言逐渐被普遍使用，而且被人们所理解，其中"装备"是作为动词使用的。"装备"一词最早仅限于军事和工业。随着科学技术的高速发展，"装备"一词已经广泛地用于各个领域，教育装备的概念已经被人们所接受。

现在，"教育装备"通常作为名词使用，其中的"装备"一词也是名词。所以在这里只分析作为名词的"装备"的起源问题。从上述装备的词源分析中可以看出，所谓装备，应该主要体现在人类为了某种目的而生产制作的物品。生产制作的物品属于"技术物"或"技术工具"，而非生产制作或自然形成的物品则是"非技术物"。最早的人类在狩猎时需要工具，他可以从地上随便找一根木棍，这根天然的木棍是不具有技术含量的，可称它为"非技术物"。而当他对一根木棍进行修整和打磨（黑格尔在《小逻辑》中称其为"陶冶"）使它变得尖利后，作为狩猎工具它将更为有效，此时木棍具有了技术含量，就变成了"技术物"。技术物的功能有效性使人类对技术更感兴趣，于是技术得以继承、发扬、发展。装备是生产制作的物品，所以它是技术物。从这一点来说，装备与技术装备是同一个事物的不同说法，它们都是在说明具有技术含量的物品。但是由于装备已经是技术物品，所以"技术装备"中的"技术"一词就显得多余，技术装备其实就是装备。

人类不具有其他灵长类动物那样的抵御严寒的厚厚毛发。从达尔文进化论的角度看，人类缺乏起码的生存条件，应该是被"劣汰"掉的物种。而人类之所以能够生存下来，并且发展成今天这样，是因为人类能够依靠劳动制造装备而改变和优化生存条件。原始的简单装备是抗寒的衣物和捕猎的工具，以及为了获得温暖而取火的器械。人类以外的其他动物都是"怕火的动物"，只有人类能通过劳动获取火源，并利用火来加工食物以便更加容易吸收营养，获得更多的热量。"人类学的研究表明，人与多数动物相比，是一种'有缺陷的生物'。人的原始特性是他的未特定化，即人的本能的匮乏。我们知道，大多数动物出生后很快就能独立生存，其生存能力是通过遗传获得的，是本能的，而人之初生，赤身裸体，孱弱无力，没有先天赋予的生存装备，因此人的生存装备需要外界赋予，具有人工性，例如抵御寒冷的衣服，对付野兽的武器，等等。"由此可以看出，装备是伴随着人类的出现而产生的，自有人类起就有了装备，装备是人类的生存需求。

2. 教育装备的起源

教育装备是与教育和装备同源的，自有人类起就有了教育，教育是人类的社会需求；自有人类起就有了装备，装备是人类的生存需求；所以，自有人类起就有了教育装备。仰韶时期的大房子、古巴比伦时期的书写泥板、教化学生使用的教鞭，其实都是当时的教育装备，它们是现代人对教育进行考古研究的依据。在中国，教育一开始就与教育装备有着不解之缘。甲骨文中，"教"字写作"[illegible]"，右边表示一个成人手拿鞭子督促孩子学习，其中的鞭子即为"教鞭"，这就是最早的教具或教育装备。外国早期的教育也是如此，在"泥板学校"里，学生经常会受到老师的棒打和鞭笞的处罚。他们同样使用教鞭这种教具。可见教鞭在早期的教育中确实起到了促进教学的作用。

教育对教育装备的依赖性是显而易见的。不仅教育装备的水平可以如实地反映教育的发展水平，而且对于教育起源、教育历史的研究，从考古学角度说，也只能通过考察当时教育装备的遗留物来进行。所以，研究教育装备的起源，就是研究教育的起源；研究教育装备发展史，其实就是从另一个角度研究教育的发展史。

二、教育装备的本质

事物的本质应该是该事物的存在价值，即作为客体的该事物对主体的作用和意义，或称"客体的主体化"。教育装备的本质也应该是其在教育系统中的存在价值。与对教育装备起源的论述一样，教育装备的本质涉及教育的本质与装备的本质。

1. 教育及装备的本质

诸多学者对教育的本质进行过阐释。捷克教育家夸美纽斯说："教育在于发展健全的个人。""只有受过一种合适的教育之后，才能成为一个人。"英国哲学家洛克说："人类之所以千差万别，便是由于教育之故。"法国启蒙思想家、教育家卢梭说："植物是由栽培而成长，人由于教育而成为人。""我们生而软弱，因而需要力量；生而无能，因而需要他人帮助；生而无知，因而需要理性。所有我们生而缺乏的东西，所有我们赖以成为人的东西，都是教育的赐予。"德国哲学家、教育家康德说："人只有靠教育才能成人，人完全是教育的结果。"瑞士教育家裴斯泰洛齐认为："教育是人类一切知能和才性的自然的、循序的、和谐的发展。"美国实用主义教育家杜威说："教育即生活""教育即生长""教育乃是社会生活延续的工具"。他还说："教育是经验的不断改组或改造，这改组使经验的意义增加，也使控制后来经验的能力增加。"苏联教育家加里宁说："依我看来，教育是对于受教育者心理上所施行的一种确定的、有目的的和有系统的感化作用，以便在受教育者的心身上，养成教育者所希望的品质。"《中国大百科全书·教育》对广义教育的定义反映出了教育的本质："从广义上说，凡是增进人们的知识和技能，影响人们的思想品德的活动，都是教育。"

通过上述对教育本质的阐述可以看出，教育具有两大功能：①教人做人

(影响人们的思想品德)；②教人做事(增进人们的知识和技能)。教育的这两大功能就是教育存在的价值，亦即教育的本质。

对一个事物本质的理解，在于该事物的不在场。某事物的不在场，使得它的存在价值更加清晰、明确。举一个哲人们经常使用的例子：假设桌子表面出现一个总是划破我手臂的钉子尖，而恰好我手边没有锤子(即锤子这个事物不存在)，则我就有可能用手上的手机去砸钉子，此时手机就被称为锤子而不再是手机。手机实现了锤子的功能，是因为虽然实际的锤子不存在，但锤子的理念作为真际还存在于我心，锤子的本质和存在价值此时充分地体现出来了。揭示装备的本质和存在价值也可以使用同样的方法，可以假设世界上所有的装备(技术物)都不存在了，则人类将会因为没有这些衣食以及获取衣食的工具而失去生存条件，但是人类的反应是马上根据自己头脑中装备的理念，通过有意识的劳动重新制造出一批新的装备来继续生存。从中可以看出装备的三个本质特征：①装备是人类生存的条件之一；②真际装备是人类心中的理念；③实际装备是通过人类有意识的劳动获得的。

通过上述分析可以看出，装备的本质就是“人类通过有意识的劳动而制造出的使人类得以生存的事物”，也就是人类的人工生存条件。生存条件在这里也可以称为生存资源，所以装备就是人工资源。但是，生存条件中除了装备以外，还需要其他条件。人类赖以生存的资源并不都是通过劳动制造出来的，除了劳动产品外，一些自然资源也是人类的生存条件。例如，河里的水、树上的野果、各种可以食用的小动物等。同时，由于人类是“社会性动物”或“怕孤独的动物”，因此相互之间的合作、协作也是人类赖以生存的重要条件，即除了自己以外的其他人也是生存资源，可以称为人力资源。这样，人类赖以生存的条件就应该包括自然资源、人力资源和人工资源三部分，而装备则是指这些资源中的人工资源部分。

2. 教育装备的本质

使得教育赖以生存的条件可以称为“教育资源”，教育资源与人类生存资源一样，也包括自然资源(如祖国山河)、人力资源(如教师学生)和人工资源(如教学设备)三个组成部分(如图 1.2 所示)。

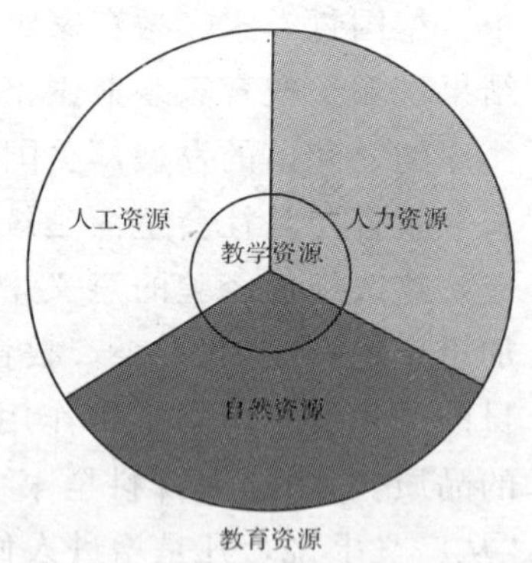

图 1.2　教育资源的组成

《教育大辞典》中定义的“教育资源”(educational resources)是教育过程所占用、使用和消耗的人力、物力和财力资源，即教育人力资源、物力资源和财力资源的总和。而“教学资源”(instructional resources)是支持教学活动的各种资源，分为人类资源和非人类资源。仔细分析可知，人类资源就是人力资源，非人类资源就是物力资源。从教育装备的角度看，财力资源并不是人们所关注的内容，在研究时可将其忽略或归入人力资源，同时将物力资源细分为自然资源和人工资源。其中，人工资源是人类为了教育教学的目的而生产、加工或改造的物力资源(教室、教具、实验仪器设备等)，自然资源是未经加工的物力资源。祖国的山河是自然资源，当用于爱国主义教育或进行地理研究时就成为教育教学资源的一部分。图 1.2 反映了教育资源和教学资源之间的关系。教学资源是教育资源中的部分人力资源(教师、学生、专家等)、部分人工资源(设备、仪器、软件等)以及一些自然资源，由它们构建起教学环境。

第 3 节　教育装备的地位与作用

教师、教材、教具曾经被喻为“教育的三大基石”。由于对其存在理解上的偏差，造成了教育装备概念界定的混乱，需要在对“三大基石”定义进行分析的基础上，说明教材、教具与教育装备之间的关系，从而进一步厘清教育装备的概念。

一、教学系统四要素

《教育大辞典》中对教学系统的定义为：“师生共同参与，旨在实现教学目标的活动体系。由教学人员(教师和学生)、教学信息(以各种形式编制的软件)、教学材料、设备(各种形式的教学硬件)构成。”南国农先生则从教育传播学的角度出发，罗列了教育传播系统构成要素的“二要素说”“三要素说”“四要素说”“五要素说”和“六要素说”，并宣称自己采纳“四要素说”，即教育者、教育信息、教育媒体和受教育者。黄荣怀教授在论述教学结构时，也定义了教学系统四要素：教师、学生、教学内容、教学媒体。

后两种定义实际上是一致的，其中“教育者”即“教师”，“受教育者”即“学生”，“教育信息”就是“教学内容”，而“教育媒体”则对应“教学媒体”。说法不同，只是因为他们的研究对象有所区别，教育和教学所规定的研究范围有差异。比较而言，《教育大辞典》中的定义可能存在一些不太恰当的地方。其中“教学信息(以各种形式编制的软件)显然是对信息定义的错误理解，因为“以各种形式编制的软件”是信息的承载物，而非信息本身。该定义中的“教学材料”实质就是“教学设备”，因此上述对教学系统的定义实际上是一致的。我们认为对教学系统的构成较为恰当的定义应该是：教师、学生、教学内容、教学媒体四部分。并进一步认为，如果将教学内容称为知识更好，而知识又包括显性知识和隐性知识(如能力)两部分。

二、教育“三大基石说”

首次提出“三大基石说”应该追溯到20世纪50年代，当时的教育部长蒋南翔在一次教学仪器厂长会议上说：“教师、教材、教具是教育的三大基本建设。”此后，延伸为“教师、教材、教具是教育的三大基石”。“三大基石说”强调了构成教学系统的环境或条件，它们是针对学生这个教学对象而言的，应该是教学系统四要素中除了学生这个要素之外的三个要素。我们认为，“教师、教材、教具”中的“教材”，必须理解为“教学内容”或“知识”才对。这是因为在当时条件下的学校教学，教学内容是仅仅呈现在一本教材(或称教科书)中的。而现在，教学内容确定后，教师和学生可以选择不同版本的多种教材或教学参考书。所以，蒋南翔先生的“三大基石说”实际上是在强调教师、教学内容(或知识)和教学媒体(即教具)的教学作用。当时的教材，就是教学内容，就是知识本身，与现在作为教育装备组成部分的教材是完全不同的概念。只有这样理解教育“三大基石说”中的教材，才不会出现将现在的教材与图书或教具在教育装备分类学上对立起来的情况，教材便自然而然地进入了教育装备的范畴。

随着社会的发展，教育装备的概念其实一直都是在变化的。“教鞭”这个现在看来带有强制性和惩戒性的教具，当时确实起过促进教学的作用。与此相似，事过境迁，教材在当年是教学内容或知识的代名词，而如今则与图书一起成为教具或教育装备的一部分。

三、教学系统三分论

无论是教学系统“四要素说”，还是教育的“三大基石说”，都告诉我们一个事实：构成学校教学系统的主要成分为人、物、知识，称为教学系统三分论。其中，人即教师和学生，是教学系统的主体；知识是教学系统的客体，具有抽象化特点；物则是教育装备或教学媒体，它既非主体也非客体。

从教育装备的存在价值角度出发，讨论教育教学系统的构成问题，可以认为装备作为工具，是人类感官、肢体、思想的延伸。在教学系统中，教育装备的作用对象是人类(学生)。但由于人具有主动性与能动性，教育装备的作用对象(学生)将不再是系统的客体，而是与装备的使用者(教师)一起构成了系统的主体，系统的客体发生了异化并变得抽象化，教育装备则仍然只是工具，是人工资源。在教学系统中，教师与学生都是主体，而知识则成为客体，并且知识具有抽象化的特点。设计、制造、管理过程中的教育装备为“知识体”，因为这个过程正在增加装备的使用价值；而使用当中的教育装备就成为“物自体”，因为此时正体现着它的自然本性，正释放着它的使用价值。这就是教学系统三分论的具体表述，它是从教育装备学视角对教学系统的分析，客观地反映了教学系统的三个主要成分在系统中的作用和地位。

四、三分论实践意义

教学系统三分论提出的意义，在于具有推动教育装备理论研究深化的作用。教育装备理论首先要将自己定位准确，明确其研究对象与研究目的，此后还有研究方法问题。教育装备理论的研究对象涉及教育装备的作用对象，以及他们一起构成的系统。而研究目的就是让这个系统优化，发挥其更大的作用。

教学系统三分论强调主体意识，将教师与学生共同视为教学系统中的主体部分，这是有教育理论、现代教学理论和现代学习理论支持的。教育装备研究必须首先充分考虑主体部分对装备的需求和适应问题，否则它的研究将没有意义。教学系统三分论提出了客体异化现象是在研究中应该特别关注的地方，教育装备的作用对象是人类——学生，但同时，学生又成为系统中的主体部分，这一点与其他领域（工业装备、农业装备、军事装备等）有很大区别，不应采取相同的研究方法进行设计、开发、使用、管理与评价。教育装备作为教学系统的工具或媒体部分，既不是主体也不是客体，且永远不会居于主体地位。在教学系统发展的过程中，人们往往忽略了这一点，总希望让教育装备发挥教学系统中主体的作用，取代系统的主体——教师。例如，斯金纳的教学机器、各种各样的智能教学软件、网络视频教学平台，等等。人们夸大了它们的作用，但它们永远不可能取代教师，这是因为教育具有两大功能：教人做人和教人做事，缺一不可。信息技术教育专家郭善渡先生曾经说过一句意味深长的话："教育这个事，必须由真人来做。"

对教学系统三分论中客体是知识的界定可能会产生较大分歧。马克思主义哲学在探讨社会经济、商品与价值问题时，界定客体必须是物质的，认为"客体的本质为：客体属于物质世界，是物质的表现形态之一，而物质的根本特性为客观存在性"。或许这正是教育"三大基石说"将教材而不是知识列为学习对象（或教学系统客体）的原因，因为教材是物化的，而知识是精神的。但是，《教育大辞典》中在教育管理学、教育法律学和教育学领域内对客体概念的界定却都强调了它们非物化的方面。例如，对教育管理客体的定义为："管理活动作用的对象。领域广泛，包括财、物、时间、空间等自然客体，人及组织、阶级、政党、国家等社会客体，以及信息、思想、学术、事业、精神等观念客体。"对教育法律关系客体的定义为："教育法律关系主体的权利义务所指向的对象，即教育法律关系客观化的表现形式。教育法律关系的构成要素一般包括物、行为和与人相联系的精神财富（精神产品和其他智力成果）

等。”对教育客体的定义为：“指教育过程中主体(包括教育者与受教育者)认识的对象。对教育者来说，其认识客体有受教育者以及所教的教材与有关的事物；对受教育者来说，其认识客体有教育者本身的言行和施教影响、所学教材以及有关的事物。”此外，也有学者将人类活动的客体分为五个大类，认为“人以自己意识的活动创造了一个感觉的、情绪的、形象的、观念的、符号的世界，这种感觉、情绪、形象、观念、符号作为活动的客体，可以称为人的活动的第三客体”。所以，将教学系统中的知识界定为客体是有依据的，是马克思主义哲学在不同领域内发展的结果。毋庸置疑，对教学系统三分论的认识必将有力地推动教育装备理论的深化和发展。

第 4 节　教育装备概念的界定

虽然教育装备定义的多样性对教育装备理论的发展没有什么不良作用，但是教育装备概念的不清晰对教育装备发展历史的研究却是十分不利的。所以在这里必须将教育装备的概念尽量界定清楚，将教育装备与教育技术装备的区别尽量阐释明白。

一、概念界定的方法

概念的界定就是给概念下定义，概念清楚了，定义并不一定是十分准确的。给概念下定义有各种各样的方法，一般认为有：逻辑学定义方法与认识论定义方法。逻辑学定义方法根据形式逻辑中对概念与定义的规定，采用“属＋种差”的定义方法；而认识论定义方法则采用“发生定义”的方法。除此之外，还可以细分为：词法定义、情境定义、内涵定义、外延定义、列举定义等诸多方法。其中使用比较多的是“属＋种差”定义方法、内涵定义方法和列举定义方法。“属＋种差”定义就是先找到被定义概念的临近属概念，再找出其种概念之差，将它们合并成为该概念的定义。内涵定义是将一个事物与其他事物之间不同的所有特征描述出来。而列举定义是一种特别的外延定义，它列出一个概念所描述的所有的事物；列举定义只适用于有限集合，而且只有在这个集合比较小的情况下才有意义。

二、教育装备定义的多元化

“教育装备学”这个名词最初是华东师范大学祝智庭教授于 2002 年为首都师范大学教育技术系一个专业方向的命名。自“教育装备”这一概念提出以后，教育装备理论研究经历了概念界定、内容划分、方法引进、历史考察等一系列活动。对教育装备的定义也多种多样，现部分列出。其中，将教育技术装备的定义也部分列出。

(1)“教育装备是在教育活动中，支持承载和传递知识信息的配备物和配备行为。也可以更加具体地表述为：教育装备是指实施和保障教育教学活动所需的仪器、设备、资料、学具、设施以及相关软件的总称”(何智，等：《教育装备的发展特点分析》，《长春2004年教育技术国际论坛论文集》，长春：吉林大学出版社，2004年，第746页。)

(2)教育装备是指在教育领域中，为实施和保障教育教学活动而配备的各种资源总和以及对其进行相应配置、配备的行为与过程。(殷常鸿，等：《教育装备理论框架构建浅析》，《中国教育技术装备》，2005年第11期。)

(3)教育装备是指实施和保障教育教学活动所需的仪器、设备、资料、学具、设施以及相关软件的总称。(艾伦，等：《教育装备与装备制品差异分析》，《中国教育技术装备》，2006年第2期。)

(4)教育技术装备，是指实施和保障教育教学活动所需的物质设施(包括教学仪器、教学设备设施、教学资料，包括软件、工具和教育教学的环境)。(后有为：深化对教育技术装备的认识，用教育技术装备促进学校发展、促进教育教学改革、促进教师的专业成长，http://www.njjyzb.cn/old/article/view1240.aspx)

(5)教育技术装备是指为实现教育教学目的，在一定的环境下进行建设、配备、管理、使用、研究的各种物质条件和手段的总和。(马如宇：《教育技术装备概念及内涵界定思考》，《中国教育技术装备》，2009年第23期。)

(6)教育装备是整个教育资源中除了人力资源、自然资源以外的一切人工资源部分。(艾伦：《教育装备学与教育技术学》，《中国教育技术装备》，2009年第29期。)

认真分析上述六个定义可知：①定义(1)和定义(3)属于列举定义；定义(2)、(4)、(5)属于内涵定义；而定义(6)属于“属 + 种差”定义。②定义(2)和定义(5)除了定义物化的装备外，还限定了“行为与过程”和“手段”，所以它们对名词教育装备和动词教育装备一并进行了定义。③从定义(1)到定义(6)的顺序是按照文章发表年代排列的，从中可以看出对教育装备认识的渐进过程。④因为“列举定义只适用于有限集合，而且只有在这个集合比较小的情况下才有意义”，而教育装备可认为是一个无限集合，所以定义(1)和定义(3)的列举定义是不够完备的，不满足定义规定。⑤根据本书对教育装备本质的分析，教育装备应该是物化的，所以定义(2)和定义(5)有些偏颇。⑥定义(2)“实施和保障教育教学活动而配备的各种资源总和”中的“资源”是否包括人力资源、财力资源和自然资源？如果包括，显然是不对的，因为它犯了外延过宽的错误。⑦定义(4)虽然属于内涵定义，但是在后面括号内的说明其实采用了列举定义的格式，有悖定义的原则。⑧定义(6)也可以简化后描述为“人工打造的教育资源”，其中“教育资源”是教育装备的临近属概念，而“人工打造的”则是种差，完全满足“属 + 种差”定义的规定。所以我们认为定义(6)或其简化定义“人工打造的教育资源”对教育装备概念的界定更为合理一些。

三、教育装备逻辑起点与历史起点的辩证统一性

探讨逻辑起点与历史起点往往是针对一个学科或一个研究领域而言的，一般不会针对某个具体的物件。所以，本书中的教育装备的逻辑起点与历史起点问题，其实是将“教育装备”作为一个研究领域来看待，此处它并不代表具体的装备物。但是，对具体装备物本质与起源的研究，为探讨教育装备的逻辑起点与历史起点起到了奠基的作用。前文说“研究教育装备的起源就是在寻找它的历史起点，研究教育装备的本质就是探讨它的逻辑起点”是有道理的。

黑格尔认为：“那在科学上最初的东西，必定会表明在历史上也是最初的东西。”早期的教育无论是生物起源、心理模仿起源、劳动起源还是社会需求起源，其本质都是“增进人们的知识和技能，影响人们的思想品德”。这里的“知识”是显性知识，通过口耳传诵就能够达到知识传播的目的。但是口耳传诵会产生误差和丢失信息，所以在文字发明以后就采用文字记录的方式，而用于文字记录的泥板、竹简、兽皮、书本等就成为早期的教育装备。“技能”则是隐性知识，进行知识传授时往往必须借助一些实物或工具，即使是教育生物起源说中成年动物教育幼子学习捕猎，也是需要捕猎目标这一实物作为教育装备出现的。“影响人的思想品德”可以通过语言说教、榜样行为、制度约束与文化传承。其中语言说教与榜样行为在知识和技能传授中的作用都已经有所体现，在影响人的思想品德方面，其教育装备的作用也必然相同。而制度约束与文化传承过程则必须依赖信息的承载物，此时这些信息载体即为教育装备。做出上述判断的依据正是黑格尔关于逻辑起点与历史起点的辩证统一性的论断。

四、教育装备与教育技术装备的异同

与“教育装备”相比，“教育技术装备”是一个较为含糊的概念，对它存在着三种不同的理解，分别为“教育技术与装备”“教育之技术装备”和“教育技术之装备”。“教育技术与装备”应理解为“教育技术与教育装备”。“教育之技术装备”强调限定于教育的技术装备。但是因为装备与技术装备是同一个事物的不同说法，它们都是在说明具有技术含量的人造物品，所以装备就是技术装备，“教育之技术装备”其实就是教育装备。“教育技术之装备”强调限定于教

育技术的装备。“教育技术之装备”较为恰当的说法应该是“教学装备”，即教学资源中的人工资源部分(参见图 1.2)，一般是指构成课堂教学环境的各种现代化信息设备，如多媒体教室设备、计算机网络教学设备、电子教科书等；有时也指现代化自主学习设备，如手持移动学习设备(手机、PDA 以及各种平板电脑等)。而传统的图书资料、各个学科的实验室仪器、操场的体育设备以及各种学校设施，则与教学装备一起构成了教育装备。教育是个较大的概念，而教育技术是教育概念下的一个小概念。所以，教育装备是个较大的概念，而教育技术之装备是在教育装备概念下的一个小概念。

五、教育装备与教具的关系

刘济昌老先生在他的《教具理论研究导论》中对教具所下的定义为：“教具是在教学过程中体现教育思想、教育目标、教学内容，运用直观教学、情景教学、实验观察、信息交流、操作训练等方法时所用器物和装备的总和。”该书多次特别强调教具不包括教材。这样的理解与人们对教育装备的认识产生了巨大差异。刘济昌老先生对教具的定义属于列举定义，这就限定了他所描述事物的集合应该是一个有限集合而且是较小的集合。但是定义中说到教具是教学过程中“器物和装备的总和”，规定了教具是包括教育装备的，可又不能包括教材。本书中对教育装备的定义是“人工打造的教育资源”，它既包括教具、学具、图书等，又包括学校与教育机构中的各种设施和工具，是一个无限集合，属于“教育资源”。在这里不对两个定义的合理性做深入的讨论，只从实用的角度出发进行说明。如果现在需要建立一个专业，是将它称为“教育装备学”好，还是称为“教具学”好？作为一个学科，“教育装备学”具有一定的深度和广度，有较久远的历史；而“教具学”显得不够厚重。

六、教育装备学与教育技术学

教育技术学与教育装备学是两个不同的学科。人们习惯使用“教育技术装备”这个名词，是因为教育装备学是伴随着教育技术学的发展而建立起来的。而且从学科层次的关系看，开始时，在一些高校，教育装备学还只是作为一个方向(三级学科)，并且放在教育技术学这个专业(二级学科)下面。2010 年，教育部高等学校教育技术学专业教学指导委员会正式将教育装备学列为教育技术学的一个研究方向。但是不能就此认为教育装备学就是从属于教育技术学的。本书将要阐述：其实教育装备学与教育技术学一样，它们应该是从属于教育学这个一级学科下的两个专业。

1. 学科类别与学科层次划分

一个学科的建立要解决三个基本问题，即该学科的研究对象、研究目的、研究方法。学科的层次一般分为四级：学科门类、一级学科（常简称为学科）、二级学科（常称为专业）、三级学科（常称为方向）。认真分析学科层次及分类情况，可以得出如下结论：

（1）同一个学科门类下的一级学科之间，在研究目的、研究对象和研究方法上都是不同的。例如，教育学科门类下的三个一级学科（教育学、心理学、体育学）就是如此。它们具有完全不同的研究目的、研究对象和研究方法。

（2）同一个一级学科下的二级学科具有相同的研究目的，但是研究对象和研究方法是不同的。例如，教育学这个一级学科下的10个二级学科，它们的研究目的可以认为都是“优化教育教学过程，提高教学效率和教育效益”。而二级学科中的高等教育学和学前教育学在研究对象和研究方法上显然是不一样的。

（3）同一个二级学科下的三级学科具有相同的研究目的和研究对象，但是研究方法有所不同。例如，教育技术学这个二级学科下的5个三级学科，它们的研究目的都是优化教育过程，是相同的。它们的研究对象是教学过程和教学资源，也是相同的。三级学科中的教育软件与知识工程的研究方法是智能算法问题，而信息技术教育的研究方法是教学设计问题，它们是不同的。

2. 教育资源与教学资源界定

《教育大辞典》中对“教育”的定义为：“教育（education）是传递社会生活经验并培养人的社会活动。通常认为广义的教育，泛指影响人们知识、技能、身心健康、思想品德的形成和发展的各种活动。狭义的教育，主要指学校教育。即根据一定的社会要求和受教育者的发展需要，有目的、有计划、有组织地对受教育者施加影响，以培养一定社会（或阶级）所需要的人的活动。”而对“教学”的定义为：“教学（teaching）是以课程内容为中介的师生双方教和学的共同活动，是学校实现教育目的的基本途径。特点为通过系统知识、技能的传授与掌握，促进学生身心发展。”显然，教育涵盖了教学，即教育是个大概念，教学则是教育概念中的一个小概念。《教育大辞典》中还定义：“教育资源（educational resources）是教育过程所占用、使用和消耗的人力、物力和财力资源，即教育人力资源、物力资源和财力资源的总和。”“教学资源（instructional resources）是支持教学活动的各种资源，分为人类资源和非人类资源。”仔细分析可知，人类资源就是人力资源，非人类资源就是物力资源。从教育技术和教育装备的角度看，财力资源并不是我们所关注的内容，在研究时可将其忽略或归入人力资源，同时将物力资源细分为自然资源和人工资源。其中，人工资源是人类为了教育教学的目的而生产、加工或改造的物力资源（教室、教具、实验仪器设备等），自然资源是未经加工的物力资源。祖国的山河是自然资源，当用于爱国主义教育或进行地理研究时，就成为教育教学资源的一部分。图1.2反映了教育资源和教学资源之间的关系。教学资源是教育资源中的部分人力资源(教师、学生、专家等)、部分人工资源(设备、仪器、软件等)以及一些自然资源，它们构建起教学环境。

3. 教育技术与教育装备定义

人们所熟知的教育技术定义是1994年AECT(美国教育传播和技术协会)对教育技术的定义："教育技术是对教学过程和教学资源进行设计、开发、使用、管理和评价的理论与实践。"定义中同时指出了教育技术的研究对象为教学过程和教学资源。

在教育装备学的发展过程中，人们曾经对教育装备进行过多次定义，但是最为确切的定义应该为：教育装备是整个教育资源中除了人力资源、自然资源和财力资源以外的一切人工资源部分。这正是教育装备学的研究对象。

4. 教育装备学与教育技术学对照

毋庸置疑，教育装备学与教育技术学具有相同的研究目的，都是为了优化教育教学过程，提高教学效率和教育效益。

教育装备学与教育技术学在研究对象上是不同的。教育技术学的研究对象是教学过程和教学资源，而教育装备学的研究对象则是教育装备以及教育装备与人和环境的关系。从教育资源的角度看，教育装备学和教育技术学在研究对象上有重叠，即教学资源中的人工资源部分(见图1.2)。在对研究对象的处理上，教育装备学与教育技术学也是不同的。教育技术学对教学资源的研究重点是如何合理使用，让教学资源在教学过程中发挥更大的作用。而教育装备学对教育装备的研究重点是教育装备的系统设计、合理配备、科学管理和综合评价。

教育装备学与教育技术学除了研究对象不同外，研究方法也是不同的。教育技术学的操作性理论是教学设计理论，而教育装备学的操作性理论是教育装备系统设计和教育装备管理理论。其他方面的比较，见表1.1。

表1.1　教育装备学和教育技术学比较

	教育技术学	教育装备学
学科性质	教育学与信息科学交叉	教育学与装备学交叉
研究目的	优化教育过程，提高教育效率和教育效益	
基础理论	教育学、信息论和系统论	教育学、系统论和控制论
研究对象	教学过程和资源	教育装备
操作性理论	教学系统设计	装备系统设计和管理
解决问题	做什么和怎么做	用什么做和怎么用

从上面的分析可以看出，教育装备学和教育技术学本应是同属于教育学的两个不同专业(二级学科)，但由于教育装备学的发展刚刚起步，理论还不够成熟，因此目前暂时在教育技术学专业下作为一个方向(三级学科)存在。可以预见，在不久的将来，教育装备学必定有能力成为一个独立的二级学科，与教育技术学共同发展。

5. 教育装备学与教育技术学的关系

(1)教育装备学与教育技术学有很深远的渊源，教育装备学正是从教育技术学中发展起来的。目前，国内一些高校的教育技术专业开始开设教育装备方向(名称不同，研究生层次多些)。这虽然与教育技术专业毕业生就业形势不太好有关，但是也与人们开始重视教育装备学有关。

(2)教育装备学与教育技术学的研究对象在教学资源这一点上是相同的，即被称为“教育技术装备”的教学设备或电教设备。

(3)两个专业对教学资源(教育装备的一部分)研究的思路不同。教育技术学主要研究教师和学生如何改变自己的教学和学习模式(教学设计)，以适应教育装备的特点；而教育装备学主要研究教育装备如何设计和构成才能适应各种教学的需要。所以，从教育装备研究者的角度看，他们更容易发现一些教育装备(如电子白板)存在不适应教学的问题是必然的。

(4)电化教育的研究正是从教育装备的研究开始的。当初的“三机一幕”，后来的多媒体计算机，现在的计算机网络和移动教学设备，以及电子白板等，都是电化教育一直重点关注的内容。而我们又都承认电化教育是教育技术的前身。

(5)教育教学系统是一个复杂系统，从系统论的“人—机—环境”角度看，教育技术更关心“人—环境”关系，教育装备更关心“机—环境”关系。对待复杂系统应该使用复杂性范式，将教育技术和教育装备分裂、简单化、线性化的研究思路已逐渐过时。

(6)教育装备学发展虽然比较晚，但是发展过程非常规范。它从本体论出发，研究认识论问题，研究方法论问题，研究发展历史，一步一个脚印地走。这是因为它借鉴了教育技术学发展的坎坷历程。

第5节　教育装备的研究意义

教育装备学研究的根本目的是为了更好地优化教育教学。一个理论的产生，必定是为了解决相应的问题。教育装备理论也不例外，它的产生就是为了解决与教育装备有关的一系列问题。国内教育装备理论的研究借助了国内外前人在军事装备理论、医学装备理论、工业设备管理理论、管理科学理论等领域的研究成果。从研究目的角度看，军事装备是为了有效地保护自己和消灭敌人，医学装备是为了科学地预防疾病和治疗疾病，工业设备是为了高效的生产和安全的防护。教育装备的研究目的就显得单纯了一些，只是为了优化教育教学。但是说到研究对象，教育装备就明显要复杂多了，因为军事、医学、工业的任何装备用于教学，都被视为教育装备。从研究方法的角度审视教育装备，它的理论几乎是白纸一张，于是教育装备理论与实践的研究方法就成为目前大家最关注的重点问题了。但是，随着教育装备理论的建立和发展，实践的指向性越来越为人们所重视，教育装备学的研究目的和意义问题再度被提到新的高度，成为研究重点。

教育装备管理是教育装备理论与实践的核心，是业内人士最重视的问题，因为它与提高教育教学效益这一研究目的的关系最直接。教育装备管理涉及教育装备使用的效能、效果、效率和效益，简称“四效”。效能是指装备的使用率，即使用时间与购置时间之比；效果则反映装备的使用对教学的影响情况；效率是考查教学过程中装备的使用是否降低了教师的劳动强度和学生的学习强度；效益则是测量教育的产出与装备投入之比。提高“四效”是我们研究教育装备的最终目标，是优化教育教学的具体体现。

一、在教育需求方面的研究

目前，中国教育的最大热点应该是公平教育问题，这表现在基础教育中就是教育的均衡性，表现在高等教育中就是教育的大众化。对于教育均衡化，其实人们更关心的并非教育投入(师资、教育装备、教育信息化投入)的均衡性问题，而是教育产出(学生学业水平)的均衡性，例如高等学校的录取比例是否均衡。人们心中都有一个未曾改变的坚定信念，那就是他们自然地认为：教育装备的现代化与信息化在教育公平化过程中起着至关重要的作用，师资、办学条件等均衡化后，教育均衡性问题必然能够得到解决。但是，一些国外的研究却得出令人沮丧的结论。从1964年开始，美国学者科尔曼(James S. Coleman)应美国政府的要求，为解决教育均衡性问题在全美范围内进行了大规模的调研。他收集了4000多所学校中的60多万名学生的数据，并进行了分析。1966年他完成了一份长达285页的研究报告，被称为“科尔曼报告”。“科尔曼报告”表明：以前认为的与学生成绩有关的因素，诸如班级规模、课本质量、学校设施、教师经验等，对学生的学习影响都很小。而社会经济地位包括了它与学生取得的成绩关系之间所有其他的变量。学生在学校75%的成功来源于其社会经济、家庭、文化背景。也就是说，该报告认为，影响学生学业和教育均衡性最重要的因素是学生家庭的社会经济地位，而教师的素质、设备条件和课程等都是不重要的。40年后(2006年)，另一个版本的“科尔曼报告”在大西洋彼岸的英国问世，再次引发了人们对教育公平的关注。就在英国的家长们忙着为自己的子女挑选好学校的时候，一项伦敦大学学院(UCL)和伦敦国王学院的调查证实了长期以来人们的一个观点：决定学生学业成败的最重要因素不是他们就读的学校，而是父母所处的社会阶层。英、美的研究表明其结论的一致性在时间上没有发生什么变化，但从空间上分析不能说全球都适用。英、美与中国在地理环境、文化信仰、科技水平、国家制度方面存在着巨大差异，在英、美等国家研究得出的结论在中国是否同样适用是值得认真研究的。如果在中国，教育的均衡性也仅与经济的均衡性有关，那么对教育装备现代化与信息化是否应该投入，应该如何投入，应该投入多少等问题就都是教育装备理论在教育需求方面有必要做的研究课题。

二、在教学适应性方面的研究

所谓教育装备的教学适应性，是指某个教育装备或其构成的教学环境是否适应教师的教学特点与学生的学习特征，这里包括使用者的生理因素、年龄因素、心理因素等方面的影响。例如，电子白板就不是一个普适的教育装备。对于电子白板的适用范围，研究表明，在学前教育阶段与小学阶段可以推广使用，初中阶段可以部分使用，高中阶段应该慎重使用，而在高校建议不要使用。

一般认为，除了粉笔与黑板以外，任何一个教育装备最开始其实都不是为教育设计的。例如，电影电视的出现是为了娱乐，计算机的发明是为了科学计算，互联网的设计是为了战争，就连笔纸的发明开始也是为了宫廷需要。这些装备都是人们在逐渐使用的过程中引入教育中的。但是在引入时，人们并没有认真考虑它们对教学的适应性问题。出现一个新技术时，人们总是将其引入教育教学中，以首先接受这种教育装备的态度为前提，对教学过程、教学方式进行优化设计，以便能够最好地适应和运用这一教育装备，使人服从于装备。教师在做教学设计、编写教案或学案时总要考虑这些现代化、信息化教育装备在教学过程中的作用需要，要对它们的使用进行设计，对可能的误操作或设备故障做出应急预案。这些装备不再像过去传统教学中的粉笔、黑板一样可以直接使用，而必须对它们投入更多的关注。真正优化的教育装备，应该像粉笔、黑板一样，不需要教师在进行教学设计时对它们的使用进行刻意的设计，而学生也没有必要专门去学习或精通它们的使用，它们在常态的教学活动中表现得“杳无痕迹”。人们不知道，也没有必要知道它们的存在，而它们却在教学中悄悄地发挥着支持教师教与学生学的积极作用，产生优化教育教学的积极效果。几百年来，新兴的教育装备层出不穷，但是都不如粉笔、黑板地位稳固。美国当代心理学家理查德·E. 迈耶在他所著的《多媒体学习》(2001年)一书中写道：20世纪初，发明家托马斯·爱迪生预言“电影必将革新我们的教育系统，在不远的将来，它即使不是完全地取代课本的用途，也将基本取代课本的用途”。1932年，俄亥俄州广播学校的创建者本杰明·达罗声称无线电广播可以“把世界带进课堂，让最优秀教师的教学和最伟大领导者的灵感广泛地被大众分享”。20世纪50年代，电视被人们吹捧为能用来创立“大陆教室”，能“以更少的成本接受更好的教育”。但是，至今所有上述预言都没有实现。20世纪70年代，基于计算机的两个大型辅助教学系统——PLATO和TICCIT并没有比传统的教师教学产生更好的学习效果。导致这些令人沮丧的结果的原因就是它们的倡导者采用了以技术为中心的设计取向，他们不是让技术去适应学习者的需要，而是迫使学习者去适应这些最新技术的要求。如何使设计或引入的教育装备能够很好地适应教育教学是一个十分重要的研究内容。

三、在教学有效性方面的研究

教育装备的有效性涉及四个方面的“效”：①教育装备的使用效能。这主要反映教育装备本身的使用率，是使用时间与购置时间之比，属于教育装备的管理问题。②教育装备如何提高教学效率。这包括降低教师的劳动强度并提高教学效率，还包括降低学生的认知负担并提高学习效率。③教育装备如何促进教学效果。这是研究的重点内容，是科学的判断，必须有大量的数据表明什么样的教育装备，在什么样的教学模式下，可以有效地提高学生的学业水平和各种能力，而不仅仅是一张试卷上反映出来的成绩。④教育装备的教育效益。这是教育装备反映在教育上的产出与投入之比，属于教育经济学问题。

显然，教育装备在教学有效性方面的研究应该是上述的②③，即教育装备如何提高教学效率和如何促进教学效果，这是对教育装备本质或存在价值的理论研究。这是十分必要的研究，因为如果没有这方面的研究结论做支撑，我们的投入就变成了盲目的投入。

四、教育装备其他方面的研究

一个研究领域或学科，没有特色就没有地位；没有基础就没有水平；没有应用就没有前途。作为一个研究领域，教育装备的理论研究是多方面的，并且各有特点和应用空间。教育装备管理学是跨学科的研究，它是教育装备学与管理学的一个交叉学科。教育装备应该科学化管理，包括配备前的需求论证、系统设计，还有科学采购、实施建设，以及有效使用、综合评价等。教育装备管理需要迅速从经验型管理转变为科学化管理，并从粗放式管理转变为精细化管理。教育装备人机工程学是从学生的生理学和心理学角度研究装备的设计和配备特点；教育装备生态学是从人文、环境的角度进行研究，而且从列装到退役，是一个系统工程；教育装备的生产研发也从“引入”逐渐走向“推送”。总之，教育装备的理论研究是十分重要的，以前没有做，现在起必须做；以前没有重视，现在起必须给予足够的重视。

五、教育装备的教育效益

谈到教育装备的成本—效益问题，就必然涉及教育的成本—效益。教育的成本—效益分析问世于 20 世纪 60 年代。此后，这一研究迅速发展，它主要是针对学校教育的投入—产出进行的。目前，这方面的研究已经十分深入，甚至美国卫生、教育、福利部曾开展过这样两个研究项目：一项称作“教师起作用吗?”，另一项称作“学校教育有效果吗?”。这启发我们思考：“教育装备真的起作用吗?”“教育装备的作用效果到底有多大?”“如何对它进行评价和测量?”

1. 教育成本与教育装备成本

《教育大辞典》对“教育成本”的定义为：“培养学生所耗费的社会劳动。包括物化劳动和活劳动。其货币表现为培养学生由社会和受教育者个人直接和间接支付的全部费用。”而且谈到“按不同标准，教育成本有不同分类：①社会平均成本和个别成本；②社会成本和个人成本；③直接成本和间接成本；④货币成本和非货币成本；⑤固定成本和变动成本；⑥生均年教育成本和生均全期教育成本；⑦教育要素成本、教育工资成本、教育边际成本、教育单项成本、教育精神成本等。”而教育装备成本问题的界定则涉及教育装备的定义。如图 1.2 所示，教育装备是指教育资源中除了自然资源、人力资源以外的人工资源部分。这些人工资源具体化为“在教育活动中，支持承载和传递知识信息的配备物和配备行为”，或进一步具体化为“实施和保障教育教学活动所需的仪器、设备、资料、学具、设施以及相关软件的总称”。与教育成本相比，教育装备成本显得简单而明晰，一般应该属于社会成本而非个人成本，属于直接成本而非间接成本，属于固定成本和可货币化的成本等。在教育部门和教学单位，教育装备成本表现为登记在册固定资产的购置费、使用维护费、设备折旧费、设备退役处理费以及人工管理费(属人力资源)等实际发生的费用。在教育教学活动中的耗材方面，一般性办公耗材不应计入教育装备成本，而维持教育装备中的仪器设备正常运行的耗材则应该计入教育装备成本。这里特别需要提出的是民办教育单位的装备。根据 1997 年国务院颁布的《社会力量办学条例》、2002 年 12 月全国人大颁布的《民办教育促进法》以及 2004 年 4 月国务院颁布的《民办教育促进法实施条例》中的相关规定，由于民办教育属于公益性事业，不能以营利为目的，所以民办教育单位的装备已经社会化，计量原则应该与公办教育相同。如此看来，教育装备的成本—效益问题就成为更加直接的费用—效益问题了。

2. 教育效益与教育装备效益

效益的原本意思是投入产出比(即：效益 ＝ 产出/投入)。教育效益则是指教育投入的产出效果，包括直接效益和间接效益、经济效益和政治文化效益等。但是用在成本—效益分析中就只表示产出了。而如果仅讨论教育的经济效益，则用收益和收益率来表示和计量。一般认为教育的效益研究分为三个层次，宏观层次是从国家层面计量教育投入给国家带来的巨大社会经济效益；微观层次是从个人角度测算个人教育投资的收益率，而中观层次主要考核为社会培养的各类学生的规模效益和质量效益。规模效益由办学单位的毕业生或结业生的人数体现，而质量效益则主要通过学生学习成绩达标率、就业率和学生满意度等进行衡量。

教育装备的效益与教育的效益应该是同一个概念。从学科的角度分析，教育装备学是一级学科教育学下的二、三级学科，与其他的二、三级学科相比具有不同的研究对象和研究方法，但是研究目的是完全相同的，即优化教育教学的效率、效果和效益。但是由于教育装备成本的社会化，所以不涉及微观层次的效益。而教育装备宏观层次的效益研究需要大规模的数据统计，且无法得到较为精确的计算结果，也暂时不能放在我们研究的范围之内。因此，教育装备效益研究的重点应放在中观层面上。

3. 教育装备成本—效益分析的特点

教育装备成本—效益分析的目的无非是想通过对一个地区或一个办学单位在教育的产出与教育装备的投入之间进行评价，并与其他地区或办学单位比较，从而发现提高教育教学效益的方法与途径。但是，教育装备成本—效益分析的特点，使它存在许多局限性，不能简单地进行评价和比较处理。

(1)时间上的局限性。不同历史时期的教育装备的效益不具有可比性，一个比较极端的情况是孔子时代与现代教育的比较。孔子办学的教育装备投入不过是一间陋室和一张桌子，但是他教育的规模效益产出达贤人七十二、弟子三千多。所以仅从中观层次讲，现今社会与孔子时代教育装备的成本—效益分析也是无法进行比较的。不同历史年代对教育装备成本的计量是完全不同的，对教育产出的目的和意义的衡量也是完全不同的。然而，办学单位教育装备的成本—效益分析可以在一段政治与经济相对稳定的时期内进行评价和比较，例如，可将新中国分为建国初期、“文革”时期、改革开放初期与经济发展时期几个历史阶段。

(2)空间上的局限性。不同国家的政治制度与经济状况不同，对教育装备的投入成本和产出效益具有几乎完全不同的衡量标准和理解。即使在中国，由于各个地区之间存在着经济水平的差异和教育的不均衡发展，进行统一的教育装备成本—效益评价和比较也存在很大的困难。所以，在进行教育装备成本—效益分析时，往往局限于一个省内，甚至在更小的范围内进行。

(3)办学类型上的限制。即使在同一个历史阶段、同一个地区，由于办学类型不同，在教育装备的成本—效益分析上也不具有可比性。目前，国内存在基础教育、普通高等教育和职业教育，其中普通高等教育又有自然学科与人文学科的不同，职业教育又有中等职业教育和高等职业教育的区别，而且这些类型又都有民办教育与公办教育之分。从教育装备的成本角度看，职业教育的投入是最高的，其次是普通高等教育，然后是基础教育。同样层次的办学类型，民办教育要比公办教育的投入低一些，人文学科比自然学科的投入低一些。而从教育装备的效益角度分析，基础教育、普通高等教育和职业教育的产出目标，自然学科与人文学科的产出目标，中等职业教育和高等职业教育的产出目标显然无法进行对比。

(4)教育装备投入产出变量具有选择性。这是在教育装备的成本—效益分析中特别值得关注的一个问题。如果将各种教育装备投入定义为自变量，教育装备的产出定义为因变量，那么我们所关心的问题就是：①寻找那些对产出变量影响较大与较小的投入变量；②寻找那些对投入变量反应比较敏感与无响应的产出变量。某杂志曾刊出的《基础教育质量监测与评价的测量工具研究》一文中提供了国内某地区 20 所学校的投入产出变量的数据。通过 PCA 分析和 DEA 分析可见，作为教育装备投入的图书资料一项与办学条件主成分的相关性非常低，说明在该地区图书资料对教育质量的影响很小，甚至没有影响。这一结论与我们通常的经验相抵触，使我们不得不做出如下分析：①该地区提供的原始数据是否有误；②在进行分析时对图书资料反应比较灵敏的产出变量是否没有呈现；③图书资料对产出效益的影响是否是长效的(即教育装备的效益趋势问题)，在短期内无法体现；④是否存在计算机网络资源的作用冲击了纸质图书资料的问题。如果前三种分析都不成立，则可以考虑在该地区做出减少图书资料的成本投入，而适当增加计算机网络建设投入的决策。这样才能体现我们进行教育装备成本—效益研究的本意。

(5)教育装备的效益趋势问题。教育装备的投入对产出的影响往往是长效的，所以我们不仅要对教育装备当时当地的成本—效益进行评价，还应该注意对教育装备的效益趋势进行合理的分析。图 1.3 是非洲象牙海岸地区 1971 年到 1979 年间教育技术装备投入后规模效益的发展趋势。在这 9 年的时间里，教育装备的单位成本大幅度下降，而规模效益急剧上升。这是在进行教育装备成本—效益研究时也需要特别关注的一个问题。

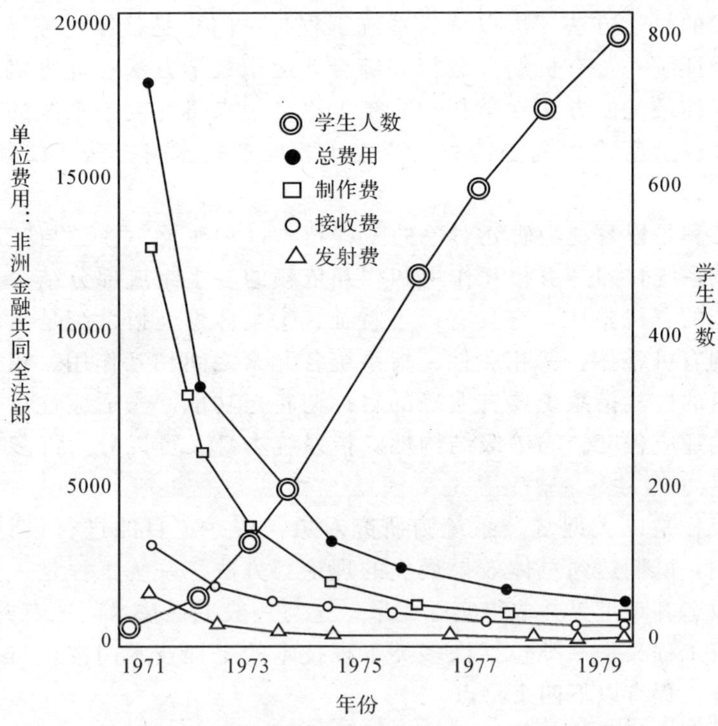

图1.3　非洲象牙海岸地区按学员人数计算电视教学的单位成本

综上所述，对教育装备成本—效益进行评价应该限定在一定的历史时期、局部的地区范围、适当的办学类型以及教育的中观层面。也就是说，针对这一评价的测量是一种相对的测量技术。能够实现这种测量的典型而有效的工具是数据包络分析(Data Envelopment Analysis，DEA)。

第6节　教育装备的理论基础

一、系统科学理论及系统工程方法

1. 系统工程

系统就是由许多部分所组成的整体，所以系统的概念就是要强调整体。强调整体是由相互关联、相互制约的各个部分所组成的具有特定功能的有机整体，而且这个"系统"本身又是它所从属的一个更大系统的组成部分。

作为人类知识总体系的一部分，系统工程直接应用于改造客观世界的实践活动，应用于解决实际问题。正如钱学森所说："'系统工程'是组织'系统'的规划、研究、设计、制造、试验和使用的科学方法，是一种对'系统'都具有普遍意义的科学方法。”可以认为系统工程是一门立足整体，统筹全局，整体与局部辩证统一，有机结合分析和综合，运用数学方法和计算机工具，使系统达到整体最优的方法性学科。系统工程可用来研究复杂系统的预测、规划、决策和评价等重大问题，故又产生了相应的技术与方法，如预测技术、规划方法等。

系统工程是以系统为研究对象的工程技术，它涉及“系统”与“工程”两个方面。所谓系统，即是由相互作用和相互依赖的若干组成部分结合而成的具有特定功能的有机整体，它具有以下特征：①整体性。指系统是由两个以上元素组成的有机整体。②相关性。指系统各元素之间相互作用、相互依赖的关系。③目的性。指系统要有明确的目标与特定功能。④适应性。指系统对环境变化的适应程度。⑤等级结构性。指系统本身又可以分为许多等级层次的子系统。

系统工程是以大型复杂系统为研究对象，按一定目的进行设计、开发、管理与控制，以期达到总体效果最优的理论与方法。系统工程是一类工程技术，用以改造客观世界并取得实际成果，这与一般工程技术问题有共同之处。但是，系统工程又是一类包括许多类工程技术的工程技术门类。与一般工程比较，系统工程有以下四个特点。

第一，研究思路的整体性。整体性是系统工程最基本的特点。系统工程把研究对象看成一个整体系统，并且由若干要素、子系统有机结合而成。系统工程在研制系统时总是从整体出发，从整体与部分、部分与部分之间的关系中揭示系统的特征和规律，从整体最优出发实现系统各部分的有机结合。

第二，研究对象的广泛性。系统工程的研究对象可以是所有的现实系统，包括社会系统、生态环境系统、自然系统和组织管理系统等。

第三，运用知识的综合性。系统工程是一门跨学科的边缘学科。不仅要用到数、理、化、生等自然科学，还要用到社会学、心理学、经济学、医学等与人的思想、行为、能力等有关的学科，是自然科学和社会科学的交叉。因此，系统工程形成了一套处理复杂问题的理论、方法和手段，使人们在处理问题时，有系统的、整体的观点。系统工程所使用的知识可以是人类社会所拥有的一切科学知识，主要包括系统科学、自然科学、社会科学、计算机科学，以及其他专门科学。这些知识相互交叉，相互融合，高度综合。

第四，研究方法的多样性。系统工程有许多成熟的方法，在处理复杂的大系统问题时，常采用从定性到定量的综合集成方法，以“软”为主、软硬结合的方法，以宏观为主、兼顾微观的研究方法。因为系统工程所研究的对象往往涉及人的价值观、行为学、心理学、主观判断和理性推理，因而系统工程所研究的大系统比一般工程系统复杂得多，处理系统工程问题不仅要有科学性，而且要有艺术性和哲理性。

20世纪以后，系统思想开始发展成为一门新兴的科学体系——系统科学和它的应用学科——系统工程。系统科学的原理和系统工程的方法是现代科学技术对于系统思想方法的重大贡献。它使系统概念具体化，使系统思想方法定量化，为分析和解决系统问题提供了科学的理论和方法。

2. 系统科学

系统科学是以系统思想为中心的一类新型的科学群。它包括系统论、信息论、控制论、耗散结构论、协同学以及运筹学、系统工程、信息传播技术、控制管理技术等许多学科在内，是20世纪中叶以来发展最快的一大类综合性科学。关于系统科学的内容和体系结构的最详尽的框架，是我国著名科学家钱学森提出的。钱学森把系统科学看成与自然科学、社会科学、数学等具有同等地位的一类科学。系统科学即以系统思想为中心、综合多门学科的内容而形成的一个新的综合性科学门类。系统科学根据其发展和现状，可分为狭义和广义两种。狭义的系统科学一般是指贝塔朗菲的著作《一般系统论：基础、发展和应用》中提出的“系统”的科学、数学系统论、系统技术、系统哲学几个方面归纳而成的学科体系。广义的系统科学包括系统论、信息论、控制论、耗散结构论、协同学、突变论、运筹学、模糊数学、物元分析、系统动力学、灰色系统论、系统工程学、计算机科学、人工智能学、知识工程学、传播学等一大批学科在内，是20世纪中叶以来发展最快的一大类综合性科学。

3. 系统工程应用理论

(1)系统工程应用理论的内容

系统工程应用理论主要包括系统工程方法论、系统建模理论、系统分析理论、系统预测理论、系统评价理论和系统决策理论等内容。

(2)系统工程方法论

系统工程方法论(Methodology of Systems Engineering)是系统工程思考问题和处理问题的一般方法。具体而言是指针对复杂的大系统，采用灵活独特的思考问题和处理问题的方法，综合运用多种技术方案求解，解决系统工程实践中的问题所应遵循的步骤、程序和方法。其基本特点是研究方法的整体性、技术应用的综合性、管理决策的科学性；其基础是综合运用系统思想和各种数学方法、科学管理方法、经济学方法、控制论方法以及计算机技术等工具来实现系统的模型化和最优化，进行系统分析和系统设计；其描述方法除了一般的数学方法和逻辑推理方法外，还有工程技术的规范和社会科学的艺术等。描述性、逻辑性、规范性、艺术性共同构成了系统工程独特的思想方法、理论基础、基本程序和方法步骤。

二、价值工程原理与方法

1. 价值工程的定义

价值工程所说的价值与经济学通常所说的价值不同，它是物品效用(功能)与费用(成本)的比例关系。它是使企业实现物美价廉的一条捷径。第二次世界大战期间，美国大量生产武器，使得物资十分紧张。同时，又有许多厂家对材料的使用很不合理，产生了浪费。比如，通用电气公司为了防火和涂漆时不弄脏地板，长期沿袭了一条规定：要用石棉瓦把产品垫起来。可是石棉瓦既贵又难买，公司采购部门的年轻工程师迈尔斯常常被石棉瓦所困扰。他想，我们在生产中使用某种东西，无非是利用它所具备的功能，并非一定要用这种东西不可，若是改用既具备这种功能又更为廉价的东西来替代，岂不更好吗？他从功能分析入手，发现完全可以改用另一种廉价的防火材料。遵循这个思路，他多次解决了采购中的难题。以后，他又把这个方法用到产品设计上，专门研究在保证产品功能的前提下如何降低成本。1947 年，他把这套方法公之于众，把它称为“价值分析”。即把廉价制造优质产品的方法系统化，统称为价值分析。迈尔斯在价值分析中所指的优质产品是指具有能充分满足用户所需功能的产品。所谓廉价制造，是指用最少的资源把产品制造出来。从产品与资源的关系可以导出产品的价值公式：

$$V=\frac{F}{C}$$

V：产品的价值。

F：产品必备的功能。

C：生产该产品耗费的资源。

美国国防部引进价值分析后，把价值分析改为价值工程，其理由是：国防部的产品(即武器与装备)中，新产品居多，从开始研制与设计阶段，就要考虑产品的价值。这不是分析和追求现有产品的价值的技术(即价值分析)，而是为了重新研制与设计出没有浪费、高价值的产品，这就是价值工程。

从应用阶段不同来分析，可分为两种情况：第一种是应用于现有产品，以达到改善现有产品的价值的目的，这就是价值分析；第二种是从新产品研制与设计时开始应用这种技术，以保证研究和设计出高价值的产品，这就是价值工程。

从两种不同的应用看，价值分析与价值工程的原理与方法是一样的，只不过应用的具体工作对象范围有所差别，因此，两种名称虽然不同，但是本质内容完全一致。无论是价值分析还是价值工程，都是追求以最低的耗费获得用户满意的功能，提高工作对象的价值或提高用户的使用价值。

2. 价值工程的相关概念

价值工程的定义中涉及三个核心概念：功能、寿命周期成本和价值。

功能是指产品所具有的特定用途，即产品能满足人们某种需要的属性。由于产品的功能只有在使用过程中才能最终体现出来，所以某一产品功能的大小是由用户来承认、确定的。消费者在使用过程中得到的满足即为效用。对某一特定产品功能的要求，并不是越高越好，而是要视用户的要求而定。功能分析是实施价值工程的核心内容。功能分析包括功能定义、功能整理和功能评价。通过功能定义，可以了解用户对产品的要求；通过功能整理，可以明确各功能之间的关系；通过功能评价，可以对对象的现有各功能配置的合适性进行评价。经过上述步骤，就可以分清产品的基本功能和辅助功能，找出必要功能和不必要功能，并搞清楚各功能之间的关系，找出方案创新的对象。

价值工程中的寿命周期成本是总成本，即产品从构思、设计、生产、流通、使用、维护直至该产品报废这一过程中的全部成本费用。寿命周期成本由生产成本和使用成本构成。生产成本是指产品在研究开发、设计制造、运输施工、安装调试过程中产生的成本；使用成本是用户在使用产品的过程中产生的费用总和，包括产品的维护、保养、管理、能耗等方面的费用。

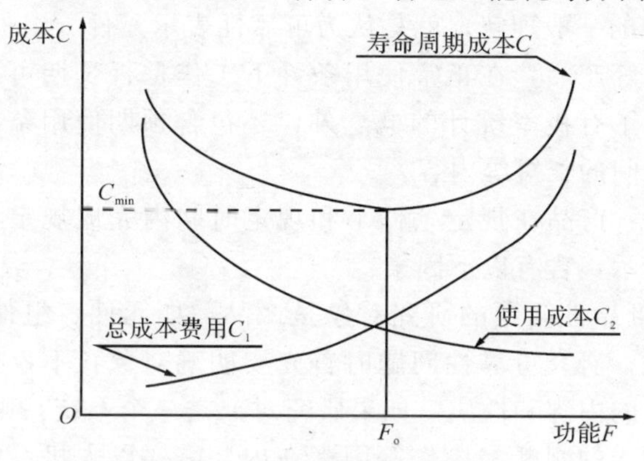

图 1.4　寿命周期成本简图

一般情况下，生产成本随产品功能水平的提高而上升，使用成本则随产品功能水平的提高而下降，如图 1.4 所示。寿命周期成本则随产品功能水平的变化而呈开口向上的抛物线形变化。显然，寿命周期成本具有一个最小值 G_{min}。在这一点上，产品的功能达到适当的水平 F_0，寿命周期成本最小。价值工程的目的，就是通过科学的分析研究而使产品具有一个适当的功能水平，从而确保产品的寿命周期成本最低。

用户在购买商品时，往往关注两个问题：一是该商品的功能是否满足需要，二是需要付出的代价。用户通过比较效用和代价的关系来决定购买什么样的商品。价值工程中的价值不同于经济学中的交换价值或使用价值，它是一个比较的概念，是指分析对象所具有的功能与获得该功能和使用该功能的全部费用之比。从1-1式可知提高产品价值的途径有以下五条：

功能不变，降低成本；成本不变，提高功能；成本略有增加，功能有更大提高；以满足必要功能为前提，适当降低功能，大大降低成本；通过创新，提高功能，降低成本。

三、系统可靠性理论

“可靠性”这个词的应用已经有很长的历史，但过去人们对其含义的理解往往是顾名思义。随着科学技术的发展，可靠性已经成为一门专门的学科，并不断地得到发展，人们对其含义已经有了特定的严格定义，可靠性包含的内容也在不断更新。

1. 可靠性的定义

在日常生活中，我们都希望产品能够尽量完好地为使用者所用，不论在什么时候、什么条件下，都能够实现它的功能。但实际上，要使产品实现既定的功能，在时间和条件上都会有一定的限制，不可能是无限的。人们对可靠性(reliability)的一般理解，就是认为可靠性表示元件、组件、部件、机器、设备或整个系统等产品，在正常使用条件下工作是否长期可靠，性能是否长期稳定。这里除了有概率统计的概念外，还包含预期使用条件、工作满意程度、正常工作时间的长短等内容。

可靠性是指：产品在规定条件下和规定时间内完成规定功能的能力。这种能力用概率表示，含有以下因素：

(1)对象：可靠性问题的研究对象是产品，如元件、组件、部件、机器、设备或整个系统；研究可靠性问题时首先要明确对象，不仅要确定具体的产品，还要明确它的内容和性质。如果研究对象是一个系统，则不仅包括硬件，还要包括软件和人的判断和操作等因素在内，需要以人机系统的观点去观察和分析问题。

(2)规定条件：环境条件(如气候环境、生物化学环境、机械环境、电磁环境等)；动力、负荷条件(如供电电压、输出功率等)；工作方式(如连续工作、间断工作等)；使用和维护条件等。规定条件是产品可靠性定义中最重要而又最容易被忽视的部分。产品的可靠性受“规定条件”的制约，不同条件下，产品的可靠性可能截然不同；离开具体条件，探讨可靠性是没有意义的。

(3)规定时间：规定时间是关于使用期限的规定，因为可靠性是一个有时间性的定义。对时间的要求一定要明确。时间可以是$(0, t)$，也可以是区间

(t_1, t_2)，有时对某些产品给出相当于时间的一些其他指标可能会更加明确，例如汽车的可靠性可以规定行驶里程(距离)；有些产品的可靠性规定周期、次数等会更恰当。

(4)规定功能：所谓完成“规定功能”是指研究对象(产品)能在规定参数和使用条件下正常运行(或者说不发生故障或失效)，完成所规定的正常工作。亦指研究对象能在规定的功能参数下保持正常运行。应注意“失效”不仅仅是产品不能工作，因为有些产品虽然还能工作，但是其功能参数已经漂移到规定界限之外了，即不能按照规定正常工作，也视为“失效”。对于产品可靠性的了解除了要弄清该产品的功能是什么、其失效或者故障是怎样定义的之外，还应注意产品的功能有主次之分，如果次要功能的故障不影响主要功能，那么也不影响完成主要功能的可靠性。同时还要注意，即使是同一产品，在不同的条件下其功能也是不同的。

(5)概率：用概率来度量产品的可靠性就是可靠度。把可靠性的概念用具体的数学形式——概率表示，这是可靠性技术的出发点，也是可靠性数量化的标志，因为用概率来度量元件、组件、部件、机器、设备或整个系统的可靠度，测定、比较、评价、选择等才有了共同的基础，对产品可靠性方面的质量管理才有了保证，才可以评价系统安全，才能够研究系统风险等问题。

综上所述，讨论系统的可靠性，必须明确对象、使用条件、使用期限、规定的功能等因素，可靠度是可靠性的定量表示，其特点是具有随机性，因此概率和统计理论是可靠性理论进行定量计算的数学基础。

2. 狭义的可靠性和广义的可靠性

(1)狭义的可靠性：上述可靠性我们通常称为狭义的可靠性，它仅表示一个评价系统(如产品)在某一段时间内失效的难易程度。

(2)广义可靠性：是指产品在整个寿命期限内完成规定功能的能力。它包括可靠性(即狭义可靠性)与维修性。由此可见，广义可靠性对于可修复的产品和不可修复的产品有不同的意义。对于可修复的产品，除了要考虑提高可靠性之外，还应该考虑提高其维修性；对于不可修复的产品，由于不存在维修的问题，只需要考虑提高其可靠性即可。与广义的可靠性相对应的可靠度(及狭义的可靠度)和维修度合称为广义可靠度。

第7节　教育装备的基本原理

一、教育装备的全系统管理

装备系统工程是以教育装备作为研究对象，从系统的整体目标出发，研究系统的论证、设计、试验、生产、使用、保障和退役处理，以实现系统优化的科学方法。

教育装备系统，除了主装备外，还有保障要素，主装备与保障要素共同构成教育装备系统，它们之间有机联系，是一个不可分割的整体，如果失去某一要素，系统就不能完成预定的功能。如果在论证、设计、研制时，只注意主装备，而忽视保障要素，造成主装备与保障诸要素不匹配，或保障诸要素滞后于主装备，必将制约主装备效能的形成和发挥。所以，在教育装备系统论证、研制时，对主装备和保障诸要素应同步考虑。即在教育装备最初设计阶段就要考虑装备保障诸要素，随着教育装备研制工作的深入，要反复分析、综合权衡，使主装备和各保障要素之间，以及保障诸要素之间能够相互匹配、协调发展，保证教育装备系统在交付使用之后，能尽快形成有效的教学能力。因此，教育装备的全系统管理，可以理解为从横向上通观教育装备的全局，也就是说，教育装备管理者要把管理对象全部内在的和外在的因素作为一个整体系统来研究和处理，要把主装备及其配套的设施、设备、仪器、工具、器材、资料等保障部分进行通盘考虑，把教育性、可靠性、维修性、安全性、保障性和教育教学恢复率等都作为技术指标综合并优化到系统中，进行统筹考虑，统一解决，同步发展。

二、教育装备全寿命管理

装备作为一种人造的实物系统，也有产生、发展和衰亡的过程。这个由立项论证、初步设计、研制、使用维修到报废的全过程，称为装备的寿命周期。装备的前半生在研制厂(所)度过，后半生则在使用它的单位(用户)度过。前半生是获取装备，后半生的使用才是目的。人们不仅希望装备在使用阶段有良好的战备完好性和很高的系统效能，还期望其有较长的寿命。

1. 教育装备寿命的基本概念

装备的寿命一般是指影响使用期、库存或放置期的疲劳特性、耐久性、耐腐蚀性或耐环境适应的特性。影响装备寿命的因素主要包括有形磨损(如物质磨损、腐蚀、疲劳、漂移、杂质、老化、离子辐射效应等)和无形磨损(如技术逐渐落后，使用效益降低等)两个方面。由于装备的寿命与装备研制、生产、使用和维修密切相关，所以装备寿命是对装备系统进行分析研究的一项重要内容。根据分析研究装备寿命的目的和角度的不同，装备寿命有不同的含义。

2. 常用的装备寿命术语及含义

(1)使用寿命：装备从制造完成到出现不可修复的故障或不能接受的故障率时的寿命单位数。寿命单位是对装备使用持续时间的度量，如工作小时、年、公里、次数等。使用寿命主要是根据装备的故障情况(即可靠性)来决定的，所以常用故障率(λ)曲线来表示(如图1.5)。影响装备的使用寿命的主要因素是物质形态的有形磨损，包括自身的可靠性和使用维修条件。

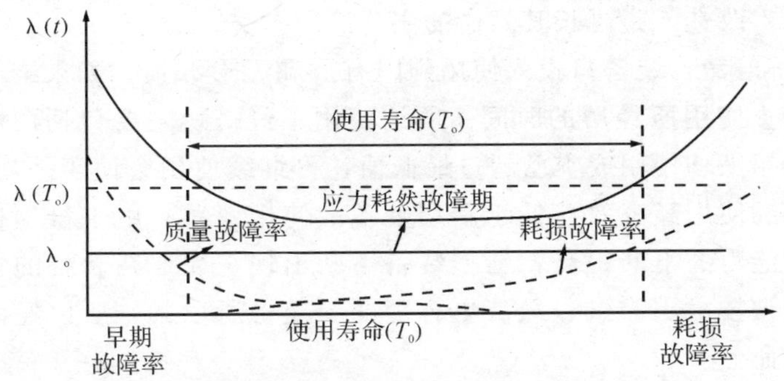

图1.5　教育装备使用寿命

(2)储存寿命：装备在规定的条件下仍能满足质量要求的时间长度。单次使用产品(如耗材)平时基本处于储存或非工作状态，储存寿命长短就显得非常重要。储存寿命主要决定于装备的储存可靠性和储存条件，必须进行储存可靠性设计和检验，改善储存条件，才能保证一定的储存寿命。

(3)总寿命：在规定条件下，装备从开始使用到规定报废所经历的时间(或其他寿命单位)。若仅从有形磨损来看，教育装备的总寿命如图1.6所示。装备的总寿命有时也称物理寿命，和前面提到的寿命周期在含义上不完全相同。从定义上来看，总寿命只是寿命周期的后半段，即使用、维修直至报废的阶段，而寿命周期的前半段，即研制和生产阶段，是影响装备寿命的关键时期。

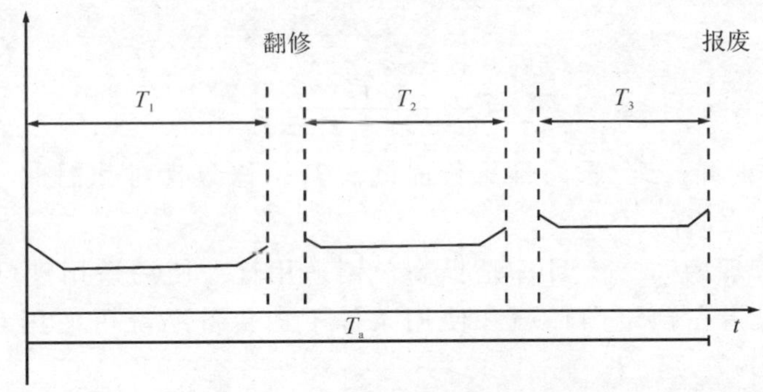

图1.6　教育装备总寿命示意图

(4)技术寿命：装备自投入使用之日起，到因技术落后而被淘汰所经历的时间。通常说某种装备技术落后，主要包括两层意思：一是指它的技术性能已不能满足发展后的新任务的需求；二是指已研制出了技术性能更先进的装备取代它。在现代科技特别是高科技迅速发展的今天，技术发展的时代线相对缩短，所以教育装备的技术寿命也比较短，通常低于使用寿命。对落后的装备进行技术改造，是延长其寿命的主要途径。

(5)经济寿命：装备自投入使用到因有形和无形磨损，如果继续使用已不经济而被停止使用所经历的时间。所谓使用不经济，主要包括两层意思：一是指装备的年平均使用成本已超过最低值，再继续使用会使年平均成本上升；二是指装备的使用经济效益低于新型装备的使用效益。由于科学技术的迅速发展和生产能力的不断提高，新型装备不断出现，往往在装备的物理寿命到来之前，即被技术更先进、经济更合理的新装备所取代，所以经济寿命有时低于物理寿命。

关于装备寿命还有其他一些术语，如自然寿命、物理寿命和安全寿命。对于可维修的装备来说，这些寿命术语的含义与前面的使用寿命差不多，也主要从装备的可靠性、耐久性和安全性等方面考虑有形磨损决定的使用寿命的长短。

3. 教育装备全寿命管理的目标

全寿命管理的首要目标是提高效能。效能(effectiveness)是装备在规定的条件下达到规定使用目标的能力。

$$E=A_0DC$$

E：效能。A_0：使用可用性(在任一随机时刻需要和开始执行任务时，装备系统处于可工作或可使用状态的程度)。D：可信性(装备系统执行任务工程中完成任务的能力)。C：固有能力(包含装备系统性能、发现目标能力、攻防能力和生存能力等)。

其中：

$$A_0=\frac{U}{U+T_P+T_C+T_D}$$

U：工作时间。T_P：预防性维修时间。T_C：修复性维修时间。T_D：资源延误和行政延误时间。

全寿命管理的第二个目标是提高使用适用性。使用适用性(Operational Suitability)是指在预定的环境和使用条件下，装备系统可使用和可保障的程度。

更具体地讲，使用适用性是考虑到可用性、兼容性、运输性、互用性、可靠性、维修性、保障性、测试性、使用率、抢修性、安全性、人的因素、自然环境效应和影响、技术文件和训练要求等因素，系统满意地投入教育使用的程度。

全寿命管理的第三个目标是控制寿命周期费用。寿命周期费用(Life Cycle Cost)，也称全寿命费用(Total Life Cost)，是在预期的教育装备寿命之内，为装备的论证、研制、生产、使用保障、退役处理所付出的一切费用之和。

三、全寿命费用管理

寿命周期(Life Cycle)是装备从开始论证到退役为止，全过程所经历的时间。寿命周期费用(Life Cycle Cost，记作LCC)，又称全寿命费用，它是在装备寿命周期内，为装备的论证、方案、工程研制、定型、生产、使用与保障(含贮存)及退役等所付出的一切费用之和。

装备寿命周期费用也可看作获取费用与继生费用之和：寿命周期费用＝获取费用＋继生费用。

装备获取费用是由论证、研制和生产成本等构成的费用。继生费用是装备在使用中为保障使用、维修、储存和运输等所需的费用。它不是一次性投资，往往以年度计算，所以又叫作再现费用。

寿命周期费用分析是对寿命周期费用各组成部分进行识别、量化和评价，以建立费用相互关系和确定各部分对总费用的影响，从而为装备的费用设计和经济性决策提供依据，使装备在达到规定的性能指标的情况下，有最低的寿命周期费用。

装备寿命周期费用管理是从全系统、全寿命来考察装备管理工作的一种综合管理。它把装置在不同阶段的任一项管理工作，以及它对其他阶段管理工作的影响，量化为可以进行比较的费用，据此进行综合权衡，用来指导和改进装备管理。这个包括全系统、全寿命的总费用，即寿命周期费用(LCC)。它是装备在预期的寿命周期内设计论证、研制、使用、维修和保障所需的直接、间接、重复性、一次性和其他费用之和。不管资金渠道与管理控制如何，所有相关的费用均应包括在内。用寿命周期费用来权衡装备管理的各项措施，无疑是最全面、最客观的。为使所计算的费用具有可比性，还必须考虑资金的时间价值，并考虑各种不确定因素的影响，进行必要的修正，或做灵敏度分析。

在日常生活中，运用寿命周期费用概念处理问题的例子并不少见，购买彩电、冰箱时，大家都瞄准名牌货，名牌货寿命长，从总体上看是省钱合算的，其价格实际上就是产品整个寿命期内的总费用。例子虽然简单，却概括了寿命周期费用法的目标、适用范围和基本要素。寿命周期费用法是对那些寿命周期长、使用维修费用可观的产品，谋求总费用最小的方法技术。寿命周期费用估算的一般程序如图1.7所示。

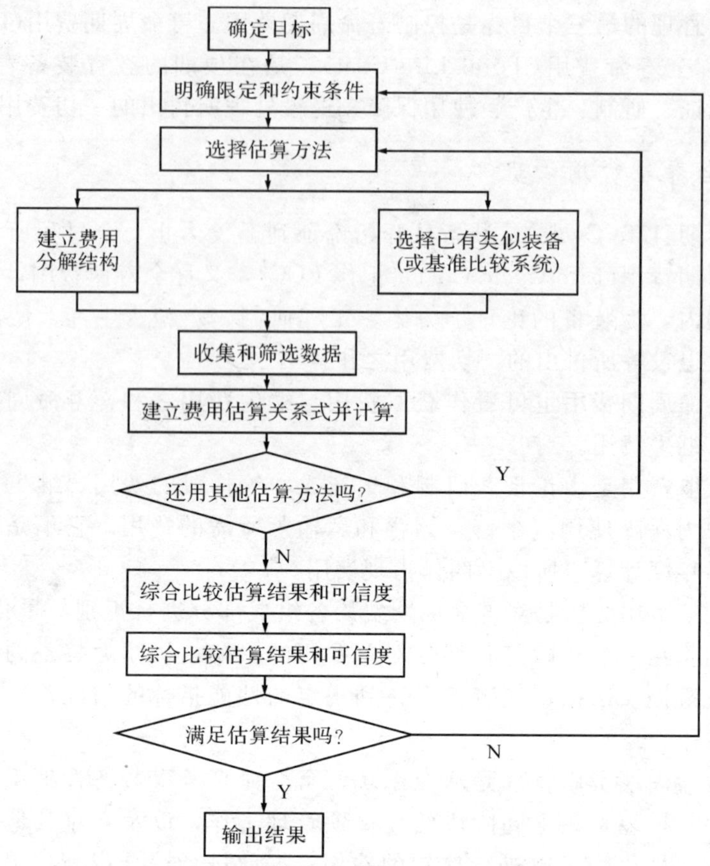

图 1.7 寿命周期费用估算的一般程序

寿命周期费用的基本观点概括起来有以下三条:

第一，继生费用不可忽视。在过去的一段较长的时间里，人们容易知道产品的价格，在采购装备时常常只考虑购置费用，只考虑买得起多少装备，而不习惯去估算继生费用，“买得起，用不起”的事便时有发生。因此，我们应当重视装备的继生费用。

第二，认识寿命周期费用的先天性。装备从论证研制到淘汰处理各阶段的费用，固然是由各阶段的需要而定的，但是，在装备寿命周期各阶段中，越是前面的阶段，对寿命周期费用越有重大的影响。寿命周期费用实际上在装备生产之前，已由论证、研制“先天”地基本确定了。到了使用阶段，装备的结构和性能(包括可靠性和维修性在内)都已基本确定定型，降低使用与维修费用的余地是很小的。

第三，只有寿命周期费用才能衡量装备的经济性。在装备系统的各种权衡分析中，考虑经济性时，只有寿命周期费用才能真实地反映经济性。我们不仅要降低装备的获取费用，而且要降低装备的继生费用，只有寿命周期费用最小才是真正最经济的。装备的获取费用和继生费用彼此间也是密切相关的，在既定性能要求下，提高可靠性和维修性要求，可能降低获取费用，但将导致使用与维修费用的上升。实践表明，由于获取费用是一次性投资，使用维修费用是若干年内的连续性投资，因此通常在装备研制过程中，增加一些投资来改善可靠性和维修性，将换来寿命周期费用的较大节约。

第2章　教育装备选择与购置

教育装备的前期管理是指对装备的先天阶段进行管理。装备前期管理是现代教育装备管理的重要组成部分。加强对装备前期各个环节的管理可以提高装备的使用效益，以最少的投资实现装备建设目标；同时，前期管理可以提高装备的可靠性、维修性，为改进装备的后期管理搭建坚实的基础。本章将首先介绍项目管理的相关理论实践；并以此为基础，对管理过程中较为重要的项目需求规划与设计、招投标过程、合同管理及质量管理的过程和方法展开详细讨论。

第1节　项目管理基本原理

一、项目管理的定义

人们通常将管理理解为决策。现代管理理论由法国人法约尔提出，他主张的五要素论即：计划、组织、指挥、协调与控制所组成的活动过程就是管理，它成为给“管理”下定义的基础。项目管理作为一门学科，比管理学出现得晚得多。迄今为止，项目管理的完整学科体系还在形成过程中。

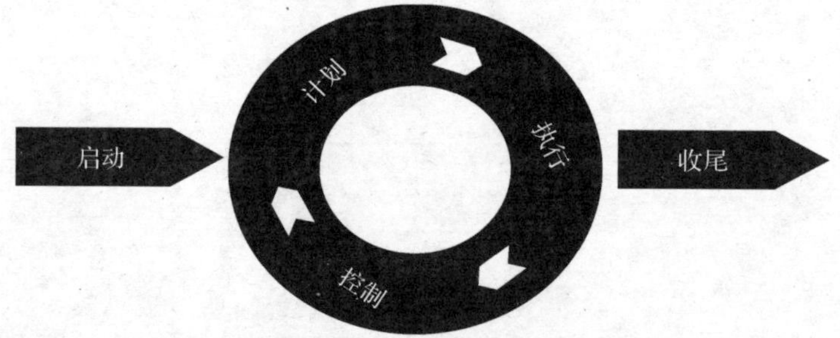

图2.1　项目管理过程

项目一般是一个复杂的系统工程，涉及人员、资金和设备等诸多资源，且时间跨度长。项目的某个阶段或某项工作发生变化将会影响其他部分。项目管理协会(Project Management Institute，PMI)把项目管理定义为“以满足项目需求为最终目标，将知识、技能、工具和技术应用到项目活动中去”。项目管理过程可大致分为五个分组：启动、计划、执行、控制和项目收尾。这些过程组合在一起被称为项目管理周期。因此，一个项目的生命周期描述了项目从产生概念到完成所经历的阶段。每一项主要的过程分组都包含子过程或活动。

二、项目管理的过程

1. 启动过程(project launching)

确定潜在的项目，随后评估实施项目的可行性和重要性。就本书讨论的教育装备而言，潜在的项目源于学校对教育装备的需求，体现出学校现有教育装备的某种缺乏。我们在挖掘项目建设主题时通常从三处来源入手：教师即使用者的需要、装备管理者的需要、应用适用性强的新技术的需要。在实际确定项目的过程中，建设内容往往是上述三个来源的综合体。一旦需求形成雏形，学校就可以评估并确认需求与学校总体规划目标之间的匹配程度，最终决定是否进入计划环节。

2. 计划过程(project planning)

关注项目的关键点，例如范围、时间、质量等。在这一阶段，可根据学校现状及项目时间等要求，利用辅助工具(如 Microsoft Project，Office Visio 等)按工作内容特性或关联度来逐步分解项目计划。同时，对项目相关内容的文字描述以可视化强的图形或图表代替，达到清晰直观的效果，以下是辅助工具中使用频度较高的几种功能方法：

(1)甘特图—显示项目活动开始和结束的柱状图。

(2)网络图—描述项目中各种任务以及它们的时序关系的示意图。

(3)鱼骨图—根据项目中各种任务的相互关联性整理而成的层次分明、条理清楚，并标出重要因素的图形。

3. 执行过程(project execution)

执行过程是执行项目计划以完成所需工作的过程，它是项目的实际建设阶段。为了有效地执行项目计划，对项目的不同测度展开针对性强的监控或管理是该过程的重要工作任务之一，最终达到实现项目最初需求的目标。

这些不同的测度主要指项目合同管理、质量管理、成本管理、安全管理、沟通与协调管理、文档管理等。其实，不同项目的测度之间存在不同程度的交叠，在进行某个测度的管理时，往往也会关系到其他方面的管理协同。不同类型的管理过程都需要进行沟通与协调。

4. 项目控制(project control)

项目控制是监控与度量项目进度，影响项目计划以解释计划进度与实际进度之间差异的过程，而控制的目的是保证项目的不同方面都处于计划的可控范围内。质量控制、成本控制、进度控制通常是关键性的项目控制测度。在项目进行过程中，项目控制往往与执行过程相继进行，如项目控制通常是项目管理过程的子集。

5. 项目收尾(project closure)

项目收尾是项目的最后实施与培训。具体包括项目的初次检验、项目验收、培训等环节。例如，当一个数字化校园业务系统软件包的开发接近尾声时，初次评估其是否满足最初设定的各项需求规定。在软件包安装好并经过一段时间的试运行后，由校方组织相关专业人员对软件包实施具体的系统验收过程，并在适当时段培训相关人员使用软件包。最后，把项目开发过程中的生成资料、说明等进行归档，以备后续查阅。

以上五个过程阶段是由其产生的结果关联起来的，一个过程阶段的输出往往会成为另一个阶段的输入。同时，过程阶段之间会出现重叠。虽然项目被描述和设想为离散的阶段或过程，但在实际项目过程中会存在许多交叠。例如，项目计划制订是一个进行中的迭代过程。

因行业或组织的差异，项目生命周期会有所不同。生命周期确定了一个项目的起始和结束，定义了每个阶段的工作。阶段的时序一般都会伴随上一阶段到下一阶段的交接。例如，把网络应用的需求转换为项目计划设计。通常在下一个阶段启动前，上一阶段的输出必须核准。尽管各个阶段会被认为是独立且有差别的，它们也常常会有交叠。

为了便于理解和管理项目，我们可以把项目中所需的全部工作拆分成更小的组成单元。每个组成单元本身具有一个生命周期；把所有组成单元整合在一起，就是项目完整的生命周期。

第 2 节　教育装备的项目管理

教育装备的项目管理主要集中在获取阶段。教育部门在获取教育装备时，主要分为自行研制和采购两大途径。究竟是选择自行研制还是采购，在做决策时通常考虑的因素有：教育装备的成本、教育装备的研发能力、教育装备的需求量、保密因素和供应因素等方面。教育装备从无到有是发明和研制的过程，研制可以是教育部门自行研制，也可以是教育部门和其他单位联合研制。研制阶段的教育装备是一种技术制品，尚达不到产品或商品的程度。一旦技术制品成熟完善，便以产品或商品的面貌出现，此时，该教育装备便可进入推广和大量使用的阶段。目前，在配备使用量大且技术成熟的教育装备时，大多通过采购方式。

一、招标的基本知识

1. 招标的基本方式

招标的基本方式主要有公开招标、选择招标和协商招标三种。应根据采购的规模、技术要求的难易、风险的高低及国家的相关法律法规等因素，选择合适的招标方式。技术要求明确、不确定因素少的项目，一般采用公开招标的方式，该种方式也是较为常用的招标方式。

(1)公开招标

公开招标指采购方以招标公告的方式邀请不特定的法人或其他组织投标。公开招标是一种无限制的竞争，采购方通过政府招标公报、政府采购网等媒体发出招标公告。招标公告公布项目名称、投标日期、地点及相关要求等信息。

(2)选择招标

选择招标又称限制性招标。它是指采购方以投标邀请书的方式选择特定的法人或其他组织投标。采购方根据合同任务要求需具备特殊技术能力才能完成。应根据对企业的了解情况，有重点地选择符合条件的三个或三个以上企业竞争。

(3)协商招标

协商招标是一种无意竞争的招标方式。它适用于某些特殊情况，如专业性极强的项目。采购方邀请经过预选的被认为最有能力和信誉的企业通过一系列方式，择优选择中标方。协商的方式有以下三种：

①连续协商方式：采购方可以直接邀请一个最理想的单位进行协商。若协商不成，则再邀请另一个有能力和信誉的单位进行协商，直至达成协议。

②对比协商方式：采购方同时邀请多个有能力和信誉的单位进行协商，对项目实施方案、能力、条件、报价等进行分析比较，选出优胜单位。

③分析协商方式：采购方依据调研和积累的材料分析，充分认定单一中标方，协商达成协议。

2. 卖方选择的常见工具

(1)加权系统(weighting system)

它是一种针对从可能供应商处接收到的投标文件所进行的定量比较方法，是招标中较为常见和实用的方法。每一份投标书都可以看作一种候选的解决方案，赋予每一个评价标准加权，再把评分值与权值相乘得出分值，把所有分值相加后得到加权总分。

(2)独立估算(independent estimate)

采购方对采购装备的成本进行独立的估算，所得结果与投标书的报价进行比对，两个数值越接近，说明供应商的报价越真实合理。因该方法仅评估价格，因此更适用于采购内容标准化较强的项目。

(3)筛选系统(screening system)

采购方为各项标准设定阈值。当任一项标准低于阈值时，整个投标书即被排除。假设各评分值不得低于总分的50%(阈值为40×50%=20)，若技术方案评分均值为15，则该投标书被过滤掉。

3. 确定卖方过程的标准程序

招标基本方式和常用工具的选定均是招标前的准备工作，最好也同时列入招标文件中。确定卖方过程的标准程序如下：

(1)招标

招标是发布招标公告或发出投标邀请的程序。招标的法律性质为要约邀请。招标文件应当包括招标项目的技术要求、投标方资格审查的标准、投标标价要求和评标标准等所有实质性要求和条件以及拟签订合同的主要条款。招标文件是对招标方和投标方具有同等法律效力的文件，招标要求须清晰明确，尽量避免以后容易引起争议的规定和解释。招标文件发出后，尽量不要更改。若需改动，应按国家相关法规流程二次发布招标公告。

(2)投标

潜在供应商接到招标(邀标)通知后，用书面方式向投标方表明应标意向。有意应标者应根据通知要求设计编写投标文件。投标文件应当对招标文件提出的实质性要求和条件做出明确的响应。

(3)开标

开标是采购方在预先规定的时间和地点将潜在供应商的投标文件正式启封揭晓的过程。开标由招标机构人员或招标人主持，邀请所有投标人参加，开标时间和地点在招标文件上预先确定。开标时，由投标人或者其推选的代表检查投标文件的密封情况，也可由招标人委托的招标机构检查并公正。经确认无误后，由工作人员当众拆封，宣读投标人名称、投标价格和投标文件的其他关键性内容。

(4)评标

评标是根据招标(邀标)文件要求，在招标代理机构的组织下，对所有投标书进行评审和评比的过程。招投标(邀投标)过程的绝大部分时间都花费在该步骤，评标也是“确认卖方”的核心环节。

评标时，由采购方聘请有关技术、经济、法律等方面的专家组成评标委员会，按照标底对投标文件进行审查，评审标书是否符合招标文件的要求和相关规定。需要指出的是，评标过程应采用必要的措施保证过程的严格性和保密性。这一阶段的主要工作有：公正地评出中标单位的顺序，供决标时参考。

(5)决标

决标是依据评标结果来决定中标单位(供应商)，最终评定并写出评标报告，并向中标单位发出中标意向书。决标是对投标的完全接受，其法律性质为承诺。

决标不仅要看其报价的合理性，还要看技术、性能、进度、技术风险、保障性等多个因素。不能在决标时只考虑价格，而忽视其他因素。

二、教育装备招标采购的项目管理

采购是从外部获得产品和服务的完整购买过程。在企业和政府领域一般都称为采购，但也有些领域称之为购买或外包。但无论哪种具体称谓，所指内容及实施过程基本是一致的。一旦做出采购的决定，实际上我们就进入了一个项目采购过程。采购一般可以分为非招标采购和招标采购。

招标采购是指采购方作为招标方，事先提出采购的条件和要求，邀请众多企业参加投标，然后由采购方按照规定的程序和标准一次性地从中择优选择交易对象，并与提出最有利条件的投标方签订协议等过程。达到一定金额的采购一般要求采用招标采购。

非招标采购是指通过招标采购之外的方式取得货物、工程、服务所采用的采购方式。招标限额以下的大量的采购活动，一般均采用非招标采购方式予以解决。但在有些特定情况下，一些大金额的采购也可能采取非招标采购的方式，例如需要紧急采购或者采购来源单一等情况。非招标采购主要有以下几种类型：

(1)议价采购：是指基于专利或特定条件，与个别供应商进行洽谈的采购。买卖双方面对面地讨价还价，所以被称为议价。

(2)直接采购：在特定的采购环境下，不进行竞争而直接签订合同的采购方式。

(3)定点采购：通过招标确定定点供应商，期限基本上是一年。

(4)询价采购：也称“货比三家”，是指采购组织向国内外有关供应商发出询价单让其报价，然后在报价的基础上进行比较并确定中标供应商的一种采购方式。

教育装备采购工作中，招标采购和非招标采购并存。由于教育装备招标采购所涉及的经费数量通常较大，工作步骤相对复杂，因此教育装备招标采购是教育装备采购工作的重点和难点，各方面都予以高度重视。

教育装备招标采购的步骤可分为：采购计划的编制、询价、采购方案的制定、确认卖方、合同管理与合同收尾(如图 2.2 所示)。为了便于读者理解，我们在本章列举的实例均源于某校计算机综合教室采购项目(以下简称“计算机项目”)。

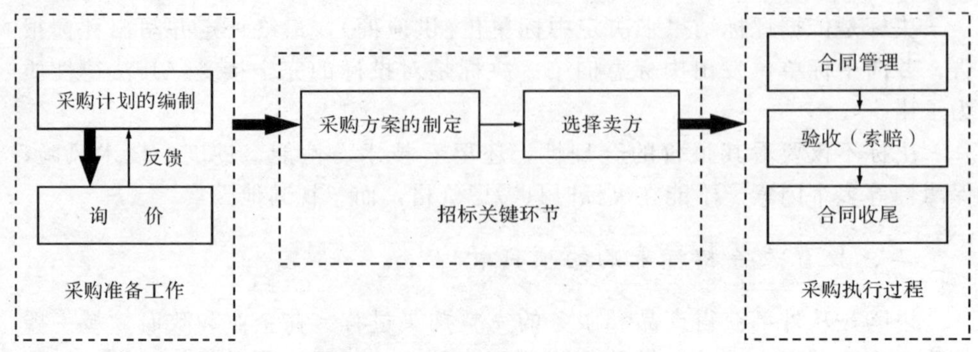

图 2.2　招标采购流程图

1. 采购计划的编制

编制采购计划的关键技术是采购分析(buy analysis)。与所有的计划制订过程一样，采购计划的分析是尝试预测为了达到项目预期所需要具备的全部资源与过程。采购计划并不是凭空想象，一份合理、详细的采购计划需要以合理、适合建设方现状等基点作为编制依据，需求工程及管理过程正是编制采购计划过程的输入项，只有通过详细调研和科学论证才能真正保证采购计划的可操作性和预期效益。这个过程的核心输出之一是采购管理计划。这份计划阐述并确定了采购项目中所需的装备清单，同时分析制定装备建设项目中还有哪些需求可以通过采购方式满足，以及在采购中可能遇到的潜在问题等。

2. 询价

这一环节是获得对采购计划进一步响应的过程。工作目标则是根据采购清单，设定完成采购项目所需的价格范围。在教育装备采购项目中，往往会涉及各类硬件和软件装备，特别是需要量身定制的软件开发项目或专业学科性强的采购项目将更为灵活复杂。我们既可以通过媒体上的广告或简介来鉴别潜在供应商和价格，也可从网络、本地相关资源中搜索。本环节中的采购方要继续将主要精力花费在调研上，逐项摸清待购装备的平均价格，大致把握采购所需的总体价格区间。在计算机项目中，询价须首先调研表 2.1 所列装备的市场现状，如品牌、类型、功能、质量、与实际需求的适用度等信息。在此基础上，重点确定价格上限与下限。

3. 采购方案的制定

当收到采购资金批复后，采购方就可以着手制定实际方案了。制订项目采购计划则是这一阶段的重要输入，该阶段的主要工作内容是确定采购文档。

表 2.1　计算机项目装备清单

编号	名称	数量	单位	备注
1	教师电脑台椅	1	套	—
2	学生电脑台椅	60	套	—
3	学生计算机	65	台	须提供生产厂商针对本项目授权书原件
4	多媒体中控系统	1	套	—
5	投影机	1	台	—
6	电子白板	1	套	—
7	投影幕布	1	张	—
8	实物展台	1	套	—
9	功率放大器	1	套	—
10	音箱	1	对	—
11	话筒	2	支	—
12	硬盘保护卡	65	块	须提供生产厂商针对本项目授权书原件
13	空调机	2	台	—
14	DVD 机	1	台	—
15	UPS 电源	1	套	—
16	防静电地板	110	平方米	—
17	电源及网络布线	1	套	—

采购文档用于向可能的供应商征集建议书，最常见的采购文档是方案建议书(Request For Proposal，RFP)。RFP 允许采购方与供应商以相同的规则、需求、进度和信息进行沟通，是双方工作关系的基础。在招标采购范畴，RFP 即招标文件；与之相对应的供应商的建议书则为投标书。

招标文件是采购过程的关键构件。一份优秀的招标文件除了要有规范化的通用性商务条款外，对采购的技术要求也具有举足轻重的地位，它也是难度最大的组件。技术要求主要是对采购计划的各子项进行逐一分解和细化。对于个人 PC 等通用性强的装备，可通过清晰界定技术参数，辅之功能描述的方式呈现；而对于信息化软件建设等较为复杂的采购，则应把重心放在选取优良且适合的实施关键路径上，重点说明项目采购设计的目标、范围、功能、运行环境、工期等各关键要素，以及计划实施方法和步骤。在撰写招标书时，需要特别强调两点：一是招标书整体须使用合理的结构，以帮助潜在的供应商提供精确和完整的答复；二是技术要求须尽量追求数值量化，即使不可量化也需要做出尽可能具体且严谨的描述。表 2.2 和表 2.3 为计算机项目中技术要求的部分节选。

表 2.2　学生电脑台椅技术要求——以描述为主

主题	编号	要求
电脑台	1	电脑台每个机位桌面长 65cm、宽 50cm，材质为钢质框架，钢板厚度为 1mm。保证正常使用情况下五年不变形，如含有其他材质要阻燃、环保。电脑桌面要光滑平整、便于清洁。
	2	电脑主机置于带脚轮托架上，以便主机维修保养。主机左右两侧要有坚固的竖立隔板，后面要有带锁的门便于维修。在不影响使用的情况下，学生桌正面有固定的横梁，使主机不能从前面取出。托架距离地面要有足够高度，不影响清洁地面卫生。
	3	学生电脑台内所有电源线、信号线和控制线不能暴露在外，应有走线线槽，并可用锁固定线缆，防止线缆被随意插拔和取走。
	4	电脑台背面需要有全封闭的挡板。
	5	每个机位须有编号，编号应与计算机管理软件中的机位编号相对应
电脑椅	1	学生电脑椅须坚固耐用。

表 2.3　学生台式机技术要求——以量化为主

编号	部件	要求
1	CPU	一颗四核心、主频≥2.83GHz、Cache 容量≥6MB * 2、1333MHz 前端总线
2	内存	容量≥2GB　DDR3 1066MHz
3	硬盘	类型为 SATAII 7200 转、容量≥320G
4	显卡	显存≥256MB，接口支持 DVI 和 VGA
5	光驱	其中 10 台配有 DVD±RW 刻录光驱，剩余机器不配备光驱
6	显示器	长宽比 4∶3，尺寸为 17 英寸或以上，接口支持 DVI 和 VGA；且每台均须提供 DVI 电缆
7	操作系统	预装 Windows XP With ServicePack 3 的正版操作系统；同时需提供其正版安装盘

续表

编号	部件	要求
8	其他要求	标配机箱密码锁和后 I/O 盖板，防止内部配件丢失；专用耳麦，双头电源线；具有 CCC 认证，国家节能认证
9	售后服务	需提供原厂保修五年的技术服务，主机和显示器需在 4 小时内提供上门服务

招标文件中的另外一个重要组件是评价标准(evaluation criteria)，它用来在接下来的步骤中对接收到的投标书进行客观公正的评价。其实，将评价标准罗列于招标书中是为了表现采购方对各项标准的重视程度，便于潜在供应商更有针对性地准备投标书。一般最重要的评价标准就是价格。价格的计算方法如下：

投标报价得分＝(评标基准价/投标报价)×价格权值×100％

其中，评标基准价为满足招标文件要求且投标报价最低的供应商的报价。对于复杂采购的评估，应制定企业财务状况、生产能力和兴趣、技术方案、采购能力、服务承诺、企业实力及项目业绩、投标书编制情况等选择标准。表 2.4 是计算机项目的评价标准参考示例。

表 2.4　评价标准参考示例

序号	评审条款	分值	评审细则	细项	备注
1	价格	30	投标报价得分＝(评标基准价/投标报价)×价格权值×100	30	满足招标文件要求且投标价格最低的投标报价为评标基准价
2	技术方案	40	1. 装备选型与主要性能指标	20	—
			2. 实施方案的实用性和合理性	12	—
			3. 对系统的合理化建议	8	—
3	服务承诺	12	1. 质量保证期	3	—
			2. 培训	3	—
			3. 现场服务及技术支持方案	6	—
4	企业资质	15	1. 三年内同类项目完成情况	12	提供合同复印件
			2. 企业实力	3	获得相关认证情况
5	投标文件的编制	3	投标文件装订良好，页码准确；响应完整，运用图、表等进行说明	3	—
合计		100	—	—	—

在教育装备采购过程中，建议在非标准采购项目中针对供应商的历史绩效(已完成的相似供货项目)和技术方案设定较高的权重，视情况有可能各达到 20%或以上，以表示采购方对于相关标准的强调，也在一定程度上减轻了采购方的风险。如某院校采购校园网站时，当看到某供应商的投标书呈现了大量网站开发经历以及合理周全的技术步骤等内容后，该院校必然会对这个供应商的实力给予肯定。

4. 确认卖方

确认卖方的目标是选用卖方以提供期望产品或服务的过程。在招标文件编制完毕后，将按照国家相关法律法规，进入招投标(邀投标)流程。整个流程执行过程一般由招标代理机构组织实施。

5. 合同管理

合同管理是指对依法签订的采购合同进行管理的一种活动与制度。教育装备采购的合同管理就是对装备的设计、实施、开发有关的各类合同，从合同条件的拟订、协商、签署，到执行情况的检查和分析等环节进行组织管理的工作，以达到采购的预期目标。

教育装备采购合同的主要内容通常由采购方与供应商自行约定。对于相对简单单一的采购(如个人 PC、投影机等标准规格装备的批量采购)过程可以采用标准的合同模板，一般应包括以下项目：

(1)采购名称。

(2)采购内容和范围：明晰采购的具体装备型号、数量及是否须承担安装调试工作等信息。

(3)交货地点和方式。

(4)交货期限。

(5)权利和义务界定：明确采购方与供应商的权利和义务，其中权利和义务应对等。

(6)采购质量要求。

(7)验收标准和方法。

(8)供应商售后服务承诺。

(9)采购货款的支付方式和步骤。

(10)违约责任及违约金或损失赔偿的计算方法。

(11)解决争议的办法。

(12)生效及其他。

对于需要一定程度的建设或开发的非标准化装备的采购，因其复杂性和特殊性，其合同将具有个性化的特点。通常会增添以下可能的项目：

(1)采购过程中的各种期限(如项目里程碑时间以及验收时间等重要期

限）。

(2)技术情报和资料的保密。

(3)风险责任的承担，即明确项目风险的承担方式。

(4)技术成果的归属。

(5)采购方认为需明确提出的采购特殊说明。

(6)其他附件，例如供应商的售后服务承诺书、验收单等。

在采购双方签订合同前，建议双方请法律专业人士对照合同一般内容和格式，逐条研读分析各条款，仔细推敲，与投标书、招标(邀标)书辨认比对，确保合同不致使各方处于不利地位。同时避免遗漏重要款项，对于采购关键点须明确在合同中予以界定。

合同管理过程的主要输出之一是已签订确认的合同文档。另外特别要注意的是，合同管理是贯穿于整个采购过程的重要活动。合同管理的另一个职能是以合同为基本参照系，在采购过程中不断比较验证合同双方是否遵守合同。当发现执行过程产生偏差或经双方同意确需变更时，一定要有书面的规范记录并存档，并把它作为合同管理的另一输出。

另外，在采购实践过程中，当招标(邀标)书、投标书与签订的合同之间的规定信息发生冲突时，一般会采用如下的文档优先级：合同书、投标书、招标(邀标)书。如果在项目执行时发现合同书、投标书、招标(邀标)书都未对某一方面问题做出规定，招标方可与中标方签订补充协议，协议也通常视作合同的一部分。以下为计算机项目的格式合同的样例。

合　　同　　书

__________(买方)__________(项目名称)中所需__________(货物名称)经__________(招标代理机构)以__________号招标文件在国内____(公开/邀请)招标。经评标委员会评定__________(卖方)为中标人。买、卖双方同意按照下面的条款和条件，签署本合同。

1. 合同文件

下列文件构成本合同的组成部分，应该认为是一个整体，彼此相互解释，相互补充。为便于解释，组成合同的多个文件的优先支配地位的次序如下：

a. 本合同书

b. 中标通知书

c. 协议

d. 投标文件(含澄清文件)

e. 招标文件(含招标文件补充通知)

2. 货物和数量

本合同货物：________________

数量：________________

3. 合同总价

本合同总价为____元人民币。

分项价格：________________

4. 付款方式

本合同的付款方式为：合同款项按以下时间，分两次支付完毕。

(1)合同生效起 3 日内，卖方应向买方提供合同总价的 10％的履约保证金，验收合格一年后买方无息返还卖方。

(2)合同生效起 7 个工作日内，买方支付合同总价的 50％；系统验收合格后买方支付合同总价的 50％。

5. 本合同货物的交货时间及交货地点

交货时间：________________

交货地点：________________

6. 乙方在本合同执行过程中，应对甲方提供的原始资料进行保密，甲方所提供的资料、乙方制作的最终成果，未经甲方书面许可，不得向第三方提供全部或任何一部分。本合同的最终成果版权归甲方所有，乙方应保证提交的成果未侵犯第三方权益，否则由乙方承担全部责任。

7. 合同的生效

本合同经双方全权代表签署、加盖单位印章生效。

买　方：__________	卖　方：__________
名　称：(印章)	名　称：(印章)
年　月　日	年　月　日
授权代表(签字)：______	授权代表(签字)：______
地　　址：__________	地　　址：__________
邮政编码：__________	邮政编码：__________
电　　话：__________	电　　话：__________
开户银行：__________	开户银行：__________
帐　　号：__________	帐　　号：__________

6. 验收与索赔

验收又称范围核实或移交，它是核查项目计划规定范围内各项工作或活动是否已经全部完成，可交付成果是否令人满意，并将核查结果记录在验收文件中的一系列活动。采购方通常以会议并辅之现场勘察的形式展开验收过程。参会人员一般包括采购双方的干系人、教育装备所涉及领域的业内专家等。验收主体工作是查阅装备采购建设的阶段性成果和最终成果是否完全响应招标文件、投标文件、合同等文件款项(即采购初始预期)；采购建设成果与相关国际标准、行业标准等的吻合度也是验收过程的可参考点。验收报告通常作为这一过程的输出文档。

7. 合同收尾

合同收尾支持的是项目的结束过程，也属于验收的一部分。它验证供应商履行合同条款的过程是否可以接受，它的输入有招投标书、项目执行工作的各类文档等。合同收尾一般利用采购审计和记录管理等技术。特别值得一提的是，建议采购方在这一过程中编制经验教训文档。该文档是对合同和卖方的分析结果，它可以为未来制订项目采办计划提供非常实用有效的信息。以下为简版验收报告单。

项目验收报告单

<table>
<tr><td>合同编号</td><td></td><td>合同名称</td><td></td></tr>
<tr><td>项目编号</td><td></td><td>项目名称</td><td></td></tr>
<tr><td>客户名称</td><td></td><td>客户方负责人</td><td></td></tr>
<tr><td>客户地址</td><td></td><td>联系电话/传真</td><td></td></tr>
<tr><td colspan="4">验收内容：(验收双方共同确认，可附加详细的功能列表)</td></tr>
<tr><td colspan="4">验收结论：(验收双方共同确认)</td></tr>
<tr><td colspan="4">备注：</td></tr>
<tr><td colspan="4">客户方验收人/日期：
客户方验收单位(公章)</td></tr>
<tr><td colspan="4">实施方验收人/日期：
实施方验收单位(公章)</td></tr>
</table>

三、教育装备的政府采购

政府采购(Government Procurement)是各级国家机关、事业单位和团体组织，使用财政性资金采购依法制定的集中采购目录以内的或者采购限额标准以上的货物、工程和服务的行为。政府采购的概念不仅仅是具体的采购行为，而是与之相关的采购政策、采购程序、采购过程及采购管理的集合体，它是有关公共采购管理的一种制度。国家对财政体制的逐步改革和中国加入WTO是《中华人民共和国政府采购法》(以下简称《政采法》)出台的主要背景。以2003年1月1日实施的《政采法》为标志，被称为“阳光工程”的我国政府采购制度进入了法制化轨道。

表2.5 北京市2009年度政府采购集中采购目录节选

目录	备注	采购类型
(一)通用类政府采购项目		
1. 货物类		
摄影、摄像设备	指数码照相机、数码摄像机、胶片单反照相机(含镜头)及零配件	单项或批量小于100万元为协议采购，100万元以上(含100万元)为项目采购
空气调节设备	指分体壁挂式、分体柜式、天花板嵌入式(吸顶式)、分体风管机(天井式)	
计算机	指台式机、笔记本及零配件	
显示器	—	
打印机	指喷墨、激光、针式打印机，多功能一体机，用于固定资产管理的条码打印机	
传真机	—	
复印机	指复印机、速印机	
投影仪	—	
信息安全产品	指防火墙、入侵检测、VPN(商密)、漏洞扫描、网页防篡改系统、网络安全审计、安全集成管理平台、反垃圾邮件产品、安全隔离与信息交换系统产品、主机安全管理系统产品	协议采购

政府采购的本质是政府在购买商品和劳务的过程中，引入了竞争性的招投标机制。政府通过该机制，通常定期公布采购项目、品牌和每项采购项目

的供应厂商。教育装备的采购也经常采用政府采购的方式。常见的政府采购项目包括教学或办公装备，如计算机、复印机、打印机等；交换机、路由器、防火墙等信息化网络装备；纸张、笔墨等办公材料。也包括基建物资、生活物资等各种原材料、设备、能源、工具等。表2.5为北京市2009年政府采购集中采购目录节选。

政府集中采购目录的采购项目类别共分为三类：货物类(上表列出该类的部分采购货物)；服务类(如印刷、互联网接入服务等)；工程类(如修缮、装饰工程等)。教育装备的政府采购主要集中于第一类，即货物类。

从上表可以看出，货物类采购项目一般为通用性强的装备。每一项货物的品牌、具体型号、厂商联系方式等信息可在中央采购网或地方采购网查询，以上信息一般会定期更新。例如，北京地区某市属高校如果需要以政府采购方式购买台式计算机，则可到北京市政府采购网搜索台式计算机、品牌、参照配置等信息来选择具体型号。

借助政府采购方式采购通用性教育装备的优势明显。我们可免去复杂的招投标程序，而直接从采购网中选择需要购买的装备。这种方式提高了采购效率，增加了采购过程中的透明度，同时采购方也能相应降低采购风险。政府采购中的厂商通常在货物质量和售后服务方面更有保障。另外，我国推行的政府采购制度是政府宏观调控的重要手段，也可满足政府消费行为市场化的需要。

第3节　项目的需求规划与设计

教育装备项目的研究过程一般以项目管理的几个环节或步骤作为其较通用的分析研究的基本框架。每一环节的研究都在持续的实践和理论探索中不断地补充和完善本阶段已有的方法与技术。当然，无论是一种全新的教育装备的诞生还是对已有装备的更新和升级，都期望这若干阶段犹如一根信息顺畅的链条，从而达到教育装备“全生命”周期的研究在预期中得以顺利进行。而项目需求规划与设计正是教育装备“全生命”周期的起点，是一切研究工作的开始。在装备的更新与升级中，更是充当着与“旧版本”装备全周期的有效连接的作用，扮演着“传承”的角色。正是因为项目需求规划在项目整个过程的特殊重要性，本章列出独立一节加以讨论。

宽泛地讲，需求来源于教育装备用户在使用装备过程中感受到的某种“缺乏”。这种缺乏正是教育装备在某一阶段没有能够满足用户的地方。而从装备的设计开发人员的角度来说，“缺乏”可以看作用户对未来新装备在功能、行为、性能、设计约束等方面的期望。

需求工程最早起源于软件工程，它是在人们逐渐认识到需求分析与定义的关键性作用后发展起来的。我们可以把所有与需求直接相关的活动通称为需求工程，它贯穿于装备开发的整个生命周期。需求工程中的活动可大致分为两类，一类属于需求开发，另一类属于需求管理。

一、教育装备的需求开发

需求开发的目的是通过调查与分析，获取用户的真实需求并定义装备的需求。教育装备的需求开发的过程域与其他产品开发类似，包括两类最主要的活动：需求调查与需求分析。需求调查、需求分析与形成最终的需求文档在实际操作过程中并不严格地遵循线性的顺序，这些活动是相互隔开、迭代进行和反复的。

1. 如何开展需求调查

需求调查是需求工程的主体，是需求工程中非常关键、工作量较大以及很需要交流的环节。这个过程旨在通过各种途径获取用户的需求信息(原始材料)。与其他产品需求调研不同，教育装备的需求调查往往需要分别涉及两类不同的用户群体——教师和学生。例如，教室语音装备系统一般具有教师和学生两个不同的子系统，捕获需求时就应分别针对这两大子系统的内容深入展开对教师和学生的需求调查，最终勾画出这两类用户群大体的需求脉络(如对操作界面布局、按钮的设计、卡带仓在桌面的摆放位置等方面的期望)。

在需求调查的实际操作中，对“调查什么”的准确定位有时较难把握。为了防止调查工作变得漫无边际，需求调查人员首先应当起草需求调查问题表格，将调查重点锁定在该问题表格内。随着后续调查的持续深入，问题将不断地被细化，问题表格也会不断地得到扩充和完善。语音装备系统的问题表格的编写最初可以围绕以下三个问题门类：系统功能设置；操作平台整体设计；用户额外需求。问题表格分为调查问卷单元和用户访谈单元。

如果开发的教育装备是对已有装备的升级，我们就可以采用最简便的制定问题表格的方法——以已有装备的最终需求文档为模板提取需求问题，尤其是吸收那些以前调查相对不完备的问题或在将来升级装备的过程中用户需求改动的可能性较大的问题。例如，由于教学理念的影响，在开发网络学习平台时，用户的需求就有可能发生从以前的教师操控占主导到学生的功能模块显著增强的本质性转变，这种处于不断变动中的因素一定要作为编写装备需求问题过程中的考虑对象。同时，可以辅助采用另一条捷径——以原有装备的绩效评估记录为切入点，间接地搜寻即将升级的装备所需调查的补充性问题。例如，在翻阅装备使用记录的过程中发现原有装备的实际利用率低于期望值，则应在随后的调查中找到影响装备利用率的瓶颈，从而使新装备更好地适应用户的使用。以上两种信息来源方式可起到新旧装备传承的关键作用。

起初我们可以利用向用户群体发放调查问卷的客观信息通道来捕获需求信息，问卷中的问题主要以选择题和是非题为主。统计与核对回收调查问卷后，我们对那些问题答案一致性较强的题目做好备案(这些答案往往代表着广大用户疑义较小的稳定的需求，是我们撰写最终需求文档的资料积累)；而对于答案差异性较大的题目，应做出详细记录并作为后续调查的切入点。不过，作为一个调查者，需求获取是一项需要与用户高度合作的活动，而并不是用户所填写的需求的简单誊写，因此充分利用另一条信息通道(主观信息通道)——用户访谈是极其关键的。

用户访谈单元的问题通常选用开放性问题或可扩充问题，这类问题无法简单地用是或否来回答，因此用户在解释说明时就会提供更多的信息。开放性问题的选择应该以问题表格中所设置的问题门类为主线展开。在融洽轻松的访谈氛围中，尽量使用户能够畅所欲言。例如，在语音装备系统的需求调查中，应给用户充足的时间，让他们说明对系统功能的要求和对设计方案的理解。同时，应尤其关注不同用户的特殊需求，在调查中，若条件允许，应适当了解其需求背后的深层次原因。用户访谈单元的输出是若干用陈述句表达的需求摘要。

2. 需求分析的实用方案

通过利用客观与主观两条信息通道，调查人员在总体与细节层面对用户的需求都能够有比较全面的把握和理解。当然，在整个需求调查过程中，用户有时可能会提出一些不现实的、与学习效果无关或在技术上难以实现的甚至错误的需求等。解决这些问题就进入了需求分析过程(在需求开发中，对所获取的需求信息进行分析，及时排除错误和弥补不足的信息过滤的过程)。其实需求调查与需求分析之间并没有一条严格的分界线，有些事情如果在调查阶段就能分析清楚，那么就不要拖延到分析阶段去解决。在调查需求的同时，应当进行必要的需求分析。

需求分析本身是一项很费脑子的工作，但“问答分析法”却是一种简单易用、实用性很强的分析方法。“问答分析法”其实很容易操作：刨根究底地问，如果问题都被解答了，那么需求也就十分清楚了。问答分析最重要的问题是：“是什么”和“为什么”。对需求调查阶段输出的需求仍以陈述句的形式一一修正，说明需求“是什么”，如果“是什么”的内涵不够清晰，则应补充说明“不是什么”。如果“是什么”和“不是什么”并不是理所当然的，那么应当解释“为什么”。通常在修正需求的过程中需要随时关注需求是否存在二义性、各项需求之间是否有矛盾、需求是否完备等常会出现的问题。

在分析起步时，单一个人可以先“自问自答”地分析需求，或几个人一起研讨；之后把分析成果与装备所涉及的相关领域专家交谈，借鉴他们的意见。在进行整个操作的过程中，分析人员可能会发现装备某些方面的需求调查不详尽甚至空白，或对用户需求产生了新的疑义，在这种情况下就需要及时地对用户进行二次访谈。一些较大的项目经常是经过几次这样的回合后得到若干语意清晰的需求条目。这些条目就构成了《装备最终需求文档》的核心内容。

二、教育装备的需求开发需注意的问题

1. 教育装备用户层级的划分

由于教学装备的使用对象是教师和学生，因此在需求开发的全程调研中教师和学生都扮演着装备用户的角色。这一点是教育装备与其他产品开发的显著区别。而对于不同类型的教育装备，教师和学生所充当的用户层级(可以细分为直接用户和间接用户)可能不尽相同。举个简单的例子，如果开发一款改良的实物投影仪，教师是投影仪的直接使用者，是装备的直接用户；学生借助投影仪学习，不亲自操控它，是装备的间接使用者。但假设设计一类有关某个主题的学习平台，教师和学生都有机会操控平台的不同部分，那么教师和学生都可以看作装备的直接用户。

装备用户层级的划分必须作为需求开发最先进行的工作。之所以进行分类，其目的之一是使问题表格的编写更加结构化。在调查问卷单元，不同用户层级可以进行差别化的调研；在用户访谈单元，应使谈话主题有所侧重。用户层级划分的过程本身也是对装备未来使用背景的深入研究的过程，能从另一个侧面为需求开发人员提供一些启示。例如，依照上述对实物投影仪所划分的用户层级，针对教师的问题就应更偏重于功能设计、操作程序等教师直接操控的部分；而针对学生的问题则更倾向于投影仪的外形设计、幕布的大小等对学生学习产生间接影响的部分。至于上述主题学习平台的用户，须重点调研教师和学生在运用平台过程中直接接触到的功能、流程设计、界面风格等内容。

2. 对用户不同意见的处理及需求开发的最终目标

当整理用户的需求或建议时，我们经常会遇到教师和学生对装备的某方面内容持不同意见的情况。在这种情况下，除了参考教师和学生产生意见的原因，还要与专家交谈，广泛听取他们的意见。教育装备的需求开发中所面临的很多疑问以及各种细节问题在条件允许的情况下，最好借助各类专家的帮助。如某类学习平台的流程设计就要接受教育专家的建议，做到遵循学生的学习规律和特点，方便教师使用；对于各类装备的外形或界面设计等因素就要更多地听取心理学专家的指导。之后综合权衡各方面意见，最终使得各

种需求条目的“是什么”“为什么”达到“显而易见”的地步。

例如，当设计一套教室多媒体讲桌时，采用的最终高度就很有可能成为引起用户争议的问题。教师倾向于设计出偏高的讲桌，以便于教师操控和切换多媒体装备；学生喜欢低一些的多媒体讲桌，以免挡住自己的视线；而设计开发人员有可能结合自身的理解采用另一个高度值。在这种情形下，调查人员就要听取多方专家的意见，找到多方用户的平衡点，尽量做到“兼顾”。

这一个需求开发过程的终极目标就是要使装备需求文档中的每一个需求条目达到非常合理的程度，这是我们在需求开发中不断追求的。如果需求条目能做到清晰严谨、一目了然、原因陈述合理，那么整个需求开发过程就是成功的。同时，在需求开发的始终，我们应抱着这样的思想——将要开发的达到预期要求的教育装备可能并不是最先进的，但却是最适宜特定环境教学的装备。

三、教育装备的需求管理

需求管理的目的是在用户和开发方之间建立对需求的共同理解，维护需求与其他工作成果的一致性，并控制需求变更。教育装备的需求管理过程域包括两类主要活动：需求跟踪与需求变更控制。需求管理贯穿于需求开发后的任一阶段。

1. 需求跟踪的意义及常用方法

很多人有这样的误解：如果依据需求工程、系统的设计实现、装备测试与维护的顺序开发教育装备产品，由于每一步的输入就是上一步的输出，所以不必担心设计、实现、测试会与需求不一致，因此可以省略需求跟踪。但事实上，严格线性顺序的开发模型并不能保证各个开发阶段的工作成果与需求保持一致。想必大家都看过电视娱乐节目中的肢体传话游戏，由于人们的肢体表达能力（在装备开发中为语言表达能力）、理解能力不可能完全相同，人与人之间的协作很难达到天衣无缝的境界，最后的结果经常是最初的传递者与最后一个接收者所理解的意思大相径庭。这个例子也许有些夸张，但在装备的需求管理中的确存在这样的问题。

相对于整个需求开发过程而言，需求跟踪只需要“用心”去做，它是一件比较容易开展的工作。需求跟踪可选择采用正向跟踪——检查《装备最终需求文档》中的每个陈述的需求是否都能在后继工作成果中找到对应点；逆向跟踪——检查设计文档、测试用例等工作成果是否都能在《装备最终需求文档》中找到出处。无论选用哪一种跟踪方式，都须建立与维护需求跟踪矩阵。跟踪矩阵保存了最初需求与后继不同阶段的工作成果之间的多种对应关系。建立跟踪矩阵有助于开发人员及时纠正偏差，避免做无用功。

2. 需求变更控制

随着教育装备设计开发工程的进展，用户与开发方对需求的了解将会越来越深入。相关人员可能会在后续的开发环节中发现原先的《装备最终需求文档》存在一定的错误或不足。在这种情况下，需要变更需求。当然，提出需求变更的动机是无可非议的，但对于整个装备开发而言，变更需求意味着要调整资源、修改前期工作成果等一系列工作，对装备开发的影响面很广，开发人员为此要付出沉重的代价。

正因为如此，需求管理中的一个配置项——变更控制规程就显得很重要了。我们可以依据装备开发项目的性质、背景等因素编写出适宜操作的变更控制规程(如变更目的、变更输入与输出、变更主要步骤等项目)。“权衡利弊”是制定规程统一的原则。规程一旦制定并启动，就必须严格执行，以免变更失去控制。

第4节　合同管理

项目建设过程实际上就是合同执行过程。合同是校方和承建方之间具有法律效力的契约，它是项目建设的基本依据，也是实施风险及质量管理的重要依据之一。因此，熟悉并掌握合同的有效管理是项目执行的有力保障。

一、合同的概念及特征

1. 合同的概念

合同的概念有广义和狭义之分。广义的合同泛指一切确立权利义务关系的协议；而狭义的合同仅指民法上的合同。例如，《民法通则》规定：合同是当事人之间设立、变更、终止民事关系的协议；依法成立的合同，受法律保护。合同的目的是设立、变更、终止民事权利义务关系。设立民事权利义务关系，是当事人订立合同旨在形成某种法律关系，从而享受具体的民事权利，承担具体的民事义务。当事人订立合同无论出于何种目的，只要当事人达成的协议依法成立并生效，合同就对当事人产生法律约束力，当事人就要依照合同的规定享有权利、履行义务。

2. 合同的特征

(1)平等原则

合同是平等主体之间的法律关系。商品经济的客观规律决定了合同的当事人必须是相互独立的，具有法律上的平等地位。他们之间不存在强制关系或从属关系。平等原则是指当事人在订立合同时，任何一方无权要求另一方服从自己的意志；合同依法成立后，对任何一方都具有平等的约束力，不允许任何一方有特权；当合同发生纠纷时，当事人平等地受到法律的保护；合同当事人一方没有处罚对方的权利。

(2)自由原则

合同是当事人之间在自愿基础上达成的协议，是双方或多方的民事法律行为。合同建立在自由的基础上，是当事人自愿协商订立的，这充分体现了合同的自由原则。合同的自由原则包括以下内容：

①缔约自由，即当事人可以自由决定是否与他人签订合同。

②相对人自由，即当事人可以自由决定与何人签订合同。

③内容自由，即当事人双方可以自由决定合同的具体内容。

④变更与解除的自由，即当事人可协商变更或解除合同。

⑤方式自由，即当事人选择合同形式自由。

(3)公平原则

公平原则要求合同当事人的权利和义务要对等。合同双方的权利义务对等，合同任何一方当事人既要享有权利，又要承担相应的义务。

公平还体现在对免责条款的限制、违约责任的承担和风险的承担上。免责条款指出现约定的免责事由时，免除或限制当事人责任的条款。当合同任何一方违约时，令违约人承担的违约责任应当公平合理。

3. 合同的主要内容

合同的主要内容通常由合同双方自行约定。总体来讲，一般应包括以下内容：

(1)项目名称。

(2)项目内容和范围：明确建设方与承建方的权利和义务，这是合同的核心部分。其中权利和义务应对等。

(3)项目的质量要求。

(4)项目的计划、进度、地点、地域和方式。

(5)项目建设过程中的各种期限(如项目里程碑时间以及验收时间等重要期限)。

(6)技术情报和资料的保密。

(7)风险责任的承担，即明确项目风险的承担方式。

(8)技术成果的归属。

(9)验收的标准和方法、承建方的售后服务承诺。

(10)项目价款的支付方式和步骤。

(11)违约金或损失赔偿的计算方法。

(12)解决争议的办法。

(13)建设方认为需明确提出的项目特殊说明。

在项目双方签订合同前，建议双方请法律专业人士对照合同一般内容和格式，逐条研读，仔细推敲，避免遗漏重要款项。

二、合同管理概述

合同管理(contract administration)是指对依法签订的项目合同进行管理的一种活动与制度。教育装备工程的合同管理就是针对与工程的设计、实施、开发有关的各类合同，从合同条件的拟订、协商、签署到执行情况的检查和分析等环节进行组织管理工作，以达到工程建设的目标。

合同管理的主要内容

在各类教育装备建设工程中，合同管理是重要的工作内容之一。合同管理的工作内容包括三个部分：合同的签订管理、合同的档案管理和合同的履行管理。

(1)合同的签订管理

合同的签订管理是校方与工程实施方之间针对合同进行的分析、谈判、协商、拟定、签署等。合同分析是合同签订过程中的核心环节，是合同签订的前提。校方需要对工程建设方、共同承担风险的合同条款、法律条款分别进行仔细的分析与辨别。同时也需要对合同条款的更换、延期说明、投资变化等时间进行仔细分析。合同分析和项目检查等工作要与其联系起来。合同分析是解释双方合同责任的重要依据。

在签订合同的过程中，要按条款逐条分析，如果发现有使校方面临较大风险的条款，应及时增加相应的抵御条款，要对合同中双方各自责任和相互联系的关联要素，做到一清二楚，心中有数。应特别注意的是，根据《合同法》规定，工程建设合同属于要式合同，只能采用书面形式。如果采用口头合同，万一发生纠纷则难以举证，不易分清责任。另外，教育装备项目往往面临工期长、技术结构复杂、不可预见性因素多等情况，合同应尽量做到内容完整，条款详尽，表述明确严密。

(2)合同的履行管理

合同的履行管理是指建设方对合同各方关于合同约定的工期、质量和费用、争议解决及索赔处理等工作的管理。

①合同分析——履行合同的依据。合同分析是从执行的角度分析、补充、解释合同，将合同目标和合同规定落实到合同实施的具体问题和具体事件上。应分析合同漏洞和风险，消除合同争议内容，以协议等书面形式给予补充，避免后续双方可能引起的争执。

②合同控制——履行合同管理的方式。合同控制是指为了保证合同所约定的各项义务的全面完成及各项权利的实现，以合同分析的成果为基准，对

整个合同实施过程进行的全面监督、检查、对比、引导及纠正的管理活动。合同控制的核心内容是追踪以下合同实施情况：具体的合同事件(项目质量、工期、成本等)和项目建设方的工作。

③合同监督——履约管理的保证。合同监督是将合同条款经常与实际实施情况进行比对，以便根据合同来掌握项目的进展，保证项目设计、开发、实施的精确性，并符合合同要求。合同监督的另一个重要内容是检查、解释并归档双方来往的信函和文件，这些内容对合同管理来说是非常重要的载体。

④项目索赔管理——执行管理的重点。索赔管理是合同管理工作中的最后一个环节。索赔管理源于项目合同在实施过程中的不确定性多，建设方和承建方的合同理解容易出现争议，这些因素易造成合同履行困难。当合同一方因对方不履行合同所设定的义务而遭受损失时，可向对方提出赔偿要求。索赔的内容包括：根据权利而提出的要求；索赔的款项；根据权利而提出法律上的要求。由于索赔没有一个明确的标准，因此只能以实际情况为依据进行客观的评价和分析，从中找出索赔的理由和条件。

(3)合同的档案管理

合同的档案管理即合同文件管理，是整个合同管理的基础。所有与合同相关的文件都是重要的文字依据，合同管理人员须及时填写并妥善保管项目执行过程中的各类文档。如果档案管理做得不好，发生纠纷时就缺少客观的文字依据，索赔工作就更难以开展。合同应包含以下各方面文件：

①承建方负责提供的实施、开发所需的技术资料、数据和图纸等。

②承建方负责供应的装备、软件等配套资料及到位时间、规格、数量、质量情况记录。

③项目执行期间可能出现的补充协议。

④项目中间环节的验收文件。

⑤与项目质量、结算等有关的资料和数据。

⑥建设方与承建方的会谈记录，双方的来往信函等。

三、合同管理的作用与原则

1. 合同管理的作用

为了实现合同管理应有的作用，相关各方都应具有强烈的合作意识，严格履行合同，按照合同的约定，认真、负责、公正、科学地做好项目的各项工作。合同管理的作用可概括为以下四个方面：

(1)使项目相关各方相互协调并密切配合，确保整个工程项目能够在规定的时间期限及预期的投资范围内高质量地完成。

(2)有效地减少相关各方之间的争议和纠纷。

(3)对合同的履行情况进行跟踪管理，从而有效地降低项目的风险。

(4)及时发现合同履行过程中出现的问题，将问题消除在萌芽状态，避免问题的积累和拖延。

2. 合同管理的原则

合同管理是校方与建设方针对项目合同的管理必须遵循的宗旨，具有以下三个原则：

(1)事前预控原则。事前预控的目的是进行项目风险预测，并采取相应的防范性对策，尽量减少出现索赔的可能。

(2)实时纠偏原则。校方应及时纠正承建方的错误和不当做法及违反合同约定的行为。如项目进度、产品缺陷等问题，实时向承建方提出意见或建议。

(3)充分协商的原则。在合同管理过程中，如果合同双方因合同的履行发生争议，双方应积极协商，本着力求取得一致同意的结果的原则。

四、合同争议的解决

所谓合同争议，是指合同双方对自己和他人的权利行使、义务履行有不同的观点、意见和请求的法律事实。合同争议发生在合同的订立、履行、变更、解释以及合同权利行使的过程中。

1. 合同争议解决程序

(1)合同双方及时就争议内容进行积极磋商，力求得到双方都满意的结果。

(2)当争议无法解决时，双方可以在合同专用条款内约定以下某种方式解决争议：

①第一种方式：根据合同约定向约定的仲裁委员会申请仲裁。

②第二种方式：向有管辖权的人民法院起诉。

发生争议后，合同双方都应继续履行合同，除非出现下列情况：单方违约导致合同已无法履行；双方协议终止实施；仲裁机构要求停止实施；法院要求停止实施。

2. 合同争议的处理和解决

无论是通过仲裁还是诉讼途径，任何一种解决争议的方法都将对合同争议双方产生法律效力。当发生合同争议时，双方可以协商解决或通过合同中约定的方式予以解决。

五、合同违约的管理

合同违约指合同一方或双方不履行或不适当履行合同义务时，应承担因此给对方造成的经济损失的赔偿责任。合同违约一般有以下三类情况：

1. 建设方违约

建设方违约是指建设方未能按照合同规定履行或不完全履行合同约定的义务，从而给对方带来经济损失的行为。当建设方违约时，通常需由建设方按合同约定支付违约金、承建方已交付硬件装备及已完成的各项工作所应得的款项和合理的利润补偿。

2. 承建方违约

承建方违约是指承建方未能按照合同规定履行或不完全履行合同约定的义务，从而给对方带来经济损失的行为。同样，当承建方违约时，通常需由承建方按合同约定支付违约金、双方(或请专业监理机构)清理承建方已按合同规定实际完成工作所应得的款项和已支付的款项，估算项目质量缺陷修复等所需费用等。

3. 不可抗力

不可抗力引起的违约指由于不可抗的自然因素或非建设方和承建方原因导致实施合同终止的行为。通常情况下，以下是导致不可抗力违约的原因：

(1)自然灾害。

(2)相关政策的变化导致原有合同的履行必须终止。

不可抗力发生后，承建方应在力所能及的条件下迅速采取措施，使损失减少到最小。应特别注意的是，若不可抗力是合同一方未按时履行合同后发生的，则不可免除未按时履行方的相应责任，因此造成的损失由未按时履行方承担。

因不可抗力违约时，合同双方应承担以下责任和费用。

(1)建设单位承担部分

项目本身的损坏及其需清理和修复的费用；运至施工现场用于实施的材料和待安装设备的损坏；停工期间留在施工现场的必要管理人员费用；建设方和因项目问题导致的第三方的人员伤亡、财产损失。

(2)承建单位承担部分

承建方设备的损坏及其所需的清理和修复费用；由于停工造成的损失；承建方的人员伤亡、财产损失。

六、知识产权的保护与管理

知识产权是一个法律概念，基本上是对创造性智力劳动成果在法律上予以确认，由此产生的权利就称为知识产权。知识产权是基于智力成果自动产生的权利，法律保护它不被他人非法侵害。专利、版权、商标权、商业秘密、专业技术等领域，都属于知识产权管理的范畴。但随着人类文明的不断进步和发展，知识产权的种类和范围也在不断扩大。在教育装备项目中，承建方的技术成果可能涉及知识产权。

1. 知识产权保护的范围

在《与贸易有关的知识产权协议》中，知识产权保护的范围是：

(1)著作权及其相关权利；

(2)商标权；

(3)地理标记权；

(4)工业品外观设计权；

(5)专利权；

(6)集成电路布图设计权；

(7)对未公开信息的保护权。

2. 知识产权保护的意义

知识产权的经济价值主要体现在对高新技术的占有上，这种智慧创造活动将成为最有价值的财产形式，对这种智慧创造活动的确定是知识产权制度，其价值被界定为知识产权。因此，科学技术对经济的突出贡献必然导致知识产权的凸显。总体来说，知识产权的意义有以下三个方面：

(1)能防止纠纷产生。防止专利方面的纠纷必须防患于未然。

(2)知识产权的保护和利用。在新技术开发的过程中，应重视专利权的取得，而在命名新产品时，也应重视商标权的取得，以保护自己的知识产权。此外，如果他人侵犯了这些知识产权，则必须采用必要的手段排除这种侵权行为。

(3)互换许可证战略。在技术趋于高度复杂的背景下，一项研究开发需要投入巨大人力财力，这些工作不可能由一家公司独立完成。因此可采用共同开发研究或者引进其他公司的成熟技术等策略。

3. 保护的方法

知识产权的保护方法主要有知识产权管理体制和知识产权管理制度。这主要涉及承建方企业内部的管理环境和做法。各企业情况不同，在体制和管理制度上也各有侧重，故不在此详述。

第5节　质量管理

一、装备质量与装备质量管理的概念

1. 装备质量

质量是为组织生产的产品或服务提供一种优质的保证。项目管理协会把项目质量定义为固有属性集合履行需求的程度。质量是教育装备建设与管理

的核心，是项目成功与否的显著标志。通常质量管理贯穿于教育装备建设与使用过程的始终。

2. 装备质量管理

由于教育装备的建设过程是人的智力的劳动，具有可视性差、变更比较频繁的特点，因此质量管理具有很强的复杂性。教育装备的质量管理主要从质量体系控制、实施过程控制以及单元控制入手，通过阶段性评审、评估，以及实时测试等手段随时发现质量问题，找出质量问题解决方法，最终达到保证教育装备建设质量的目标。

二、质量管理的常用技术

项目质量管理(quality management)是确保项目能满足所要执行的设计要求的过程。这一过程大致可分为三部分：质量规划、质量保证、质量控制。

1. 质量规划

质量规划是识别相关质量标准并制订计划确保项目可以满足这些标准的过程。鉴于很多规划问题都有质量维度，质量规划通常会在其他规划问题讨论过程中同时进行。

(1)质量政策

在规划中应明确质量政策。质量政策是质量管理部门提出的关于质量的意图和方针，一般用必要而有力的形式予以颁布。

(2)质量目标、责任

质量目标与责任可以从项目发展阶段和项目任务分工的角度分解。

①项目发展阶段：实行项目全程分阶段管理的原则。分析从提出方案到项目完成全过程各阶段的特点，针对影响质量的关键因素，提出有效控制措施，制定每阶段质量目标。

1)任务分析阶段：确定项目的明确需要。

2)方案探索阶段：在方案设计过程中，一是要尽量采用行之有效的技术，若采用新技术，则必须是经过验证的、成熟的技术；二是要把握经济原则，可利用成本/收益分析来评价候选方案的成本与收益，确定最佳候选方案，以保证产品满足高质量标准所引发的成本之间的权衡分析。

3)论证确认阶段：项目设计不仅是保证产品质量的重要因素，而且可以降低成本。

4)项目实施阶段：这一阶段包括详细设计、试验和使用鉴定等。

②从项目的任务分工角度看，分包质量指标、承担质量责任的单位是：

1)承建方对项目设计的文件质量负责，执行国家的相关法规和标准；同时要对整个项目质量负责，逐级建立质量责任制。

2)设备生产单位及配件供应商对所生产的产品质量负责。

(3)界定说明

界定说明是项目立项时将项目的交付件的状态记录下来的项目目标文件。随着项目的进展，该说明可能进行修订和细化。该说明主要包括：

①项目论证文件；

②项目的最后成果；

③项目的质量目标，即项目完成的质量量化标准。

(4)标准和条例

各领域可能对项目造成影响的专用标准和条例。

相对复杂的项目质量标准可以附件等形式列入招标文件的格式合同中，并通常作为项目验收的标准。以下为计算机项目合同中的验收项实例。

第＊条 验收

1. 验收地点：＊＊＊＊＊＊＊＊＊

2. 甲方采购设备到货后，乙方要派有经验的专家来甲方进行设备的安装、调试及试运行，直至整个系统正常运行60天后，若无任何质量问题，甲方按照“招标文件”要求、乙方投标书和国家有关标准进行验收，乙方应对验收给予配合。

3. 验收合格后，乙方将甲方交付的全部资料返还甲方，并向甲方交付项目成果。双方签署验收报告，验收报告一式两份，甲、乙双方各执一份，并报政府采购监督管理部门备案。若甲方验收乙方成果不合格，需在“项目验收单”中明确不合格原因及修改意见，并确定新的验收时间，时长不超过30天。如果乙方在此期限内仍不能达到约定要求，则视为违约。

4. 免费质保期从验收合格之日起计算。

2. 质量保证

质量保证由所有相关活动与事项组成，用来确保项目能够满足在质量规划阶段所总结的质量标准。质量保证是在质量管理过程内实施的有计划的系统性检查活动，是对质量规划、质量控制过程的质量控制，因此这一过程是质量管理的一个更高层次。换言之，质量保证是对项目实施过程的管理活动进行持续不断的检查、度量、评价和调整的活动。

(1)质量保证的类型

质量保证有两种类型：一是向项目管理组织和执行机构的管理层提供的内部质量保证；二是向用户和有关人员提供的外部质量保证。

(2)质量保证的工具与技术

质量保证过程可使用两种新工具：质量审计、过程分析。

①质量审计是用来评审其他质量管理过程以及识别潜在经验教训的活动。

在质量审计中，评审可以由项目组曾接受过培训的人员按照进度或随机进行。质量审计人员要检查项目的许多方面，寻找那些无效或低效的政策、过程或流程。质量审计人员可以从一份已经建好的检查表开始，对项目要评价的各个方面进行评分。

②过程分析是检查工作完成的方式。作为质量审计过程的一部分而记载下来的经验教训，可用来提升当前项目和后续项目的绩效。

3. 质量控制

(1)质量控制概述

质量控制(quality control)是对项目作业进行持续不断的检查、度量、评价和调整的活动。这一过程实时监督每个子项的实施状况，确定它们是否与相关的质量标准相符，并根据质量规划提出的内容，找出避免出现质量问题的方法，找出改进质量、组织验收和必要返工的方案。

质量控制是指在力求实现项目总目标的过程中，为满足项目总体质量要求所开展的有关的监督管理活动。在控制的过程中，人既是项目质量控制的主体，又是质量控制的客体。

①PDCA 循环

PDCA 循环是美国质量管理专家戴明士博士首先提出的，它是全面质量管理应遵循的科学程序，这一过程就是按照 PDCA 循环周而复始地运转。

PDCA 是英文单词 Plan(计划)、Do(执行)、Check(检查)、Action(处理)的第一个字母的组合，PDCA 循环就是按照这样的顺序进行质量管理，并多次循环进行。

项目需把质量规划阶段的成果作为 PDCA 最初循环的输入，以明确质量计划，这个计划不仅包括目标，而且也包括实现这个目标需要采取的措施；计划制订后，就要按照计划进行检查，查看是否实现了预期的效果，是否达到预期目标；经过检查找出问题和原因，进行处理，总结经验和教训。

PDCA 循环的特点如下：

1)在 PDCA 循环中，上一周期循环是下一周期循环的依据，下一周期循环是上一周期循环的落实和具体化。

2)每个 PDCA 循环都不是原地周而复始运转，而是螺旋上升的形态。每一周期的循环都有新的目标和内容。经过每一周期的循环，都解决了一些问题，质量水平有了新的提高。

3)在 PDCA 循环中，A 是关键。P、D、C 的最终目的是要找出差距和原因，从而解决处理。

②质量控制点

质量控制点是为了对项目的重点控制对象或重点建设进程实施有效的质量控制而设置的一种管理模式。设置质量控制点的目的是将项目质量总目标分解为各控制点的分目标，以便通过对各控制点分目标的控制，实现对项目质量总目标的控制。

1)设定质量控制点的实际意义

a. 有利于项目质量总目标的分解，便于将复杂的项目质量总目标分解为一系列简单分项的目标控制。

b. 有利于及时捕捉和分析控制点所处的环境因素，易于分析各种干扰条件对项目分目标产生的影响及其影响程度，计算质量控制点目标值与实际值的偏差。

c. 质量控制点目标单一，且干扰因素便于确定，有利于制定、实施纠偏措施和控制对策。

d. 通过对下层级质量控制点各分目标的实现，有效保证上层级质量控制点分目标的实现，直到项目质量总目标最终实现。

2)设定质量控制点的通用原则

a. 突出重点。质量控制点应放置在项目建设中的关键时刻和关键部位。例如，在一个校园信息平台建设项目中，准确获取使用部门的需求关系到整个应用系统的成败，因此建设方及承建方都可以把需求获取作为一个质量控制点，制定详细的需求收集整理方案。

b. 易于纠偏。质量控制点应设定在项目质量目标偏差易于测定的关键活动或关键时刻处，以利于发现偏差。例如，对于计算机机房的综合布线来说，可把隐蔽作业的实施过程作为一个控制点。如果发现问题，可以及时纠正。

c. 保持控制点的灵活性和动态性。对于一些综合类项目(如校园网络建设)，由于建设周期长，影响因素多，项目建设目标受到很多因素的干扰。因此质量控制点的设置不是一成不变的，可根据实际进展情况，对已有的控制点适时进行必要的调整或增减，以达到对项目质量目标的全过程、全方位的控制。

d. 质量控制点需有利于建设方和承建方的质量控制活动。

(2)质量控制的方法

①评审

评审的主要目的是本着公正的原则检查教学装备的当前状态，评审一般是在装备建设项目过程中的某个重要时间节点或完成某个重要环节时进行，比如装备建设前期设计、需求分析报告、装备调试等完成时。通过相关领域专家的评审，可以及时发现重大问题，并给出处理意见或建议。

1)评审依据

a. 国家和行业的相关标准、技术规范及其他相关规定或规范。

b. 领域内通行的普遍性约定。

c. 承前性文件。

2)评审的范围

一般来说，教育装备建设需要专家会审的主题主要有以下几项：

a. 建设方(即学校)的用户需求和方案。

b. 建设方的总体技术方案。

c. 建设方的工程实施方案。

d. 项目验收方案。

e. 项目相关售后服务计划。

f. 项目运行过程中出现的重要文档。

评审全过程要有记录，并备档保存。在某些情况下，评审可能远程进行，此时应做好技术保密工作。根据现实情况需要，专家可到现场进行实地考察。

②测试

测试是装备建设过程中质量控制的关键手段之一。测试方式主要分为技术指标测试和功能性测试两类。技术指标测试是依据最初的需求文档或招投标文件中所列出的技术等级或数值与实际进行比对，装备系统的技术指标通常可依据装备技术说明或借助测试专业软件获得。功能性测试则是对装备系统的功能逐项进行演示，观察检验系统的功能是否达到预期的要求。教育装备最终要由其用户——教师使用，功能性测试往往是装备系统质量好坏的直接反映。特别是信息系统工程的质量到底如何，只有通过功能性测试才能了解。以上两类测试结果都是评判质量的最直接的依据。

测试依据根据测试阶段和测试对象的不同而有所不同，主要包括：

a. 最初调研的需求说明。

b. 设计说明书。

c. 行业标准。

d. 国家标准。

③旁站

旁站是教育技术人员控制工程、保证项目目标实现的必不可少的重要手段。现场旁站比较适于学校各类信息化项目建设的质量控制，也适于工程关键环节的实施过程。

旁站要求现场人员具有深厚的专业知识和项目管理知识，能够统揽全局，对项目阶段或全过程有深刻的了解，明晰项目易出现问题处，并对建设过程具有较高的深入细致的观察能力和总结能力。

旁站记录需做到：

1)记录内容要真实、准确、及时。

2)对旁站的关键部位或关键工序，按照时间或工序形成完整的记录。

3)记录内容应尽量有量化衡量指标及达成情况。

4)监督过程主要记录旁站人员、时间、旁站监督内容、对质量检查的完成情况、意见评价等。

5)项目总体质量情况主要记述旁站过程中施工人员的工作是否到位，是否按事先的要求对关键部位或关键工序进行检查，是否对不符合操作要求的施工人员进行督促，是否对出现的问题及时纠正。

6)如果工程因意外情况停工，应写清详细原因、过程，并写明后续处理方案和效果。

④抽查

建设方信息化项目建设过程中的抽查主要是针对计算机设备、网络设备、软件系统以及其他教学装备的到货验收检查，以及对项目实施过程中有可能发生的质量问题的环节随时进行检查。以项目实施时间点为依据，抽查可分为以下两类：

1)到货验收的抽查

到货验收的抽查，主要是针对大量设备到货情况。例如，一次购进50台台式机，这时就需要对产品进行现场抽查。在抽查时，要对设备清单、抽查的台式机的各项技术指标进行逐项检查，并对抽查情况做好详细记录。

2)实施过程的抽查

例如，在软件建设过程中，可以随时抽查开发文档的编写情况、测试运行情况、开发的各种功能是否符合最初需求说明或约定。

第3章　教育装备有效应用

第1节　教育装备在实验教学中的作用

一、验证性实验教学与探究性实验教学

1. 验证性实验教学的含义、作用与教学模式

人们对验证性实验的含义有很多种不同的描述：张前认为验证性实验就是在学生既得知识经验基础上设计出程式化实验方案，再由学生通过观察和操作，验证并巩固习得知识，同时培养实验技能的实验方式；王后雄等认为验证性实验是指对研究对象有了一定了解，并形成了一定认识或提出了某种假说，为验证这种认识或假说是否正确而进行的一种实验。它注重探究的结果(事实、概念、理论)，而不是探究的过程；邓英君认为验证性实验是实验者针对已知的实验结果而进行的以验证实验结果、巩固和加强有关知识内容、培养实验操作能力、掌握实验原理为目的的重复性实验活动；还有学者认为验证性实验是一种步骤驱使的教学活动，其实验器材、实验方案通常由教科书、实验手册或教师给定、提供，在实验过程中，学生按事先制定的步骤进行实验，收集数据。学生在实验过程中按部就班地操作，其智力活动水平相对不高。从教学设计的角度看，验证性实验更强调行为与规则的统一。不同的研究者对验证性实验的认识基本趋于一致，实验的前提是实验者已经了解了实验对象，或对实验对象有了一定的认识，或者已经知道了实验结果；实验的目的是通过具体的实验对已有的理论或规律进行证明或证伪，其实验过程是程序化的。

验证性实验以检验已知概念或关系为主要目标，有助于促进学生掌握陈述性知识。验证性实验主要是让学生验证、巩固习得知识，培养观察和操作能力以及科学思维能力。实验教学一般发生在理论、规律教学之后，学生必须以较系统的知识结构和一定的实验技能为基础。实验中一般不能产生很多新知识，习得知识来源于书本和教师。

验证性实验教学具有封闭性和严谨性的特点，其教学模式一般为“结论—

实验证明—应用”。这种教学模式是固化的，学生按照指定的步骤，验证自己已学过的原理、概念或性质，学生在实验中被动大于主动。这种模式的教学策略主要采取讲授法、演示法和模仿法。一般学生可以一人单独完成全部实验操作，实验过程中无须太多的合作、质疑、争论与反思。教师在实验教学中主要表现为实验设计者和仲裁者，起到督促、纠偏的作用，因此实验情景设计中，课堂气氛是凝固与严厉的。

2. 探究性实验教学的含义、作用与教学模式

与验证性实验中一样，探究性实验的含义也有不同的描述：张前认为探究性实验是指学生在生活实践和学习新知识的过程中发现问题，为探索未知知识，通过自己设计并实施计划，以直接或间接的直观材料为研究对象，结合已有的知识结构进行观察、实验、讨论，总结出新观点、新规律的实验方式；王后雄等认为探究性实验是指探究研究对象的未知性质，了解它具有怎样的组成、有哪些属性和变化特征，以及与其他对象或现象的联系等的一种实验；王建华认为，探究性实验是在假设的指引下获取支持或推翻假设的科学实证，是以实验为载体探究科学结论形成和发展的过程，是在教师的指导下，学生运用已学过的知识、技能，把自己当作新知识的探索者和发现者，通过实验亲自发现问题。也就是说，实验的前提是实验者对实验对象是未知的；实验者在教师的指导下，通过不同的实验方法和策略自主探索获取对实验对象的认知；实验的目的是在探究过程中获取知识、培养技能，形成科学的情感、态度和价值观。

探究性实验教学以学生获取知识和技能、发展科学探究能力、培养情感体验为教学目标，有助于学生掌握程序性知识。探究性实验教学主要是为了突出学生自主性，培养学生独立探究、自主学习新知识的能力，观察和操作能力以及科学思维能力。一般要求学生主动地提出问题并围绕问题搜集、分析和加工有关信息与资料，并对需解决的问题提出可能的假说和验证。一般实验教学始于问题，也终于问题，习得的知识来源于对问题答案的探寻和知识的自行建构。

探究性实验教学具有开放性和民主化的特点，其教学模式一般为问题假说—实验事实—推理和判断—验证假设—结论—应用，或者为创设情境—发现问题—设计实验—实验探究—科学抽象—结论(王后雄)。这种教学模式是灵活的，在教师的指导下，学生自行发现，自主设计，自行探索，主动操作、观察、分析和处理信息，实际感受知识的形成过程，学生在实验中的主动大于被动。这种模式的教学策略主要采取组织策略、活动策略、讨论与反思策略。教师在实验教学中主要表现为实验活动的合作者和协助者，在实验的情景设计中，课堂气氛是活跃的、民主的。

3. 验证性实验教学与探究性实验教学的对比

表 3.1　验证性实验教学与探究性实验教学的对比

	验证性实验	探究性实验
实验前提	实验结论已知	实验结论未知
教学目标	训练学生的实验技能，验证基本理论原理，注重培养学生的使用和装配仪器、实验操作、实验观察、实验记录、数据处理和计算等技能，因此在实际的教学中，强调操作技能的程序化和规范化	以获取知识和技能、发展科学探究能力、培养情感体验为教学目标，不仅关注“正确的实验结果”，更重要的是使学生经历获得实验结果的探究过程，并在这样的过程中受到科学方法的训练，形成科学的情感、态度和价值观
思维方式	演绎思维	归纳思维
教学模式	结论—实验证明—应用	问题假说—实验事实—推理和判断—验证假设—结论—应用
实验程序	①展示实验目标，提出验证课题 ②阐述原理要领 ③示范技能动作 ④巡视、指导学生独立操作 ⑤对实验现象或结果进行思维加工 ⑥检查实验、论证过程及方式	①引出学生疑问，提出探究问题 ②做出假设 ③展示实验方案，鼓励学生制订计划 ④引导学生进行探究性操作 ⑤对实验现象或结果的思维加工 ⑥交流实验探究结果
实验结果	实验结果是固定的，是学生实验操作必须努力达到的终极目标	不仅不同的实验方案会产生不同的结果，即使同一个方案得到的结果也会有较大的差别。由于实验结果的不确定性，学生得出的结论也多，必然要通过交流讨论将事物不同层面的内容贯穿起来，才能得出较为正确的结论，当然也会激发新的探究活动。
教学方法	以独立操作式为主，注重教师的引导示范作用，实验操作步骤不容置疑，是一种居高临下的模式化教学方式。学生通过教师的点拨，或根据实验指导独立地完成实验操作程序。	以分段并进式为主，强调学生自主发现、自主设计，具有很强的个性化，教师以合作者和协助者的身份平等地参与到学生实验中，分担学生的烦恼和喜悦，是一种民主化的教学模式
教学形式	单一的、模式化的，不注意学生的个性特点	激励、引导、启发学生，根据个性要求自行设计实验进行探索、研究，师生共同讨论实验结果

续表

		验证性实验	探究性实验
教学情景与氛围		被动，程序化，课堂气氛是凝固的、严厉的	宽松、民主、和谐、互动的课堂环境，思维和意志是自由的
教学资源	实验材料	教材规定的一种或几种实验材料	多种实验材料，或学生自认为可用的实验材料，进行多种实验材料的对比研究
	实验用具	教材规定的用具	可根据学生的设想增添、重组和改进
	实验试剂	教材规定试剂	可根据学生的设计使用多种试剂并对比研究
	网络	可有可无	必需的

二、验证性实验教学与探究性实验教学对教育装备的要求

验证性实验教学与探究性实验教学因实验前提、教学目标、教学模式、教学方法和教学形式等不同，对教育装备的要求也不尽相同。

1. 实验室布局环境要求

(1)验证性实验教学对实验室环境布局的要求

图 3.1　传统的实验室布局图

验证性实验教学适合传统的实验室环境(如图 3.1 所示)。教室前面是讲台或宽大的实验桌，适合教师做演示实验或做学生实验范例。学生实验桌横向并列摆放，统一面向讲台，有利于教师讲解实验原理、过程、步骤、方法和注意事项，充分发挥教师在教学过程中的主导作用；学生实验桌每两个桌

位联排成一张实验桌，适合学生在有限的条件下开展两人合作学习。实验桌要求水到桌、电到桌，满足学生在实验过程中对水、电的需要。

仪器、药品和耗材存放在仪器、药品准备室，或摆放在实验室的最后排。实验时，由教师或实验室管理员将设定好的仪器和药品，摆放在实验台上。不要求学生自行根据实验的设计和要求获取实验仪器和材料。

实验室附带有实验准备室，一般为实验室管理人员准备实验所用。

验证性实验教学所在实验室，一般与教师讲授课程的教室分开设置，也就是传统的教学楼与实验楼分开设置。因为一般是在教师讲授课程内容以后，学生开始做实验验证，因此为了便于管理，将实验室单独设置在实验楼。

(2)探究性实验教学对实验室环境布局的要求

探究性实验教学的实验室如图 3.2 所示。教室前面没有讲台或宽大的实验桌，教师主要作为合作者和疑难问题的解决者参与实验教学。根据探究学习的需要，实验室有不同的功能分区。

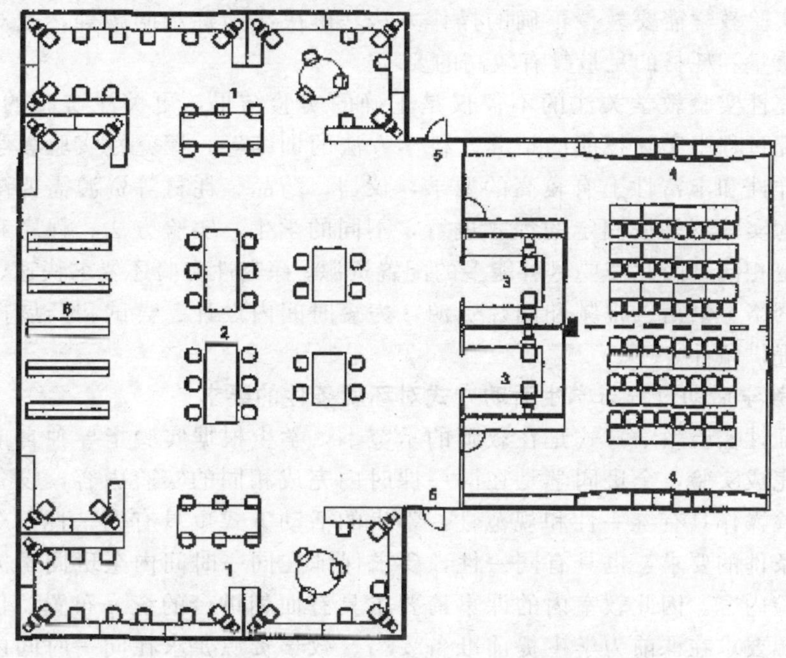

1.小组工作区　2.小组讨论区　3.教师备课室

4.讲授区　5.入口　6.图书资料区

图 3.2　国外某中学实验室布局图

实验室内的布局被分成不同的区域：学生实验工作区、学生小组讨论区、教师讲授区、资料图书区等。学生被分成不同的小组，根据各自对实验的设计，或做实验，或讨论，或查阅资料，或听教师解惑。此种布局充分发挥学生在探究实验活动中的自主作用。

探究性实验教学所在实验室，应与普通教室整合，不区分讲授课程教室和实验课教室。教师讲授课程的同时，学生以探究活动的方式做实验，完成课程内容的学习。

2. 实验教学所需资源要求

验证性实验教学强调的是操作技能的程序化和规范化，注重培养学生使用装备和仪器的技能等，实验教学所需资源相对比较固定，是按照实验课内容预设好的，因此实验仪器、药品和耗材等资源不要求具有多样性和丰富性，对图片、书籍和网络资源等也无过高的要求，尤其是在当前实际学校实验教学过程中，仅要求资源能满足实验结果的出现，就足以完成实验教学内容。同时，因教室内课桌椅环境布局的设置，对资源获取的便捷性也没有太多的要求，因为传统实验室都是由管理员完成所有仪器、药品、耗材的准备工作。验证性实验教学需要教授正确的操作方法、解决实验疑难问题等，也对仪器设备的质量和耗材的足量具有较高的要求。

探究性实验教学关注的不仅仅是正确的实验结果，更关注实验的设计、实验探究过程中实际技能的培养、科学方法的训练等。探究性实验教学在资源的多样性和丰富性上有较高的要求，仪器、药品、耗材等资源需要配置更多，因为实验不是按固定的程式进行，不同的学生，实验方法、程序和步骤并不一定相同，因此需要尽可能多的配置资源。探究性实验还要求快速、便捷地获取网络、书籍、视频和图片资源，为短时间内设计、尝试和开展探究实验活动提供条件。

3. 教学活动过程与学生活动方式对环境条件的要求

验证性实验教学方式是在教师的示范下，学生根据实验指导独自或者小组合作完成实验，全班同学是在同一课时内完成相同的实验内容，设备的配置和实验操作具有统一性和规范性，学生的活动方式也具有同一性，对实验室环境条件的要求，也具有同一性，要求保证在同一时间内全班同学完成规定的实验内容。因此教室内的课桌椅要求具有面朝讲台的统一布置、仪器设备等资源要求在课前为学生提前准备妥当、教学资源要求在同一时间内面向所有学生呈现。因为实验课是在理论课之后完成，因此实验室可以与教室分开设立。

探究性实验教学以分段并进式为主，学生活动具有自主性和个性化，教学活动中要求具有质疑、讨论、民主、互动的活动方式，实验室的环境布置与资源的配置不应具有统一性，要体现个性化和互动性的特点。为了保证在规定的课时内完成相应的教学任务，学生应以小组形式开展实验教学活动，6

人为一小组分布在实验室不同区域开展实验、讨论、查阅资料、答疑等活动。因此按照目前的实际标准班额 45 人计数，实验室应具有能容纳 8 个小组的活动区域。按照实验教学活动要求，至少应分为实验区、讨论区、资料查阅区（设计区）和答疑区。实验区仪器、药品和耗材应方便学生根据实验要求自行取用；资料查阅区能提供便捷的网络、视频、书籍、图片等资源；讨论区至少能容纳 6 人小组共同讨论，具有一定的隔音效果，避免相互干扰；答疑与咨询区便于与教师沟通。

三、教育装备对实验教学的作用

广义的教育装备是指实施和保障教育教学活动所需的教具、学具、器材、设施、场所及其配置过程的总称。狭义的教育装备是指实施实验教学所需的教学仪器、设备、设施、药品和耗材的总称。而实验教学是以实验为基础的学科在实验室或其他环境下所进行的教与学的策略和方法，它既包括在教师的主导下按照课程目标验证已知或已经证明的成熟理论或规律，也包含学生为完成学习目标自主地、有意识地提出问题、探究问题、分析问题和解决问题。在实验教学过程中，教育装备承担着完成实验教学目标、保障实验实施，改变实验教学策略和方法的主要任务。

1. 教育装备是实现实验教学目标的最基础的载体

实验教学目标包含认知、操作和情感态度三种不同的教学目标。认知领域的教学目标包括知道仪器的用途、构造、操作方法，懂得仪器的构造原理，能够通过仪器观察实验现象，会选择仪器等。操作领域的教学目标指有关仪器设备的使用及实验过程中的观察与操作技能，包括能模仿教师操作，能按实验要求调试、组装好仪器，能排除仪器设备故障，能改进实验装置和实验手段等；情感态度领域的教学目标包括实验中的动机、态度、习惯和兴趣等。实验教学目标通过选择、使用、维护、维修、改进教育装备的过程中得以实现。教师通过教育装备的布置、容纳，体现实验教学的任务，以教育装备作为实验教学的手段和评价学生实验能力的测量工具。学生把教育装备作为实验学习的条件、内容和物质基础，通过教育装备完成知识的学习和掌握、训练实验的操作技能和技巧、培养学习的兴趣和科学态度。实验教学过程中，无论是教师的教还是学生的学，都需要以教学仪器设备、耗材和药品为载体，以实验室的环境条件为支撑来完成实验的教学内容。缺少教育装备的实验教学，只能成为空中楼阁。

2. 教育装备是提高实验教学效率和质量的保障

随着课程改革的深入，实验室已经成为教学、科研和学生自我探究学习的基地。课程要求实验的内容在增加、实验的难度和探究性在增强，实验室的环境条件和教学仪器设备的完备率、精度和质量的优劣已经成为影响实验成败的主要因素。实验室完好的教育装备是一个实验室能够顺利完成实验教学任务的前提条件，仪器设备的精度对每一个实验项目都起到举足轻重的作用。完成每一个实验项目之前，应对每一套实验仪器设备进行检查校验，实验室仪器配置数量、质量、精度符合要求，仪器的各项性能参数达到实验要求，才能使实验结果具有一定的科学性和准确性，才能够保证实验教学的效率和质量。同时，实验室仪器设备管理良好，能及时对教学仪器进行维护和维修，保障实验室仪器设备的完好率，也能够提高实验教学的效率。

3. 教育装备的技术革新引领实验教学的改革

教育装备的技术革新能对实验教学产生深远的影响，新仪器、新材料和新装备的出现，能够引起教师对实验教学理念的变化，改变教师在实验教学时的方法和策略，也能促进教师自身专业能力的发展，使用新型的仪器设备还能促进学生实验素养的提高。例如，某中学建立了数字网络显微互动实验室，通过使用新型的教育装备推行全新的教学理念，新型装备将传统的由教师个别地、手把手地教学生用显微镜观察微观形态，变为师生互动的、图像共享的、高效率的实验教学。新的实验教学环境要求教师更新传统的教学方法和思路，积极培养自己的信息化操作能力和研究能力，充分发挥新装备的优势，提高自身的专业研究能力，也极大地提高了实验教学的效率。这种信息化实验环境也有助于促进学生的实验素质发展，有利于培养学生在信息化条件下的实验素养，培养协调、合作、求真、批判、探究、实践、创新等基本素养。建筑在高技术平台上的实践经验，才会带来高层次的实验素质、思维能力和创新发现。

第 2 节　教育装备研究与实验教学定位

教育装备理论、管理、生产是教育装备的三个主要研究领域。《中国教育技术装备》杂志 2012 年第 23 期的《话说装备（四）——教育装备的教学适应性》一文，指出了在教育装备研究和应用领域，人们容易陷入“见物不见人”研究误区的现象；而且认为对教育装备教学适应性的研究是一个“见人见物”的研究。本书则进一步提出，教育装备研究要“见人见物”，更加需要关注的应该是实验教学。

一、教育装备研究取向

教育装备研究必须把学校的实验教学放在最重要的地位，这是因为：①教育装备研究应在创新人才培养方面做出突出贡献，这是教育装备领域发展的终极目标。把创新型人才当作总体目标的新一轮课程改革将学生能力培养放在了素质教育的首位，而实验教学是学生能力培养的最重要平台。②教育装备研究应进入学校的教学一线，否则将没有生命力。在学校的课堂教学、实验教学、社会实践三个平台中，实验教学是教育装备研究最应该、最能够深入的一个。③教育专家和一线教师已经达成了一个共识：用计算机的多媒体、3D仿真、VR等技术实现的虚拟仿真实验、模拟实验不能取代学生真实的动手实验。而真实实验的条件与环境需要科学配备，需要充分考虑其教学适应性，"见人见物"的教育装备研究就是要解决这个方面的问题。④基础教育阶段的实验教学目前还处于未被充分认识和重视的状态，与以获取知识为主要目的的课堂教学相比，实验教学显得可有可无。造成这种情况的原因有实验教学条件的问题，有高考指挥棒作用的问题，更多的是人们的认识问题。所以，教育装备研究就应该在这个被人们忽视的领域发挥作用，彰显它的必要性和重要性。

二、实验教学概念界定

《教育大辞典》中对"实验教学"的解释为："实践性教学的一种组织形式。学生利用仪器设备，在人为控制条件下，引起实验对象的变化，通过观察、测定和分析，获得知识与发展能力。"但是，从组织形式上看，高等教育与基础教育的实验教学有着很大的区别。高校的实验课程独立于理论课程之外，单独排课，并配备专门的实验课教师；中小学的实验则包含在学科的课堂教学之中，由同一个授课教师组织，在实验室或教室中临时进行实验教学。本书则从教育装备研究的角度出发，重点讨论中小学的实验教学问题。

从《教育大辞典》对"实验教学"的描述可以看出，此处定义的实验教学是针对理科和技术类课程的，如物理、化学、生物、科学、信息技术、通用技术等。而2009年12月25日教育部颁布的《中小学实验室规程》第一章(总则)第三条则明确指出："本规程所指实验室包括：中学理科实验室、通用技术实验室、小学科学(自然)实验室、艺术专用教室、历史地理专用教室、实践活动室和开设其他课程需要的专用教室等。"因此，实验教学所涵盖的范围远大于过去人们对它的认识，它不仅包含理科与技术课程，还包含人文学科和艺术、体育类课程。

有时，"实验教学"这个用语容易与"教学实验"和"教学试验"等混淆。后两者指的是在教育教学改革过程中，使用与理科实验室中相似的测量和评价方法(多用统计学方法)，对学校教育教学活动进行的一种实践性和探索性的研究。"教学实验"强调了研究的实践性，而"教学试验"则强调研究的试探性或探索性，它们与本书讨论的实验教学是完全不同的概念。

三、实验教学功能定位

一般认为，基础教育的实验教学具有三大功能：第一，巩固课堂知识。“听一遍不如做一遍”，学生通过动手实验能够更好地理解知识、掌握知识。第二，验证科学理论。“实践出真知”，通过教师演示实验或学生实际操作，学生可根据实验结果证实理论的正确性。第三，探究自然规律。在教师的指导下，学生主动探索客观事物的属性，从中找出规律，形成自己的概念。但是，《教育大辞典》在相关的解释中还特别强调，实验教学“其目的不仅是验证书本知识，更着重于培养学生正确使用仪器设备，进行测试、调整、分析、综合和设计实验方案、编写实验报告等能力”。从中可以看出，在实验教学的定位上，除了上述三个功能外，人们已经开始将注意力逐渐转向学生能力培养方面。

《中华人民共和国国民经济和社会发展第十二个五年规划纲要》第二十八章关于加快教育改革发展方面，提出了“育人为本”和“德育为先、能力为重”的要求。在仍然保留高考制度的现实情况下，除了注重学生应试能力的培养外，“能力为重”其实是对学生其他方面能力的培养提出了更高的要求。基础教育阶段的学生是以参加学校教育教学活动为主的，目前这些活动中最能体现能力培养的应首推实验教学。所以，基础教育实验教学的功能定位就必须放在学生能力培养方面。而从中国的学生现状和人才需求来看，最需要培养的能力应该是创新能力。

四、学生相关能力分类

新一轮课程改革的总体目标(培养创新型人才)与三项教学目标(知识与技能、过程与方法、情感态度与价值观)之间的关系是：三项目标是为了实现总体目标而进行属性分析和目标分解后，提出来的三个具体化分项目标。与此类似，对于“创新能力”这一总体能力目标也必须进行分解，使各个分项能力既能完全描述总体能力，同时又具有能力培养模式的具体化和可操作性。

能力分解涉及能力分类。对于能力分类，不同的研究对象与目的，存在诸多完全不同的描述方法。一般来说教育心理学，将学生能力分为两个能力大类，即能力倾向和技能，并且认为能力倾向是人先天具有的，而技能则是后天养成的。在韩永昌主编的《心理学》中，作者将能力分为三类：一般能力与特殊能力；再造能力与创造能力；认识能力、操作能力与社交能力。美国教育心理学家霍华德·加德纳针对儿童教育，提出了著名的多元智能理论，他将儿童的智能分为8个方面：语言智能、数学逻辑智能、空间智能、身体动觉智能、音乐智能、人际智能、自我认知智能、自然认知智能。

我们在分析了实验教学的特点，研究了社会对学生能力的需求，对比了中西方学生能力差异后，提出了中国中小学实验教学应该关注的学生 11 个方面的能力：观察能力、动手能力、分析能力、综合能力、设计能力、知识迁移能力、方法创造能力、独立完成任务的能力、协作完成任务的能力、逻辑思维能力、思想实验能力。我们认为，将这 11 种能力作为自变量分别去训练学生，必然能够使创新能力这个因变量总体能力目标达到有效培养的目的。为此，在进行实验教学的内容确定、方法选择和测量评价时，应充分考虑实验对提高上述能力的作用，使得实验教学在培养创新型人才方面处于更高地位。同时，据此而建立的实验室配备标准和实验仪器设备产品质量标准都将产生突破性的提高，教育装备研究也将进入一个更加深入的层次。

第 3 节　实验室配备标准研究

中小学实验室配备标准是教育装备标准化的重要内容，本节以初中物理、化学、生物以及小学科学实验室仪器设备配备标准的制定为例，详细介绍标准的制定过程。

一、研究内容分析

1. 基础教育实验教学的作用

《中华人民共和国国民经济和社会发展第十二个五年规划纲要》第二十八章关于加快教育改革发展方面，提出了“育人为本”和“德育为先、能力为重”的要求。在仍然保留着高考制度的现实情况下，除了注重学生应试能力的培养外，“能力为重”其实是为学生其他方面能力的培养提出了更高要求。基础教育阶段的学生是以参加学校教育教学活动为主的，目前这些活动中最能体现能力培养的应首推实验教学。所以，基础教育实验教学的功能定位就必须放在学生能力培养方面。而从中国的学生现状和人才需求来看，最需要培养的能力应该是创新能力。

2. 学生相关能力分类

教育心理学将学生能力分为三类：一般能力与特殊能力；再造能力与创造能力；认识能力、操作能力与社交能力。据此，我们在分析了实验教学的特点，研究了社会对学生能力的需求，对比了中西方学生能力差异后，提出了中国中小学实验教学应该关注的学生三大类共 11 种能力：①认识能力类。包括观察能力、分析能力、综合能力、逻辑思维能力四种。②创造能力类。包括设计能力、知识迁移能力、方法创造能力、思想实验能力四种。③操作与社交能力类。包括动手能力、独立完成任务的能力、协作完成任务的能力三种。

实验教学的内容应该由中小学课程标准来规定，但必须考虑学生能力这个隐性知识培养的需求问题。实验教学的方法是多元的，同一个实验内容要根据培养能力的不同而设计出完全不同的实验教学方法。对于一个实验结果，会通过多种不同的实验过程、途径或方法来实现，而每一种方法则重点锻炼了学生某方面的能力。所以，科学合理地设计实验过程与方法是实验教学改革的重点之一。

二、研究范围的确定

使用教育装备均衡指数 J 的计算方法对全国小学校、初中校、完中校和高中校各个理科学科实验仪器与实验室仪器设备总额（以下简称实验室总额）投入数据进行处理，图 3.3、图 3.4、图 3.5 与图 3.6 分别列出了各学段学校实验室投入均衡度在 2006 年至 2011 年的逐年情况。

图 3.3 反映了全国小学校的实验室总额投入均衡度呈逐年加大的趋势，2011 年略有降低。而且均衡指数 J 的值分布在 0.65 至 0.80 之间，属于均衡度差距悬殊。使用 SPSS 做统计分析后得出：实验室总额投入均衡度的平均值为 0.7388，标准差为 0.04760。实验仪器投入均衡度逐年变化的标准差：数学为 0.1281，自然为 0.1904，离散度稍大。

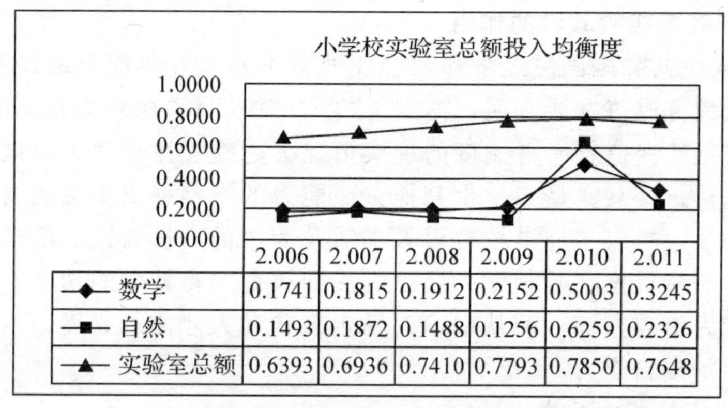

	2.006	2.007	2.008	2.009	2.010	2.011
数学	0.1741	0.1815	0.1912	0.2152	0.5003	0.3245
自然	0.1493	0.1872	0.1488	0.1256	0.6259	0.2326
实验室总额	0.6393	0.6936	0.7410	0.7793	0.7850	0.7648

图 3.3　小学校实验室总额投入均衡度

图 3.4 反映了全国初中校实验室总额投入的均衡度在 0.5 至 0.7 之间，2009 年不均衡度偏高，但整体表现比较平稳，且优于全国小学校的情况，仍属于均衡度差距悬殊的范围。使用 SPSS 做统计分析后得出：实验室总额投入均衡度的平均值为 0.5867，标准差为 0.05314。实验仪器投入均衡度逐年变化的标准差：其中较大的物理为 0.3469，化学为 0.3622，离散度偏大。

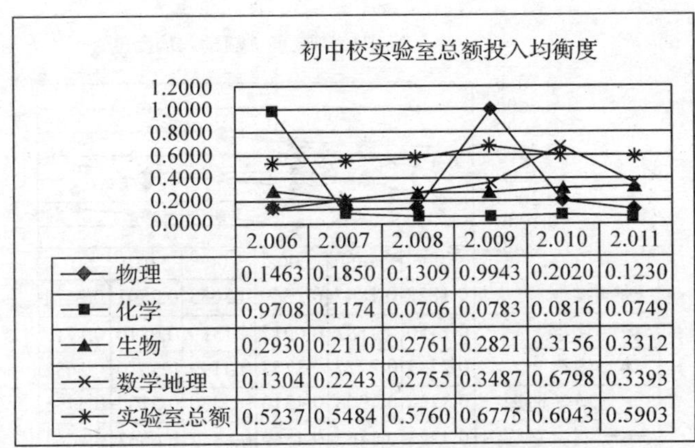

	2.006	2.007	2.008	2.009	2.010	2.011
物理	0.1463	0.1850	0.1309	0.9943	0.2020	0.1230
化学	0.9708	0.1174	0.0706	0.0783	0.0816	0.0749
生物	0.2930	0.2110	0.2761	0.2821	0.3156	0.3312
数学地理	0.1304	0.2243	0.2755	0.3487	0.6798	0.3393
实验室总额	0.5237	0.5484	0.5760	0.6775	0.6043	0.5903

图 3.4　初中校实验室总额投入均衡制度

图 3.5 反映了全国完中校实验室总额投入的均衡度在 0.4 至 0.7 之间，呈逐年变高的趋势，但幅度较小，优于全国初中校和小学校的情况。使用 SPSS 做统计分析后得出：实验室总额投入均衡度的平均值为 0.5778，标准差为 0.09489。实验仪器投入均衡度逐年变化的标准差：其中较大的生物为 0.1198，数学地理为 0.1978，离散度稍大。

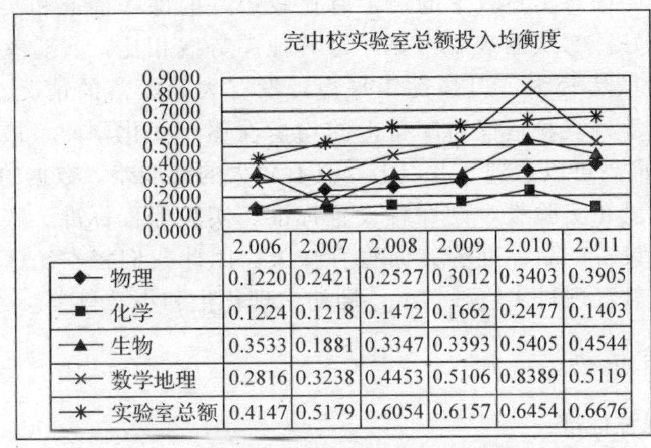

	2.006	2.007	2.008	2.009	2.010	2.011
物理	0.1220	0.2421	0.2527	0.3012	0.3403	0.3905
化学	0.1224	0.1218	0.1472	0.1662	0.2477	0.1403
生物	0.3533	0.1881	0.3347	0.3393	0.5405	0.4544
数学地理	0.2816	0.3238	0.4453	0.5106	0.8389	0.5119
实验室总额	0.4147	0.5179	0.6054	0.6157	0.6454	0.6676

图 3.5　完中校实验室总额投入均衡度

图 3.6 反映了全国高中校实验室总额投入的均衡度在 0.4 至 0.6 之间，2010 年不均衡度偏高，但整体表现比较平稳，且优于全国完中校、初中校以及小学校的情况，部分已经属于均衡度差距较大的范围。使用 SPSS 做统计分析后得出：实验室总额投入均衡度的平均值为 0.4795，标准差为 0.06521。实验仪器投入均衡度逐年变化的标准差：其中较大的生物为 0.04919，数学地理为 0.07484，离散度较小。

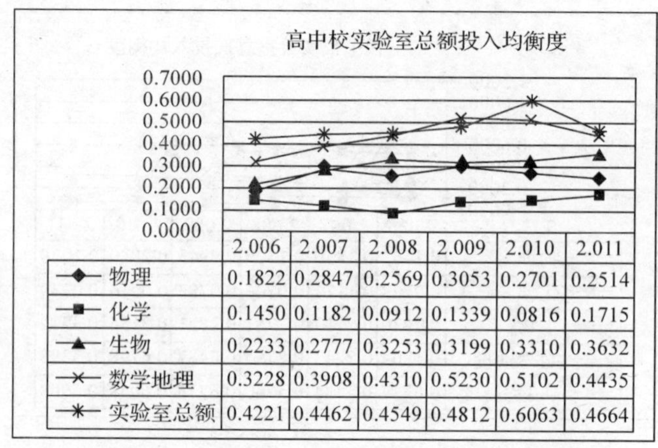

	2.006	2.007	2.008	2.009	2.010	2.011
物理	0.1822	0.2847	0.2569	0.3053	0.2701	0.2514
化学	0.1450	0.1182	0.0912	0.1339	0.0816	0.1715
生物	0.2233	0.2777	0.3253	0.3199	0.3310	0.3632
数学地理	0.3228	0.3908	0.4310	0.5230	0.5102	0.4435
实验室总额	0.4221	0.4462	0.4549	0.4812	0.6063	0.4664

图 3.6　高中校实验室总额投入均衡制度

通过对这些数据的分析，可以得出一些有意义的结论。各校理科学科实验仪器设备的投入有以下特点：①实验室仪器设备总额投入均衡度上，高中校(平均值 0.4795)好于完中校(平均值 0.5778)，完中校好于初中校(平均值 0.5867)，初中校好于小学校(平均值 0.7388)。说明在全国实验室仪器设备的投入上，高中课程对实验教学的规定有比较统一的课程标准和实验室配备标准，且执行较好。②从图表中可见，与其他趋势线相比，实验室仪器设备总额的不均衡度虽然较大，但是逐年平稳，没有大起大落的情况。③小学校、初中校在理科学科实验室仪器配备上的均衡性逐年变化剧烈，最低可以达到 0.2 以下，而最高可以达到 0.8 以上，具有较大的标准差。数据的离散性说明小学和初中学段在实验教学的课程设置标准、实验课程标准、实验室建设标准、实验仪器设备产品标准等方面将有缺失。因此我们将本次课题的研究范围确定在义务教育理科实验教学上，即初中理化生和小学科学。

三、研究依据

1. 参照课程标准

制定中小学实验室配备标准主要参照的课程标准有：①全国初中物理、化学、生物 2011 年课程标准，小学科学 2004 年课程标准；②上海市初中科学、物理、化学、生命科学 2004 年课程标准，上海市小学自然、科学与技术 2004 年课程标准。其中，初中物理课程标准中规定了 20 个实验；化学课程标准中规定了 8 个实验；生物课程标准中规定了 13 个实验。

2. 参照教材

制定中小学实验室配备标准主要参照的教材有：①初中物理教材共计 7 个版本，包括人民教育出版社、上海科技出版社、北京师范大学出版社、教育科学出版社、江苏科技出版社、上海教育出版社的教科书和河南省装备中心的培训资料；②初中化学教材共计 5 个版本，包括人民教育出版社、科学出版社、山东教育出版社、上海教育出版社的教科书和河南省装备中心的培训资料；③初中生物教材共计 7 个版本，包括人民教育出版社、江苏科技出版社、江苏教育出版社、济南出版社、河北少儿出版社、北京师范大学出版社的教科书和河南省装备中心的培训资料；④小学科学教材共计 3 个版本，包括河北人民出版社、江苏教育出版社、湖北教育出版社的教科书。

四、研究过程与方法

以下仅以物理课程实验室配备标准的制定过程为例进行叙述，其他课程的情况与物理相同，不再赘述。

1. 实验内容统计

将 7 个版本的初中物理教科书中所涉及的实验(包括分组实验和演示实验)统计出来，列在表 3.1 中。

表 3.1　初中物理实验统计

声现象	人民教育版	上海科技版	北师大版	教育科学版	江苏科技版	上海教育版	备注	河南省装备中心培训资料
声是怎样产生的	√			√	√		3	√
声是怎样传播的		√	√		√	√	4	√
声速测量的方法							0	√
人是如何听到声音的							0	√
用示波器显示声音的波形							0	√
决定音调高低的因素				√		√	2	√
影响声音响度的因素	√					√	2	√
不同乐器的发音特点							0	√
橡皮筋吉他		√					1	
光现象	人民教育版	上海科技版	北师大版	教育科学版	江苏科技版	上海教育版	备注	河南省装备中心培训资料
如何显示光路		√					1	√
制作小孔成像仪		√					1	
光是如何传播的			√				1	√

续表

光现象	人民教育版	上海科技版	北师大版	教育科学版	江苏科技版	上海教育版	备注	河南省装备中心培训资料
光反射时的规律	√		√	√	√	√	5	√
平面镜成像的规律	√	√	√	√	√	√	6	√
平面镜、凸面镜和凹面镜对光线的作用						√	1	√
光的折射规律		√	√	√	√		4	√
光的全反射现象							0	√
光的色散现象		√					1	√
色光混合的规律	√			√	√	√	4	√
颜料混合的规律	√						1	√
透镜及其应用	人民教育版	上海科技版	北师大版	教育科学版	江苏科技版	上海教育版	备注	河南省装备中心培训资料
凸透镜和凹透镜对光线的作用				√			1	√
区分凸透镜和凹透镜的实验方法							0	√
凸透镜成像的规律	√	√	√	√	√	√	6	√
近视眼和远视眼的矫正方法		√					1	√
测定凸透镜焦距的方法						√	1	√
自制放大镜							0	√
制作模型相机							0	√
自制望远镜和显微镜		√					1	√
水三棱镜		√					1	
物态变化	人民教育版	上海科技版	北师大版	教育科学版	江苏科技版	上海教育版	备注	河南省装备中心培训资料
皮肤对温度的感知与估测							0	√
温度高低的显示							0	√

续表

物态变化	人民教育版	上海科技版	北师大版	教育科学版	江苏科技版	上海教育版	备注	河南省装备中心培训资料
练习使用温度计					√	√	2	√
固体熔化与凝固时温度变化的规律	√		√	√	√	√	5	√
蒸发的快慢与哪些因素有关			√				1	√
液体蒸发吸热							0	√
水沸腾的规律	√		√	√	√	√	5	√
沸点与气压的关系		√					1	√
演示碘的升华与凝华		√			√	√	3	√
水的形态变化		√				√	2	
水的熔点与水的沸点		√			√		2	
海波与石蜡熔化时温度随时间的变化		√				√	2	
电流和电路	人民教育版	上海科技版	北师大版	教育科学版	江苏科技版	上海教育版	备注	河南省装备中心培训资料
摩擦起电现象		√			√	√	3	√
电荷间的相互作用		√			√	√	3	√
验电器的制作和使用							0	√
区分导体和绝缘体的方法		√	√				2	√
电路中得到持续电流的条件							0	√
电流的大小与哪些因素有关		√	√				2	
电流的方向			√				1	
组装电路			√	√	√	√	4	
常用电源介绍							0	√
电路的组成及三种状态							0	√
电路的连接特点		√	√	√		√	4	√

续表

电流和电路	人民教育版	上海科技版	北师大版	教育科学版	江苏科技版	上海教育版	备注	河南省装备中心培训资料
电流表的使用方法		√		√	√	√	4	√
串联电路中各点电流的规律		√		√	√	√	4	√
并联电路中干路电流与各支路电流之间的关系	√	√		√	√	√	5	√
认识简单的家庭电路	√						1	√
用测电笔辨别火线与零线		√					1	
串并联电路的等效电阻				√			1	
把电流信息还原成声音信息				√			1	
保险丝的作用							0	√
自制电池							0	√
电压电阻	人民教育版	上海科技版	北师大版	教育科学版	江苏科技版	上海教育版	备注	河南省装备中心培训资料
如何用电压表测量电压		√		√	√	√	4	√
串并联电路电压的规律	√	√				√	3	√
不同导体对电流的阻碍作用不同			√				1	√
影响导体电阻大小的因素		√	√				2	√
滑动变阻器的构造						√	1	√
如何用滑动变阻器改变电流	√			√			2	√
电阻的串并联		√		√			2	

续表

电压电阻	人民教育版	上海科技版	北师大版	教育科学版	江苏科技版	上海教育版	备注	河南省装备中心培训资料
测量未知电阻				√			1	
电流热效应与电阻大小的关系				√		√	2	
欧姆定律	人民教育版	上海科技版	北师大版	教育科学版	江苏科技版	上海教育版	备注	河南省装备中心培训资料
电流与电压、电阻的关系	√	√	√		√	√	5	√
电阻的测量方法							0	√
用伏安法测电阻的内接法和外接法		√					1	√
避雷针的工作原理							0	√
电功率	人民教育版	上海科技版	北师大版	教育科学版	江苏科技版	上海教育版	备注	河南省装备中心培训资料
电流做功与哪些因素有关		√					1	√
电流做功的快慢与哪些因素有关			√				1	√
测量电功率的方法							0	√
电流的热效应与哪些因素有关			√	√		√	3	√
测量小灯泡的电功率		√	√		√	√	4	
电与磁	人民教育版	上海科技版	北师大版	教育科学版	江苏科技版	上海教育版	备注	河南省装备中心培训资料
认识永久磁体		√	√	√		√	4	√
磁极间的相互作用							0	√
指南针的工作原理及工作条件							0	√

续表

电与磁	人民教育版	上海科技版	北师大版	教育科学版	江苏科技版	上海教育版	备注	河南省装备中心培训资料
制造磁铁的简易方法：充磁				√			1	√
磁体周围空间磁场的特点		√	√	√	√	√	5	√
自制磁针的方法							0	√
奥斯特实验		√	√				2	√
电流磁场的特点			√		√		2	√
制作电磁铁	√					√	2	√
通电螺旋管的磁场是什么样的	√	√		√			3	
电磁铁磁性强弱与哪些因素有关			√	√			2	√
电磁继电器的工作原理				√		√	2	√
磁场对通电导线的作用				√	√	√	3	√
安装直流电动机模型		√			√	√	3	√
磁生电的条件	√	√		√			3	√
发电机介绍					√	√	2	√
信息的传递	人民教育版	上海科技版	北师大版	教育科学版	江苏科技版	上海教育版	备注	河南省装备中心培训资料
电话的工作原理							0	√
电磁波的作用							0	√
了解现代通信							0	√
多彩的物质世界	人民教育版	上海科技版	北师大版	教育科学版	江苏科技版	上海教育版	备注	河南省装备中心培训资料
托盘天平的使用				√			1	√

续表

多彩的物质世界	人民教育版	上海科技版	北师大版	教育科学版	江苏科技版	上海教育版	备注	河南省装备中心培训资料
物理天平的使用				√			1	√
用托盘天平测量物体的质量				√	√	√	3	√
用物理天平测量物体的质量				√	√	√	3	√
物质的密度	√	√	√				3	√
用量筒或量杯测量体积						√	1	√
测量固体的密度	√	√				√	3	√
测量液体的密度	√	√				√	3	√
空气密度的测定		√				√	2	√
不同气体的密度不同						√	1	√
运动和力	**人民教育版**	**上海科技版**	**北师大版**	**教育科学版**	**江苏科技版**	**上海教育版**	**备注**	**河南省装备中心培训资料**
运动的相对性							0	√
刻度尺的使用方法	√	√				√	3	√
用刻度尺测量长度的其他方法	√				√		2	√
游标卡尺的使用方法							0	√
螺旋测微器的使用方法							0	√
力的三要素				√	√		2	
力的作用效果							0	√
力作用的相互性		√		√			2	√
阻力对物体运动的影响	√						1	√
惯性的演示				√		√	2	√
探究同一直线上二力的合力		√	√	√			3	
二力平衡的条件	√	√	√	√		√	5	√

续表

运动和力	人民教育版	上海科技版	北师大版	教育科学版	江苏科技版	上海教育版	备注	河南省装备中心培训资料
平衡力作用下物体可能的运动				√			1	√
测量玩具小车速度的器材		√					1	
探究比较物体运动的快慢			√				1	
探究运动和力的关系			√			√	2	
通过实验推断物体不受力时的运动				√			1	
改变物体的运动状态				√			1	
力和机械	人民教育版	上海科技版	北师大版	教育科学版	江苏科技版	上海教育版	备注	河南省装备中心培训资料
橡皮筋测力计的刻度特点	√	√				√	3	√
弹簧测力计的使用	√						1	
重力的大小与什么因素有关	√	√	√	√			4	
重力的存在	√		√	√		√	4	√
重力的方向	√						1	√
确定物体重心位置的方法							0	√
滑动摩擦力的大小与哪些因素有关	√	√		√	√		4	√
比较滑动摩擦与滚动摩擦的方法							0	√
静摩擦力的存在							0	√
杠杆的作用							0	√
轮轴的作用							0	√
滑轮的作用			√	√	√	√	4	√

续表

力和机械	人民教育版	上海科技版	北师大版	教育科学版	江苏科技版	上海教育版	备注	河南省装备中心培训资料
滑轮组的作用		√					1	√
比较动滑轮与定滑轮的特点	√				√	√	3	
斜面的作用					√		1	√
杠杆的平衡条件	√	√	√	√	√	√	6	√

压强和浮力	人民教育版	上海科技版	北师大版	教育科学版	江苏科技版	上海教育版	备注	河南省装备中心培训资料
影响压力作用效果的因素			√				1	√
液体压强的特点		√	√	√	√	√	5	√
连通器的原理				√			1	√
液体压强传递的规律				√		√	2	√
空气有质量		√					1	√
大气压强的存在		√		√	√		3	√
大气压强的测量方法				√	√	√	3	√
观察大气压随高度的变化							0	√
流体压强与流速的关系		√					1	√
流体压强与流速关系的应用							0	√
研究活塞式抽水机							0	√
研究离心式水泵							0	√
浮力的存在		√				√	2	√
浮力产生的原因							0	√
浮力的大小与哪些因素有关	√	√	√			√	4	√

续表

压强和浮力	人民教育版	上海科技版	北师大版	教育科学版	江苏科技版	上海教育版	备注	河南省装备中心培训资料
浮力的大小等于什么		√	√	√	√		4	√
物体的浮沉条件		√	√			√	3	√
物体浮在液面的条件							0	√
物体浮沉条件的应用		√					1	√
铁皮罐塌陷的原理图		√					1	

功和机械能	人民教育版	上海科技版	北师大版	教育科学版	江苏科技版	上海教育版	备注	河南省装备中心培训资料
测量力对物体所做的功							0	√
演示使用机械不能省功			√				1	√
测量滑轮组的机械效率			√	√		√	3	√
测量斜面的机械效率							0	√
动能的大小与哪些因素有关	√	√			√	√	4	√
势能的大小与哪些因素有关	√	√			√	√	4	√
研究滚摆的运动							0	√
能的转化及小电动机效率的测定							0	√
伽利略的理想实验		√					1	
机械效率总是一定的吗？		√					1	

热和能	人民教育版	上海科技版	北师大版	教育科学版	江苏科技版	上海教育版	备注	河南省装备中心培训资料
气体扩散的实验				√		√	2	√
液体扩散的实验				√		√	2	√

续表

热和能	人民教育版	上海科技版	北师大版	教育科学版	江苏科技版	上海教育版	备注	河南省装备中心培训资料
分子引力实验		√				√	2	√
分子间的空隙		√					1	
分子是运动的还是静止的		√				√	2	
验证克服摩擦做功能使物体的内能增加		√				√	2	√
验证压缩气体做功能使物体内能增加		√				√	2	√
气体膨胀做功能使物体的内能减小						√	1	√
验证不同液体的比热容不同	√	√		√	√	√	5	√
验证固体和液体的比热容不同	√	√		√	√	√	5	√
利用间接加热比较两种液体的比热容	√	√		√	√	√	5	√
研究汽油机的结构与原理							0	√
能量的转化		√					1	
能源与可持续发展	人民教育版	上海科技版	北师大版	教育科学版	江苏科技版	上海教育版	备注	河南省装备中心培训资料
水能的利用							0	√
风能的利用							0	√
自制太阳能集热箱							0	√
材料世界	人民教育版	上海科技版	北师大版	教育科学版	江苏科技版	上海教育版	备注	河南省装备中心培训资料
材料的硬度		√					1	√
半导体二极管单向导电特性		√					1	√
时间的测量与单位					√	√	2	

2. 征集专家意见

向物理教师和教学教法专家征集初中物理教学实验内容的意见，征集结果见表 3.2 中。

表 3.2　初中物理实验专家意见

初中物理 20 个必做实验		
1	用刻度尺测量长度、用停表测量时间	八年级上
2	测量物体运动的平均速度	八年级上
3	用温度计测量水的温度	八年级上
4	探究水沸腾时温度变化的特点	八年级上
5	探究光的反射规律	八年级上
6	探究平面镜成像时像与物的关系	八年级上
7	投影仪成像原理	八年级上
8	探究凸透镜成像的规律	八年级上
9	用天平测量固体和液体的质量	八年级上
10	测量盐水和小石块的密度	八年级上
11	用电压表测电压	八年级下
12	电阻上的电流跟两端电压的关系	八年级下
13	测量小灯泡的电功率	八年级下
14	通电螺线管的磁场是什么样的	八年级下
15	什么情况下磁可以生电	八年级下
16	二力平衡的条件	九年级
17	摩擦力的大小与什么因素有关	九年级
18	探究杠杆的平衡条件	九年级
19	托里拆利实验	九年级
20	浮力的大小等于什么	九年级
初中物理 20 个探究实验		
1	探究音调和频率的关系	八年级上
2	探究固体融化时温度的变化规律	八年级上
3	光在水中的传播	八年级上
4	探究光折射时的特点	八年级上
5	串联电路各点间电压的关系	八年级下

续表

初中物理 20 个探究实验		
6	并联电路电压的关系	八年级下
7	研究电磁铁	八年级下
8	通电导线在磁场中受到力	八年级下
9	同种物质的质量与体积的关系	九年级
10	力的作用是相互的	九年级
11	阻力对物体运动的影响	九年级
12	比较定滑轮和动滑轮的特点	九年级
13	压力的作用效果跟什么因素有关	九年级
14	液体内部同一深度朝各个方向的压强是否相等	九年级
15	气体压强与流速的关系	九年级
16	斜面的机械效率	九年级
17	动能的大小与什么因素有关	九年级
18	物体动能、势能的转化	九年级
19	做功改变物体的内能	九年级
20	比较不同物质的吸热能力	九年级
初中物理 20 个探究实验		
1	声音的波形	八年级上
2	探究声音的响度与什么有关	八年级上
3	噪声的波形	八年级上
4	纸锅烧水	八年级上
5	酒精蒸发过程中温度的变化	八年级上
6	小孔成像	八年级上
7	太阳光的色散	八年级上
8	小灯泡的亮度为什么不一样	八年级下
9	怎样用变阻器改变灯泡的亮度	八年级下
10	比较总电阻跟分电阻的关系	八年级下
11	测量小灯泡的电阻	八年级下
12	两个烧瓶中煤油温度变化的快慢一样吗	八年级下
13	条形磁铁的磁场分布	八年级下

续表

初中物理20个探究实验		
14	让线圈转起来——制作小小电动机	八年级下
15	两个运动物体的频闪照片	九年级
16	模拟引力	九年级
17	重力的大小跟什么因素有关	九年级
18	观察大气压随高度的变化	九年级
19	重力势能的大小与哪些因素有关	九年级
20	气体扩散的实验	九年级

3. 汇总

根据教材、课程标准的统计结果和专家提供的意见，进行整理汇总。再根据实验在各版本教材、课程标准与专家意见中出现的频次，得出表3.3所示结果。其中，必做实验31个，拓展实验18个，提高实验32个。

表3.3 初中物理实验汇总结果

序号	物理实验名称	出现频次	备注
1	探究水沸腾时温度变化的特点(水沸腾的规律)	6	必做(课标)
2	探究光的反射规律	6	必做(课标)
3	用电流表测量电流	5	必做(课标)
4	用电压表测量电压	5	必做(课标)
5	探究浮力大小与哪些因素有关(浮力的大小等于什么、浮力的存在、浮力产生的原因)	5	必做(课标)
6	测量小灯泡的电功率	5	必做(课标)
7	固体熔化与凝固时温度变化的规律	5	必做
8	并联电路中干路电流与各支路电流之间的关系	5	必做
9	磁体周围空间磁场的特点	5	必做
10	二力平衡的条件	5	必做
11	液体压强的特点	5	必做
12	验证不同液体的比热容不同(利用间接加热比较两种液体的比热容)	5	必做
13	验证固体和液体的比热容不同	5	必做

续表

序号	物理实验名称	出现频次	备注
14	声是怎样传播的	5	必做
15	用刻度尺测量长度、用表测量时间	4	必做(课标)
16	用物理、托盘天平测量物体的质量	4	必做(课标)
17	探究通电螺线管外部磁场的方向	4	必做(课标)
18	光的折射规律	4	必做
19	色光混合的规律	4	必做
20	组装电路	4	必做
21	滑动摩擦力的大小与哪些因素有关	4	必做
22	串联电路中各点电流的规律	4	必做
23	滑轮的作用	4	必做
24	重力的大小与什么因素有关	4	必做
25	动能的大小与哪些因素有关	4	必做
26	势能的大小与哪些因素有关	4	必做
27	重力的存在	4	必做
28	电路连接的特点	4	必做
29	认识永久磁铁	4	必做
30	测量固体的密度	4	必做(课标)
31	测量液体的密度	4	必做(课标)
1	用常见温度计测量温度	3	拓展(课标)
2	声是怎样产生的	3	拓展
3	演示碘的升华与凝华	3	拓展
4	摩擦起电现象	3	拓展
5	电荷间的相互作用	3	拓展
6	串并联电路电压的规律	3	拓展
7	电流的热效应与哪些因素有关	3	拓展
8	磁场对通电导线的作用	3	拓展
9	安装直流电动机模型	3	拓展
10	磁生电的条件	3	拓展

续表

序号	物理实验名称	出现频次	备注
11	物质的密度	3	拓展
12	探究同一直线上二力的合力	3	拓展
13	橡皮筋测力计的刻度特点	3	拓展
14	比较动滑轮与定滑轮的特点	3	拓展
15	大气压强的存在	3	拓展
16	大气压强的测量方法	3	拓展
17	物体的浮沉条件	3	拓展
18	测量滑轮组的机械效率	3	拓展
1	用弹簧测力计测量力	2	提高(课标)
2	决定音调高低的因素	2	提高
3	影响声音响度的因素	2	提高
4	水的形态变化	2	提高
5	水的熔点与水的沸点	2	提高
6	海波与石蜡熔化时温度随时间的变化	2	提高
7	区分导体和绝缘体的方法	2	提高
8	电流的大小与哪些因素有关	2	提高
9	影响导体电阻大小的因素	2	提高
10	如何用滑动变阻器改变电流	2	提高
11	电阻的串并联	2	提高
12	电流热效应与电阻大小的关系	2	提高
13	奥斯特实验	2	提高
14	电流磁场的特点	2	提高
15	制作电磁铁	2	提高
16	电磁铁磁性强弱与哪些因素有关	2	提高
17	电磁继电器的工作原理	2	提高
18	发电机介绍	2	提高
19	空气密度的测定	2	提高
20	力的三要素	2	提高

续表

序号	物理实验名称	出现频次	备注
21	力作用的相互性	2	提高
22	惯性的演示	2	提高
23	探究运动和力的关系	2	提高
24	液体压强传递的规律	2	提高
25	气体扩散的实验	2	提高
26	液体扩散的实验	2	提高
27	分子引力实验	2	提高
28	分子是运动的还是静止的	2	提高
29	验证克服摩擦做功能使物体的内能增加	2	提高
30	验证压缩气体做功能使物体内能增加	2	提高

4. 仪器设备统计

参照教材，各个实验所需仪器设备及其耗材如表 3.4 所示。

表 3.4 实验所需仪器设备

序号		实验名称	出现频次	仪器设备
必做类（31项）	1	探究水沸腾时温度变化的特点（水沸腾的规律）	6	烧瓶（500mL）、开三孔的橡皮塞、较粗的直角玻璃管、纯净的冷水、液体温度计（如 30～150℃）两支、酒精灯、石棉网、方座支架、火柴、沙粒、挡风板
	2	探究光的反射规律	6	1. 光具盘、平行光源、平面镜；2. 光反射实验器一套；3. 激光笔、可折叠硬纸板、不同颜色笔、三角板、平面镜
	3	用电流表测量电流	5	小量程电流表、演示电流表、学生用电流表
	4	用电压表测量电压	5	干电池三节、开关、电压表、导线
	5	1. 探究浮力大小与哪些因素有关；2. 浮力的大小等于什么；3. 浮力的存在；4. 浮力产生的原因	5	1. 弹簧测力计、细线、橡皮泥、透明容器、酒精、浓盐水、二硫化碳、煤油、圆柱形木块、圆柱体、蜡块；2. 阿基米德原理演示器一套、铁架台、弹簧、橡皮泥、小桶、烧杯、刻度尺、鳄鱼夹；3. 略；4. 微型压强计
	6	测量小灯泡的电功率	5	学生电源、电流表、电压表、滑动变阻器、小灯座、小灯泡、单刀开关、定值电阻、导线

续表

序号		实验名称	出现频次	仪器设备
必做类(31项)	7	固体熔化与凝固时温度变化的规律	5	试管(内径3cm)、烧杯、方座支架、液体温度计、停表、酒精灯、纯萘酚、搅拌器、滴管、挡风板
	8	并联电路中干路电流与各支路电流之间的关系	5	电源、学生电流表、小灯泡(4个)、开关、导线
	9	磁体周围空间磁场的特点	5	条形磁铁、蹄形磁铁、小磁针、铁屑、视频展示台、显示设备
	10	二力平衡的条件	5	1. 硬片纸、测力计、刻度尺、粉笔、小车、定滑轮、等质量小盘、砝码；2. 两端有挂钩的实验小车、定滑轮、砝码盘、砝码、弹簧测力计
	11	液体压强的特点	5	1. 两端开口粗细均匀的玻璃筒、侧壁有开口的玻璃管或瓶子、橡皮膜；2. 底部封闭、侧壁有三个开口的玻璃筒或塑料桶
	12	验证不同液体的比热容不同(利用间接加热比较两种液体的比热容)	5	1. 方座支架两台、酒精灯两盏、烧杯两个、温度计两支、天平、煤油；2. 试管两支
	13	验证固体和液体的比热容不同	5	1. 方座支架两台，酒精灯两盏，烧杯两个，温度计两支，天平，铅粒、铅块或铝块
	14	声是怎样传播的	5	抽气机、抽气盘、玻璃钟罩、闹钟或电铃
	15	用刻度尺测量长度、用表测量时间	4	刻度尺、秒表
	16	用物理、托盘天平测量物体的质量	4	物理天平、托盘天平及配套砝码
	17	探究通电螺线管外部磁场的方向	4	1. 铁钉两枚、漆包线、导线、演示电表、滑动变阻器、大头针、曲别针；2. 电源、演示电表、演示原副线圈、软铁棒、弹力测力计、勾码
	18	光的折射规律	4	光具盘、平行光源、玻璃砖、半圆形玻璃砖
	19	色光混合的规律	4	光的三原色合成实验器
	20	组装电路	4	学生电源或干电池、小灯座、小灯泡、单刀开关

续表

序号		实验名称	出现频次	仪器设备
必做类（31项）	21	滑动摩擦力的大小与哪些因素有关	4	弹簧测力计、木块、砝码
	22	串联电路中各点电流的规律	4	电源、学生用电流表、灯泡、开关
	23	滑轮的作用	4	弹簧测力计、钩码、滑轮、支架
	24	重力的大小与什么因素有关	4	测力计、钩码
	25	动能的大小与哪些因素有关	4	斜槽轨道、不同质量的钢球、木块、刻度尺
	26	势能的大小与哪些因素有关	4	铁架台、滑轮、细绳、不同质量重物、塑料小盒
	27	重力的存在	4	钩码、弹簧测力计、海绵、小球
	28	电路连接的特点	4	学生电源或干电池、小灯座、小灯泡、单刀开关
	29	认识永久磁铁	4	各样磁体、铁屑、大头针、玻璃板、木板、支架、支座、铁棒、铜片、硬币
	30	测量固体的密度	4	托盘天平、砝码、量筒、待测固体、阿基米德原理实验器
	31	测量液体的密度	4	托盘天平、砝码、量筒、盐水、煤油、密度计
拓展类（18项）	1	用常见温度计测量温度	3	多种温度计、烧杯
	2	声是怎样产生的	3	音叉、铁架台、乒乓球、广播、蜡烛
	3	演示碘的升华与凝华	3	平底烧瓶、大烧杯、碘片、保温瓶
	4	摩擦起电现象	3	玻璃棒、橡胶棒、丝绸、毛皮、羽毛
	5	电荷间的相互作用	3	玻璃棒和橡胶棒各两根、毛皮，丝绸
	6	串并联电路电压的规律	3	电池两节、电压表、灯泡、单刀开关、导线
	7	电流的热效应与哪些因素有关	3	电流表、温度计、浸泡于煤油瓶中的不同阻值的金属丝、电源、开关、滑动变阻器、秒表
	8	磁场对通电导线的作用	3	蹄形磁铁、电源、滑动变阻器、自制导体架、空心细铜线

续表

序号		实验名称	出现频次	仪器设备
拓展类(18项)	9	安装直流电动机模型	3	小型电动机实验器、电源、导线、开关
	10	磁生电的条件	3	灵敏电流计、铁架台、蹄形磁铁、细线、直铜线、导线
	11	物质的密度	3	托盘天平及砝码，量筒，烧杯，体积相同的铜、铁、铝、木块，体积不同的铁、铝块，酒精，水
	12	探究同一直线上二力的合力	3	弹簧测力计、小车、木块、细绳
	13	橡皮筋测力计的刻度特点	3	橡皮筋、钩码、刻度尺、支架、白纸、铅笔
	14	比较动滑轮与定滑轮的特点	3	弹簧测力计、支架、钩码、动滑轮、定滑轮、刻度尺
	15	大气压强的存在	3	1. 玻璃杯、硬纸片；2. 马德堡半球、抽气机；3. 粗细不同的试管、玻璃瓶
	16	大气压强的测量方法	3	1. 小塑料吸盘、弹簧测力计、光滑水平板面；2. 托里拆利实验器、水银、1 米以上的长玻璃管
	17	物体的浮沉条件	3	1. 石蜡块、酒精、烧杯；2. 小瓶、沙子、量筒、大头针、透明塑料桶
	18	测量滑轮组的机械效率	3	铁架台、滑轮两个、滑轮组两个、测力计、刻度尺、钩码
提高类(32项)	1	用弹簧测力计测量力	2	弹簧测力计、小车、木块、细绳
	2	决定音调高低的因素	2	钢尺、发声齿轮、话筒、示波器
	3	影响声音响度的因素	2	鼓、鼓槌、纸屑、钢尺、音叉、示波器
	4	水的形态变化	2	温度计、烧瓶、酒精灯、石棉网、有三个开孔的橡皮塞、直角玻璃管、方座支架、冰
	5	水的熔点与水的沸点	2	温度计、烧瓶、酒精灯、石棉网、有三个开孔的橡皮塞、直角玻璃管、方座支架、冰
	6	海波与石蜡熔化时温度随时间的变化	2	海波、石蜡、温度计、烧杯、酒精灯
	7	区分导体和绝缘体的方法	2	灯泡、开关、电池组、钢条、铅笔芯、陶瓷、玻璃棒、盐水、铝线

续表

序号		实验名称	出现频次	仪器设备
提高类(32项)	8	电流的大小与哪些因素有关	2	电源、电压表、开关、电流表、不同规格电阻丝板
	9	影响导体电阻大小的因素	2	电源、电压表、不同规格电阻丝板、开关、电流表、不同电阻、灯泡、酒精灯
	10	如何用滑动变阻器改变电流	2	电源、电流表、保护电阻、滑动变阻器、开关、导线
	11	电阻的串并联	2	电源、电流表、电阻、电压表、开关、导线
	12	电流热效应与电阻大小的关系	2	电源、电压表、不同规格电阻丝板、开关、电流表、绕线电阻、保护电阻、石墨棒、玻璃棒、灯泡、酒精灯
	13	奥斯特实验	2	菱形磁针、电源、滑动变阻器、导线、铁架台
	14	电流磁场的特点	2	电流磁场演示器、铁屑、菱形磁针、电源、滑动变阻器、开关
	15	制作电磁铁	2	电源、滑动变阻器、开关、漆包线、大头针、软铁棒
	16	电磁铁磁性强弱与哪些因素有关	2	1. 大铁钉、漆包线、电源；2. 演示电表、滑动变阻器、演示副线圈、软铁棒、弹簧测力计、钩码
	17	电磁继电器的工作原理	2	两不同电源、不同色灯泡、演示电磁继电器、开关、导线
	18	发电机介绍	2	1. 手摇交直流发电机套件、灵敏电流计；2. 电动自行车
	19	空气密度的测定	2	带阀门的玻璃容器、打气筒、烧杯、水槽、天平、橡皮管
	21	力的三要素	2	铁架台、测力计、刻度尺、钩码、量角器
	22	力作用的相互性	2	斜面、小车、木块、弹簧测力计
	23	惯性的演示	2	塑料杯、化纤桌布、铅笔
	24	探究运动和力的关系	2	斜面、小车、木块、弹簧测力计、棉布
	25	液体压强传递的规律	2	1. 帕斯卡球、水；2. 帕斯卡定律演示器
	27	气体扩散的实验	2	广口瓶、二氧化氮、氨气、玻璃片
	28	液体扩散的实验	2	1. 量筒、硫酸铜溶液、长颈漏斗；2. 高锰酸钾溶液或红墨水

续表

序号		实验名称	出现频次	仪器设备
提高类(32项)	29	分子引力实验	2	内聚力演示器、50g 钩码数个、塑料片
	30	分子是运动的	2	玻璃杯、水、墨水
	31	验证克服摩擦做功能使物体的内能增加	2	机械能内能互变演示器、乙醚、橡皮塞、皮绳
	32	验证压缩气体做功能使物体内能增加	2	1. 空气压缩引火仪、脱脂棉、细木棍；2. 厚壁玻璃瓶、空气温度计、打气筒、酒精或乙醚

5. 建立标准

根据上述内容对各个实验所用仪器仪表、工具、备件、耗材等建立初中物理实验室配备标准(详见表 3.5 至表 3.7)。

表 3.5　初中物理实验仪器配备标准(测量仪器仪表工具)

编号	仪器名称	规格型号功能	单位	数量	配备要求			执行标准代号	分类与代码
					必做	拓展	提高		
1001	阿基米德原理实验器				√				
1002	测力计				√	√			
1003	弹簧测力计				√	√	√		
1004	电流表				√	√	√		
1005	电流磁场演示器						√		
1006	电压表				√	√	√		
1007	学生电源				√	√	√		
1008	多种温度计				√	√	√		
1009	钢尺				√	√	√		
1010	光三色合成实验器				√				
1011	光反射器				√				
1012	光盘具				√				
1013	机械能转换器						√		
1014	刻度尺				√	√	√		
1015	空气温度计						√		
1016	灵敏电流计					√	√		

续表

编号	仪器名称	规格型号功能	单位	数量	配备要求			执行标准代号	分类与代码
					必做	拓展	提高		
1017	密度计				√				
1018	秒表				√	√			
1019	闹钟				√				
1020	内聚力演示器						√		
1021	帕斯卡定律演示器						√		
1022	三角板				√	√	√		
1023	示波器						√		
1024	试管				√				
1025	视频展示台				√				
1026	手摇交流发电机						√		
1027	天平				√	√	√		
1028	停表				√				
1029	托里拆利实验器					√			
1030	托盘天平及砝码				√	√	√		
1031	微压强计				√				
1032	小量程电流表				√				
1033	小型电动机实验器					√			
1034	演示电表				√		√		
1035	演示继电器						√		
1036	演示电流表				√				

表 3.6　初中物理实验仪器配备标准(设备器材备件)

编号	仪器名称	规格型号功能	单位	数量	配备要求			执行标准代号	分类与代码
					必做	拓展	提高		
2001	保护电阻						√		
2002	保温瓶					√			
2003	玻璃板				√				

续表

编号	仪器名称	规格型号功能	单位	数量	配备要求			执行标准代号	分类与代码
					必做	拓展	提高		
2004	玻璃杯					√			
2005	玻璃瓶					√			
2006	玻璃钟罩				√				
2007	玻璃砖				√				
2008	不同电阻						√		
2009	不同规格电阻丝板						√		
2010	不同质量的钢球				√				
2011	不同质量重物				√				
2012	侧壁有开口的玻璃管或瓶子				√				
2013	抽气机				√	√			
2014	抽气盘				√				
2015	粗细不同的试管					√			
2016	打气筒						√		
2017	大烧杯					√			
2018	带阀门的玻璃容器						√		
2019	单刀开关				√	√			
2020	弹簧				√				
2021	挡风板				√				
2022	滴管				√				
2023	底部封闭侧壁有三个开口的玻璃筒或塑料桶				√				
2024	电池组						√		
2025	电动自行车						√		
2026	电铃				√				
2027	电源						√		
2028	定滑轮				√	√			

续表

编号	仪器名称	规格型号功能	单位	数量	配备要求			执行标准代号	分类与代码
					必做	拓展	提高		
2029	定值电阻				√				
2030	动滑轮					√			
2031	发声齿轮						√		
2032	砝码				√				
2033	砝码盘				√				
2034	方座支架				√		√		
2035	干电池				√				
2036	杠杆						√		
2037	各种磁体				√				
2038	钩码				√	√	√		
2039	光滑水平板面					√			
2040	光具盘						√		
2041	光具座						√		
2042	光屏						√		
2043	广口瓶						√		
2044	滑动变阻器				√	√	√		
2045	滑轮				√	√			
2046	滑轮组					√			
2047	话筒						√		
2048	搅拌器				√				
2049	酒精灯				√		√		
2050	开关				√	√	√		
2051	空气压缩引火仪						√		
2052	两端开口粗细均匀的玻璃筒				√				
2053	两端有挂钩的实验小车				√				
2054	量筒				√	√	√		

续表

编号	仪器名称	规格型号功能	单位	数量	配备要求			执行标准代号	分类与代码
					必做	拓展	提高		
2055	菱形磁针						√		
2056	马德堡半球					√			
2057	帕斯卡球						√		
2058	平底烧瓶					√			
2059	平行光源				√				
2060	平面镜				√				
2061	绕线电阻						√		
2062	软铁棒				√				
2063	三孔橡皮塞				√		√		
2064	烧杯				√	√	√		
2065	烧瓶				√		√		
2066	石棉网				√		√		
2067	石墨棒						√		
2068	水槽						√		
2069	塑料小盒				√				
2070	蹄形磁铁				√	√			
2071	条形磁铁				√				
2072	铁棒				√				
2073	铁架台				√	√	√		
2074	透明容器				√				
2075	凸透镜						√		
2076	橡皮膜				√				
2077	小车				√	√	√		
2078	小磁针				√				
2079	小灯泡				√				
2080	小灯座				√				
2081	小球				√				

续表

编号	仪器名称	规格型号功能	单位	数量	配备要求			执行标准代号	分类与代码
					必做	拓展	提高		
2082	小桶				√				
2083	斜槽轨道				√				
2084	斜面						√		
2085	演示副线圈						√		
2086	演示原副线圈				√				
2087	音叉					√	√		
2088	长颈漏斗						√		
2089	支架				√	√	√		
2090	直角玻璃管				√				

表3.7　初中物理实验仪器配备标准(消耗材料)

编号	仪器名称	规格型号功能	单位	数量	配备要求			执行标准代号	分类与代码
					必做	拓展	提高		
3001	氨气						√		
3002	冰						√		
3003	彩色笔				√				
3004	纯萘酚				√				
3005	大铁钉						√		
3006	大头针				√	√	√		
3007	待测固体				√				
3008	导线				√	√	√		
3009	等质量小盘				√				
3010	碘片					√			
3011	鳄鱼夹				√	√	√		
3012	二硫化碳				√				
3013	二氧化氮						√		
3014	钢条						√		

续表

编号	仪器名称	规格型号功能	单位	数量	配备要求			执行标准代号	分类与代码
					必做	拓展	提高		
3015	高锰酸钾溶液						√		
3016	鼓						√		
3017	鼓槌						√		
3018	海绵				√				
3019	厚壁玻璃瓶						√		
3020	化纤桌布						√		
3021	火柴				√	√	√		
3022	激光笔				√				
3023	酒精				√	√	√		
3024	空心细铜线					√			
3025	蜡烛				√	√	√		
3026	硫酸铜溶液						√		
3027	铝线						√		
3028	毛皮					√			
3029	煤油				√				
3030	棉布						√		
3031	木块				√	√	√		
3032	皮绳						√		
3033	乒乓球					√			
3034	漆包线				√		√		
3035	铅笔					√			
3036	铅粒、铅块或铝块				√				
3037	曲别针				√				
3038	软铁棒						√		
3039	不同色灯泡						√		
3040	石蜡块					√			
3041	水银					√			

续表

编号	仪器名称	规格型号功能	单位	数量	配备要求			执行标准代号	分类与代码
					必做	拓展	提高		
3042	丝绸					√			
3043	塑料杯						√		
3044	塑料片						√		
3045	陶瓷						√		
3046	体积相同的铜、铁、铝、木块					√			
3047	铁屑				√		√		
3048	铜片				√				
3049	透明塑料桶					√			
3050	脱脂棉						√		
3051	细木棍						√		
3052	细绳				√	√	√		
3053	橡胶棒					√			
3054	橡皮管						√		
3055	橡皮筋					√			
3056	橡皮泥				√	√	√		
3057	橡皮塞						√		
3058	小瓶					√			
3059	小塑料吸盘					√			
3060	乙醚						√		
3061	硬币				√				
3062	硬片纸				√				
3063	使纸片					√			
3064	羽毛					√			
3065	圆柱形木块				√				
3066	直角玻璃管						√		
3067	直铜线					√			
3068	自制导体架					√			

第4节　实验室及其装备管理

实验室是为了满足专业教学与科研的需求，在特定空间内由多种教育装备组成的有机集合体。因此，实验室内的装备是实验室主体，实验室管理的核心内容即对装备的管理。本节将以实验室装备的技术保障与维修管理两个基本且实用过程为脉络，分析讨论实验室管理的相关理论与实践。

一、实验室技术保障

装备使用是否可靠、维修是否方便将直接影响装备使用和装备全寿命周期的每一个环节。可靠性、维修性、保障性是装备技术保障与维修管理过程经常提到的几个基本概念。

可靠性(Reliability)一般定义为：产品(指装备系统、分系统、部件、零配件等)在规定的条件下和规定的时间内，完成规定功能的能力。规定的条件是指产品使用时的环境条件和工作条件；规定时间是指产品工作时间，通常用时间单位来表示；而规定的功能是指产品技术文件规定必须具备的功能及其技术指标。可靠性的概率量度是可靠度。

随着装备保障需求的提升和发展，可靠性分为基本可靠性和任务可靠性。

基本可靠性：基本可靠性是在规定条件下，无故障的持续时间或概率。它能反映维修人员对减少维修人力的需求。基本可靠性的参数一般为统计的产品的时间单位和所有故障。

任务可靠性：任务可靠性是产品在规定任务中完成规定功能的能力。它能反映装备用户对任务成功性的需求。确定任务可靠性参数时只统计那些在任务剖面内发生的影响任务成功的故障。其实，它就是我们平时所称的可靠性。

维修性(Maintainability)定义为：产品在规定的条件下和规定的时间内，按照规定的程序和方法进行维修时，保持或恢复到规定状态的能力。其中，规定条件是指装备进行维修的人、设备、器材等资源条件。维修性的概率量度是维修度。它是维修时间的函数。

保障性是装备的设计特性和计划的保障资源能满足平时教与学的使用要求的能力。其中，设计特性是指与装备保障有关的设计特性，如可靠性和维修性，以及使装备便于操作、检测、维修等方面的设计特性。装备只有具有满足使用与维修要求的设计特性，才是可以保障的。

1. 教育装备技术保障的任务与特点

装备技术保障是指为了保持和恢复装备性能完好所采取的技术措施和活

动。主要包括装备的维护与修理、技术检查、维修器材的筹措与供应、装备建设、专业培训等内容。装备技术保障的概念包含了装备技术保障的目的和本质特征。其目的是保持和恢复装备良好和随时可用的状态；其本质特征是通过技术措施运用，保持或改变装备的技术状态，使之达到良好和随时可用的状态。

(1)技术保障任务

装备技术保障的主要任务是运用现代科学技术和有效的保障方式、保障手段，保持和恢复装备的规定性能，使装备处于良好的技术状态，为教学提供强有力的装备保障。装备技术保障应当坚持以可靠性为中心的维修思想，贯彻预防为主、科学维修、质量第一、注重效益的方针，做到整体筹划、重点保障、规范管理、系统建设。技术保障是在装备全寿命周期内，为了满足完好率要求和降低寿命周期费用，综合考虑装备的保障问题，确定保障性要求，进行保障性设计，调配保障资源，提供装备所需保障的一系列技术与管理活动。

保障性设计是装备技术保障的总体完整说明，它满足装备的保障要求并与实际使用状况相互协调，一般包括使用保障设计与维修保障设计。其中，使用保障设计规定了装备使用状况、主要保障资源要求等；维修保障设计包括维修类型、维修级别及其任务、维修间隔期、预期的主要维修资源和维修活动的约束条件等。

(2)技术保障的特点

马克思曾说："社会生活的本质是实践的。"装备技术保障活动作为人类社会实践活动特殊领域的特殊现象，具有自身的、突出的特点，主要体现在以下两个方面：

①装备的技术保障是综合保障。装备的多样性和复杂性决定了装备的技术保障不是简单的技术操作过程，而是保障技术、保障资源、保障对象三者之间相互作用的复杂过程。这个过程的顺利实施依赖与装备的保障性、保障资源与保障的复杂度的协调发展，要求装备的使用要求与保障要求相互协调；装备设计与保障系统设计相互协调；装备所需的各类保障资源之间相互协调；新投入使用的装备与使用中的装备保障系统相互协调；装备辅助教学效能、保障性能、开发进度与费用相互协调，由此体现了装备技术保障的综合性。

②装备的技术保障是教师教学的间接保障。随着信息技术应用不断渗透到教学过程中，师生的教学与学习活动对装备的依赖性在增强，特别是新型的教学方式的探索更离不开信息化装备的使用，运用技术措施持续地保持和恢复装备良好和可用状态也是对教学的保障。

2. 教育装备技术保障能力

装备的技术保障能力是装备技术保障系统完成保障任务的能力。它是保障人员、设施、手段、技术和管理水平等因素的综合反映。保障能力不仅取决于保障资源的数量和质量，还取决于对这些资源的使用方式和这些资源总体效能的发挥。

3. 装备技术保障的基本矛盾和基本规律

装备技术保障的基本规律是客观存在的，并制约和影响装备技术保障的一切活动。装备技术保障活动的过程，是矛盾运动的过程。装备技术保障的基本规律存在于装备技术保障基本矛盾运动和基本因素相互作用之中。因此，研究装备技术保障基本规律应从分析装备技术保障的基本矛盾和基本因素入手。

(1)装备技术保障的基本矛盾

在装备技术保障活动过程中，保障需求总是处于主导地位，且是不断变化和不断增长的，而保障能力总是处于从属地位并保持相对稳定的状态，所以保障能力的提高总是滞后于保障需求的增长。这就导致保障能力和保障需求之间经常会出现不适应或不能完全适应的状况。这种需求或可能的矛盾，其实就是师生实际教学和学习需求与现实的装备技术保障能力之间的矛盾。它是装备技术保障的一对基本矛盾。另外，装备技术保障活动中，还存在可靠与不可靠、完好与不完好、安全与不安全、强与弱、优与劣、高与低等各种矛盾，它们都以不同的具体形态出现，对教育装备技术保障活动产生不同性质和不同程度的影响。

在此特别提出，保障需求与保障能力之间的矛盾规定了装备技术保障的本质，这一矛盾贯穿于装备技术保障活动的始终，且影响和制约着其他矛盾的存在和发展，其他矛盾是这一矛盾在不同侧面和不同阶段的具体表现形态。因此，保障需求与保障能力之间是最基本的矛盾。

(2)装备技术保障的基本要素

装备技术保障基本要素是构成和影响装备技术保障活动的基本成分和条件，主要包括：

√ 技术装备

√ 技术保障人员

√ 保障物质资源

√ 外部环境

√ 保障技术

√ 保障管理

(3)装备技术保障的基本规律

①装备技术保障受到装备质量特性的制约，所以对保持、恢复、提高装备的质量特性和降低寿命周期费用具有能动作用。

装备是装备技术保障的对象，装备技术保障的全部活动都是围绕装备的获取和使用、维修保障开展的。总体来讲，拥有多大数量、规模和质量特性的装备，决定了与之相适应的一定格局的装备技术保障体系。

另一方面，装备技术保障对装备又具有能动作用。这主要体现在适应装备的保障需求，提高装备技术保障人员的整体专业素养，充分发挥他们的主观能动作用。高效率的装备技术保障体系和良好的预防性和修复性维修可以更有效地保持、恢复装备的质量特性，改进性维修还能局部改善装备的质量特性，从而提高装备的完好率、降低装备使用维修的费用，提高装备的总体效益。

②装备保障的物资资源、装备同步开发和配套建设极大地影响着装备技术保障能力。

装备的保障问题过去常被视为装备投入使用之后才考虑的工作事项。但保障实践证明，这种认识和做法不符合装备使用保障规律，会导致装备的完好率下降，维修成本增加。我们必须将装备的保障性与质量、进度、费用同级对待。

装备的保障性包括设计特性和保障资源两项内容。其中，设计特性是指与装备保障有关的设计特性，如可靠性、维修性等，以及使装备便于操作、检查、维修的设计特性。保障资源是指为了保证装备实现的教学需求所规划的人力、物质和信息资源。其中，保障物质资源是保证装备日常使用的物质技术和技术手段，它使装备具有能够得到保障的特性。装备的可保障性和能保障特性结合起来，才是装备完整的保障性。要使装备获得完整的保障性，保障物质资源必须与装备的可保障特性协调一致，力求相互匹配。为此，新装备的设计与开发必须受到装备的保障性要求约束。

对保障的物质资源与装备进行同步开发，要着重解决配套建设问题，即在装备的整个设计与开发过程中，对保障物质资源与装备之间和各种保障资源要素之间的协调和匹配问题，要反复进行保障性分析，对各种保障要素进行综合权衡，使其完整配套，保证在装备使用后能自然地形成适用的保障系统，形成保障能力。如果保障资源不配套，保障能力就会受到直接的影响。

很多实践说明，保障的物质资源与装备的同步开发与配套建设，是形成保障能力的必然要求，符合装备发展和使用保障的客观规律。

③装备技术保障的成效依赖于装备技术保障系统的协调运行和对外部环境的适应性。

装备技术保障系统是一个涉及人员多、技术性强的技术保障系统。为了有效地组织装备的技术保障活动，实施有力的装备技术保障，装备的技术保障系统必须构建合理的组织结构和良好的运行机制，充分发挥系统的总体性能。

装备的技术保障系统的运行离不开外部环境，时刻都会受到外部环境的影响。在这里，外部环境主要是指在信息技术环境的背景下师生自身对装备的需求与期待、上级部门对信息化教与学应用的要求等。当然，装备的技术保障过程的目标之一就是追求外部环境与保障过程的一致性。当系统的组织结构和运行机制与外部环境相适应时，系统就能正常运行，获得预期效果；反之，当两者不适应时，系统就不能正常运行。这时就需要对系统的某些部分或环节进行合理的调整，使其能够重新适应外部环境。

④高素质、多层次的装备技术保障人员队伍是形成装备技术保障能力和推动装备技术保障建设发展的决定力量。

装备技术保障人员队伍是装备技术保障活动的主体，是构成装备技术保障活动诸因素中具有能动作用和决定意义的因素。

当前，很多学校的装备技术保障人员队伍良莠不齐。缺乏充足的专业知识是技术保障人员普遍存在的不足。在信息技术环境下的管理模式必然需要更专业的人员。实施管理活动的“人”在这个模式中将扮演着核心的角色。因此，提升技术保障人员的专业素质，构建一支稳定的队伍是又一个需要解决的现实问题。

4. 抢修管理

抢修是指处在教学中的装备出现故障后，实验室管理人员以应急手段进行修理，以保障教学的正常进行。在日常的装备管理过程中，我们希望抢修越少越好。因为出现抢修活动就意味着装备已对教学活动产生了不同程度的干扰。但在实际工作中，由于装备自身的可靠性降低、使用不当等因素，会出现抢修行为。以下内容就是探讨在事故发生时如何妥善地进行处理，把对教学的影响尽量降到最低。

(1)抢修与平时修理的区别

装备的抢修性是装备的多项参数之一。它是指装备受到故障性损伤时，以应急手段修理后，恢复其基本功能的能力的程度。

平时修理与抢修有非常明显的区别。平时修理的目标是使装备处于良好状态，必须将装备修复到具有完成全部功能的能力的程度，必须采用标准的维修方法(本书将在第四章进行详细讨论)。而教室内装备的抢修工作，时间是首要因素，它并不要求恢复装备的规定状态和全部功能，有时只需恢复教师正在使用的功能即可。抢修主要是对装备损伤进行及时修复。抢修与平时修理的区别如下：

①修理时间要求不同

抢修最突出的是时间。它要求修复工作必须在尽量短的时间内完成。而平时修理却没有这个要求，平时修理要求一切修理活动按计划和标准来执行。一般来说，抢修比平时修理的时间短。显然，抢修允许的时间有限，因此抢修比平时修理困难。

②修理的标准和要求不同

平时修理是根据事先的技术标准和规范进行的一种标准化的修理，是为了保持装备的固有可靠性和固有特性进行的活动。而抢修只是要求在尽可能短的时间内使装备恢复到故障前教师正在使用的功能。

③修理备件供应不同

设备故障出现的偶然性和随机性较大，有时会出现装备管理人员没有现成备件的情况，这种情况下，只能考虑备件的替代问题或进行整机的替代。

④环境条件不同

平时修理是在修理人员平和的状态下完成的。修理人员只要细心，在计划内修理好装备是不困难的。而抢修过程会面对教室内教师和全体学生的焦急等待，维修人员压力大，容易造成维修中的差错增多。因此，开展必要的抢修培训将有助于执行抢修工作。

(2)应急抢修的办法

在紧急情况下，装备发生故障后，如果一时难以修复又无备用的装备或备件，应通过应急修理使装备坚持工作。需要注意的是，应急修理不是排除装备故障的根本性方法，而是不得不采用的办法。若采用了应急办法，待教师教学结束后，须立即对装备进行彻底的修复工作。现举两种类型的应急抢修的例子供大家参考。

例1：在缺少专用的零配件的情况下，利用代用器材确保装备的特定功能。如断了一组变压器，可利用完好的一组代替；如果没有电烙铁，可用蜡烛或酒精灯火焰熔接导线接点。

例2：规避抢修性小的装备修理，采用功能相近的其他装备实现特定功能。如在语音课堂，耳机装备出现故障且无备品时，可临时借用系统中的音频线路接入外放音箱，实现课程中“听”的要求；当计算机系统偶然出现被病毒损坏无法使用的情况时，借助笔记本电脑继续保证课堂正常教学。

(3)提高抢修性的设计措施

每次装备的抢修和修后分析其实都是对装备维修过程的一次警示，为我们完善装备维修提供了改进的方向。当然，除了在装备设计过程中需对装备的抢修性做出考虑外，采用提高抢修性的积极措施是异常重要的。实践证明，能有效提高装备抢修性的措施主要有：

①谨慎分析每次故障的引发原因、抢修方案、保障性分析结果等。分析结果用于形成抢修分析记录，并一定做好存档工作，为平时修理及抢修技术手册的编写提供现实依据。

②在资金允许的情况下，装备管理者应合理地选用特定类型装备或常见耗材(如电池、线材等)的备件。建议采用量化存储备件的方式，即根据平时的维修和临时抢修记录，针对需要有备件的装备或耗材进行分级，从而确定备件的数量占总装备数量的比重或是否需要备件(特别是对备件所需资金量大或体积大的情况)。通过备件方式可以尽量减少抢修时无备件的情况，从而提高抢修效率，提升师生对装备服务的满意度。

③确保装备的关键性功能或易受损坏的关键性部件的完好性，以便实施快速抢修和更换。另外，在平时维修中，应加大关键性功能或易受损坏的关键性部件的关注度，缩短检查和维护的周期。

④加强装备抢修的便捷度。如信息化装备线路繁多，除可用颜色区分外，可在每根导线的适当位置印上标号牌，以利于切断电路时能快速查找和连接。另外，还可限制可更换备件的重量和体积等，利用配备移动手推车等方式使需搬动的部件缩小到一个人可以搬动的程度，实施快速拆卸和更换。

⑤在装备开发设计或构建时，需考虑具有互换性的标准通用件，实现部件的同型更换或异型替代。

二、维修管理

教育装备维修是为了保持或恢复装备良好的技术性能而进行的维护和修理活动，它是保障与提高教学水平的前提条件，是使装备的潜在效能转化为实际效能的重要基础。因此，重视与加强对教育装备的基本管理，使管理层次逐步迈向科学化、规范化是装备管理需要首先解决的问题。

1. 教育装备维修管理的功能和目标

(1)维修管理的功能

从宏观上讲，教育装备维修管理是管理者依据管理对象的客观规律，运用科学方法，保证维修系统具有正常活动的过程，并使其在不断循环、不断重复的过程中向前发展，不断增强维修活动过程中人与人、人与物、物与物的效应。

在操作层面，维修管理就是为了完成预定的维修任务，有效地实现维修目标，合理组织、计划和使用维修的人力、物力、财力和时间，充分发挥各种维修资源的作用，以最低的消耗保持、恢复和改进装备的性能。维修管理是为了最大限度地保持装备良好的技术状态，延长装备的使用寿命，改善其性能，最终为教学活动或学习活动提供有力的装备保障。

(2)维修管理的主要目标

教育装备维修的基本思路是积极组织并实施经济有效的维修，最大限度地防患于未然；努力不因装备问题而影响正常的教学活动，促使装备有力地辅助教师和学生的教学与学习。参照现代教育装备维修的任务和范围，维修管理有以下四个主要目标：

①保证最大数量的装备处于良好的技术状态

装备良好的技术状态是其可用性的主要标志。在各类装备使用过程中，因故障、损伤或达到规定使用年限等因素，总要对部分装备进行必要的预防性、修复性或改进性的维修工作。在进行这些维修任务的过程中，装备不能完好地运行。因此，装备管理人员必须在保证固有可靠性水平的基础上，通过提高维修效率、合理地规划和科学地组织管理等可采取的一切有效措施，尽量缩短装备维修所占用的时间，减少对教学的影响，使最大数量的装备处于良好的可用状态。

②保持、改进装备的可靠性

可靠性，或称稳定性是衡量装备质量的一项重要参数。每件装备本身具有一定的可靠性水平。这种固有的可靠性水平是对装备进行有效维修时可能期望达到的最高水平。维修的核心任务就是保持甚至改进这一固有的可靠性水平。当在使用中发现装备固有的可靠性水平不足时，除了向装备生产厂商提出意见，促使其改进设计、制造，提升固有可靠性水平外，装备管理人员也需要通过经常性维修、改进性维修，甚至进行必要的改装以改善装备的可靠性水平。

③力求以最低的消耗，取得最佳的维修效果

装备维修要实现上述目标，需要一定的人力、物力和财力等基本保障。如何解决以最低的消耗，最大限度地实现上述目标，取得最佳的维修效果这一经济性课题？装备管理人员必须重视提高总体的维修经济效益，求得合理的装备全寿命周期的使用和保障费用。在制定维修方针、原则和确定维修方式、方法时，必须进行经济性分析，加强经济活动分析和成本核算。

维修的各项目标，都是一个随主客观因素变化而变化的函数。各目标之间又是相互联系和相互制约的。实现上述各目标的最终目的是保证教学使用。

2. 装备维修管理的内容与方法

维修管理的基本任务是把组织实施维修工作建立在科学的基础上，运用现代管理的理论和方法，掌握装备维修的客观规律。注重从整体出发，对维修系统的各个环节和维修过程进行计划、组织、指挥、协调、控制，力争取得最佳的维修效果和经济效益。因此，管理在维修中占有重要的位置。

从突出重点的角度出发，我们把维修管理归结为计划、组织与实施、协调、控制四项基本内容。

(1)维修计划

计划即预测未来，是对装备维修各项工作的内容、步骤和实施程序做出科学的安排和规定，是维修管理后续内容的基本依据。其内容主要包括：建立健全的计划管理制度；根据装备技术状况，编制切实可行的维修计划；采取有效措施，确保计划达到预期的效果；检查、分析和反思计划的执行情况。

因为装备的维修计划是实施装备维修的依据，是维修管理过程启动的起点，因此维修计划是否科学直接影响着整个维修管理过程的质量。

①编制维修计划的依据

编制维修计划的主要依据通常有：学校教育装备的技术状态；教师教学与学生学习过程对装备维修的要求；上一年度修理情况和接近使用时限的装备数量；修理装备的数量、质量情况；现有技术力量分析等。

②编制计划的步骤

维修计划分为两种。一种是学校日常的装备维修计划，装备管理者应根据各类装备的质量和维修资源状况，制订一个学期或一个学年的维修计划。周、月等维修计划可由分管不同类型装备的管理人员编制。所有相关维修计划应及时记录维修档案，以便实时掌握和分析装备的使用状态以及各种维修资源的状况。另一种是需要资金量大的升级改造计划。这一类计划应首先摸清学校需升级的装备名称、数量、升级原因、教师意见等。按相关规定填写申请上报，待批准后实施维修。

③维修定额测量的技术方法

维修定额测量是维修定额的制定、贯彻、修订和日常管理工作的总称。

1)维修定额的计算

维修工作量是完成一件装备的维修任务所耗费的工作时数，其公式是：

$$T_d = \sum_{i=1}^{n} t_i f_i w_i$$

公式中，T_d——计划学年度(一个学期)维修工作量；

f_i——依装备维修难易程度确定的某件装备修理工时的系数；

t_i——某件装备修理的标准工时定额；

w_i——某一类型装备的数量；

n——装备的种类数。

2)概率估工法

它是利用概率论的基本原理进行估工的一种常见方法，其公式是：

$$P = M + \lambda \cdot \sigma$$

公式中，P——估算的工时定额；

M——平均工时；

λ——标准偏差系数；

σ——标准偏差。

其中，平均工时 $M=\frac{a+4c+b}{6}$，a 为先进工时；b 为保守工时；c 为有把握工时。

标准偏差系数 λ 可根据能够完成定额的维修人员达到的百分比，查询正态分布表求得。

表 3.8 正态分布表

λ	$P(\lambda)$	λ	$P(\lambda)$	λ	$P(\lambda)$	λ	$P(\lambda)$
−0.0	0.50	0.0	0.50	−1.3	0.10	1.3	0.90
−0.1	0.46	0.1	0.54	−1.4	0.08	1.4	0.92
−0.2	0.42	0.2	0.58	−1.5	0.07	1.5	0.93
−0.3	0.38	0.3	0.62	−1.6	0.05	1.6	0.95
−0.4	0.34	0.4	0.66	−1.7	0.04	1.7	0.96
−0.5	0.31	0.5	0.69	−1.8	0.03	1.8	0.96
−0.6	0.27	0.6	0.73	−1.9	0.02	1.9	0.97
−0.7	0.24	0.7	0.76	−2.0	0.02	2.0	0.98
−0.8	0.21	0.8	0.79	−2.1	0.01	2.1	0.98
−0.9	0.18	0.9	0.82	−2.2	0.01	2.2	0.99
−1.0	0.16	1.0	0.84	−2.3	0.01	2.3	0.99
−1.1	0.14	1.1	0.86	−2.4	0.01	2.4	0.99
−1.2	0.12	1.2	0.88	−2.5	0.01	2.5	0.99

标准偏差 σ 的计算公式为：

$$\sigma=\left|\frac{b-a}{6}\right|$$

例：若修理一台某型号投影机的先进工时为 1.2，保守工时为 2，有把握工时为 1.5，并假定有 90％的维修人员可以完成确定的定额，试计算其工时定额。

解：$M=\frac{1}{6}(1.2+1.5\times4+2)\approx1.533$(工时)，

$$\sigma=\left|\frac{2-1.2}{6}\right|\approx 0.133,$$

由已知条件可知：有90%的维修人员可以完成确定的定额，根据 $P(\lambda)=0.9$，查正态分布表得到 $\lambda=1.3$。

$P=1.533+0.133\times1.3=1.706$（工时）。

答：修理一台该型号投影机的工时定额为1.706。

3)统计分析法

统计分析法是参考历史积累的实际工时记录和统计资料，经过分析、整理并结合现实情况而制定的工时定额方法。采用这种方法的前提条件是事先具有一定的统计资料。当然，这种方法以过去的准确的统计资料为基础，如果资料不准确，就会影响所制定的工时定额的准确性。

统计分析方法的计算与概率估工法求平均工时 M 的计算方法类似。

例：单位时间内检修机房的某型号计算机按先进工时计算平均为22.5套，按保守工时计算平均为15套，按有把握工时计算平均为17.9套，其平均工时定额为：

$$M=\frac{a+4c+b}{6}=\frac{22.5+4\times17.9+15}{6}\approx18.18\text{（套）}。$$

4)类推比较法

根据同类型的装备维修的工时定额，确定另一种装备维修工时定额的方法。该方法要求用来对比的两种装备必须相似，若缺乏可比性，就不能用该方法来制定工时定额。这种方法的优点是工作量小，能满足制定工时定额快的要求，但该方法往往由于条件的限制而不可能普遍采用，建议与其他方法结合起来使用。

在编制维修计划的实践过程中，我们可以根据装备的不同类型灵活选用合理且易于操作的技术方法。如果不易计算装备的维修定额，也可采用经验估工，但检验估计缺少仔细分析、计算，容易受到制定人员的主观因素影响。

(2)组织与实施

装备的组织实施是利用现有的维修人员和装备环境，根据维修计划组织与实施维修过程，它是维修管理的中间环节。该环节包括维修结构的划分、设置和布局；维修人员的合理分配；确定特定类型装备的管理人员的管辖范围和分管内容；按时并高质量地完成维修计划等。在技术日新月异的今天，维修专业培训和学术研究等也被视作该环节的组成部分。

(3)维修协调

在装备维修过程中，维修系统中的人、财、物和环境要素需结合成一个高度统一的整体，以顺利实施维修计划，实现维修目标。协调可分为垂直协调(各级维修部门之间的协调)和水平协调(各部门之间的横向协调)；对内协调(学校内做出的协调活动)和对外协调(学校之间或学校与其他单位之间的协调活动)。

(4)监控与控制

监控与控制是检查维修活动情况和纠正偏差的过程。其目标是及时发现问题、有效地解决问题，以顺利实现维修计划。维修控制的基本内容包括确定标准、检查执行情况和纠正偏差。

上述四项内容发挥着不同的作用，是一个相互联结、相互制约的有机整体。各环节环环相扣，由此形成了装备维修管理的闭路循环和基本活动(如图3.7所示)。

①维修计划：明确目标和任务。

②组织与实施：建立实现目标和完成任务的正常维修工作秩序和规则。

③维修协调：调节与协同关系。

④维修控制：检查计划的完成情况，及时纠正偏差。

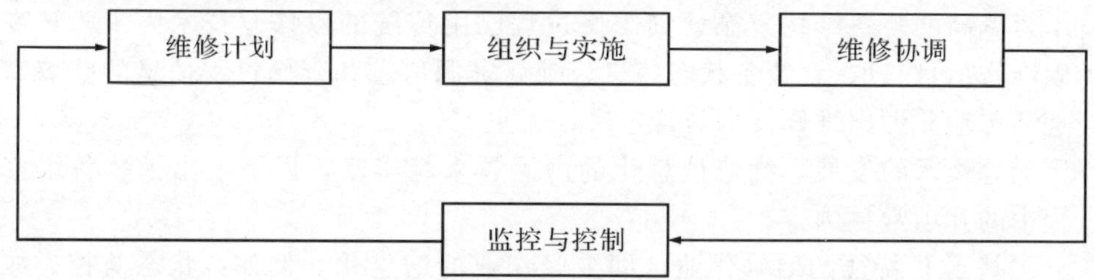

图3.7 维修管理循环示意图

当资料不足时，我们也可以选用定性分析方法确定装备维修方式。通常来说，故障机制具有明显时间相关性的重要装备、易耗配件、对教学影响范围和程度大的装备可采用装备的定期维护与定期修理相结合的方式；同类型装备数量大的装备，可采用装备检查与故障修理结合的方式；难以统计运行时间、修理费工的大型装备或技术资料不全的陈旧装备适合采用装备检查与检后修理结合的方式；当装备达到状态监测的技术水平时，可选用状态监测修埋方式。

3. 教育装备维修管理的新发展

随着信息技术的日益发展，许多技术含量高的新型教育装备不时进入我们的视野。同时，各学校的通用类或专业类装备无论在数量还是种类上都日趋丰富。在装备对师生教与学的辅助范围和深度不断增强的大背景下，如何实质性地提高装备的完好率和可靠性，促进装备维修管理的长足发展是各学校所面临的一大挑战。当前装备维修发展的几大趋势，可大致总结为：装备维修的精细化、信息化、综合化。

(1)装备维修精细化

精细或精准维修是实现装备维修优质、高效，提高装备完好率的主要途径。传统的维修往往是一种相对粗放的维修，可能导致“维修不足”或“维修过度”，从而造成故障损失或资源浪费，甚至导致人为故障。维修精细化要求在正确的时间、位置、部位实施正确的维修。精细化维修突破粗放型维修的运作模式，强调维修越勤、越宽、越深越好的管理思维。

精细化维修通常借助信息技术、各类维修分析与决策技术的研究和发展成果，其采用的途径主要有：按照以可靠性为中心的维修分析方法科学地制定维修大纲，科学地确立维修内容、时间范围等；利用装备综合诊断提高故障检测、隔离能力和精准性；利用修理级别分析方法合理确定维修级别等。

(2)装备维修信息化

维修信息化也称E-维修，它是指在维修过程中积极应用信息技术，开发并充分利用维修保障信息资源，以实现维修管理的各种目标。事实上，许多技术含量高的装备结构复杂，其维修过程已由传统的以修复技术为主，转变为以维修信息获取(含装备状态信息、维修资源信息和维修过程信息的获取)、处理和传输并做出维修技术与管理决策为主。

随着技术的发展，维修信息化的内涵越来越丰富，以下列出了装备维修过程中的几项常见内容。

①基于E特征的维修作业，即维修作业的信息化。例如：状态监控、故障诊断、远程维修作业等。目前，许多教育装备都具备某些E特征，特别是数字化校园装备，几乎囊括了所有E特征。教育装备管理者借助E特征提供的数据，就可以更方便、精准地实施维修作业。

②基于E特征的维修管理，即维修管理的信息化，是基于信息化或数字化手段的维修管理活动，如维修规划及维修资源规划的信息化。

③基于E特征的维修支援，即基于信息化或数字化技术的维修支援活动。例如：为教育装备管理人员提供的在线装备维修指导；远程技术支持等。

(3)装备维修综合化

综合化是信息化社会、信息化校园的必然要求和发展趋势。传统的装备维修主要依靠个别或少数维修人员技艺的“作坊式”维修作业方式。而现代装备功能越发多样、结构越发复杂，往往都是多门学科、多种技术综合的产物，其维修问题不能依靠个别人员的技艺解决。因此，现代装备的维修需要各方面的综合化，主要表现为：

①维修与装备的开发、购买、使用及全寿命管理相结合。即维修管理环节不是一个孤立的分支，而是装备全寿命管理的有机组成部分。现代装备的

维修需在装备论证、研制时考虑，提出维修要求，进行维修设计；而在维修中出现的问题也为装备开发、购买、使用等环节提供最真实的信息。维修管理与全寿命管理的其他环节相互促进，形成合力，从而真正实现“装备全寿命管理”。

②装备的维修与升级（改造）的综合。除传统的修复性维修、预防性维修外，根据装备使用者的实际需求，在条件允许（资金、技术等因素）的情况下，积极发展升级性维修。结合维修提升装备与其使用者需要的吻合度，以提高装备的综合效能。其实，当今很多学校的软件系统的改版就属于升级性维修。

③软硬件维修的综合。随着计算机应用服务在学校的日趋渗透，计算机软件缺陷、故障已经成为影响装备质量的一个不可忽视的因素。装备投入使用后，硬件和软件都需要维修。相关人员需要研究软件相关的维修保障的一系列问题，包括维修方案、人员、装备、技术资料及关键技术。

④装备维修与装备使用的逐渐融合。装备维修的最终目的是为教与学的活动提供强有力的保障。除装备本身的故障外，装备维修管理最直接的参考信息源于装备的使用信息。下面介绍的绩效技术就是一种较为实际的实践方法。

“绩效”一词（即 performance）在《牛津现代高级英汉词典》里的释义是“执行、履行、表现、成绩”。显然这样的界定较为宽泛，若单纯从某一学科来分析绩效就显得更加模糊不清。结合目前对绩效界定的主流观点，我们认为可以从以下两个角度来理解教育装备的绩效问题。

从管理学的角度：绩效是人们对教育装备预期期望的结果，是为了实现制定的目标而展现的有效输出。换句话说，“绩效”就是“产出”，是教育装备在某一阶段达到的实际效能。

从经济学的角度：绩效是指实际产出与预期结果的比较。绩效＝装备做了什么（实际收益）＋能做什么（预期收益）。应该说这种界定更偏重于绩效管理的长远收益，不仅注重装备在教学活动中发挥的现实作用，而且关注装备的未来，从而保证整个教育装备管理的连续性。

在实用性原则的前提下，目标管理的方法比较适用于教育装备的绩效管理过程。那么，在这里何为目标呢？目标是在一定时期内人们对教育装备提升教学效果的某种期望，是教育装备“使命”的具体化，是衡量装备效能的最重要标准。而所谓目标管理乃是一种评价程序或过程，通过这种方法可使装备的效能评估变得相对简单便捷，更具操作性，从而指导后续装备的维修过程。教育装备绩效管理的基本流程可以分为以下四个步骤。

1）装备预期绩效目标的设定，是目标管理程序的第一步。这一步的主要工作是预估某一类别的教育装备在教学活动中应达到什么效果，以及如何获取相应装备在实际使用中所发挥效能程度的真实信息。这个预期目标应该符合管理学中总结的 SMART 原则：即 Specific，所列举的目标必须尽可能具体，适度细化，缩小范围；Measurable，目标达到与否尽可能有可衡量的标准和尺度，数据或信息具有可得性；Attainable，设定的目标必须是在适度的时限内可以实现的，目标不可过高或过低；Relevant，各目标之间尽可能体现关联性，它们都应是提高教育装备效能这个总目标的分解目标；Time-bound，以时间为基础，装备评估时计划目标的完成程度必须与时间相关联，检验周期不宜过长。

在检验教育装备绩效的过程中，制定的目标是否达到或已达到程度的信息渠道大体可分为两类。一是由学生和教师填写的以若干目标及完成等级的形式出现的测量量表，如教室内多媒体装备的使用(满意度)调查；二是主要通过与部分学生和教师访谈的形式，了解他们在教学活动中的真实需求，特别是装备管理者没有考虑到的需求，参考他们所提出的合理性建议，并做出相应记录。教育装备毕竟是由人来使用的，所以加强与装备使用者的沟通是非常必要的。正是量表统计的客观数据与使用者的主观意愿结合构成了装备绩效评估的信息来源。

2)确定检验各类装备绩效的时间框架，即对教育机构不同类别的教育装备制订相应的检验时间计划。参照教育装备的不同分类方法——如常用类装备与非常用类装备、硬件类装备与软件类装备、理科类装备与通用类装备等，并依据它们的使用频率以及对教学活动施加影响的程度和长度等因素设计各种教育装备的检验时间。如物理实验室中某些装备使用频率低但在教学中的作用不可低估，数学课引进的画图软件的使用时间和对教学的影响都持久而强烈，因此对画图软件的绩效评估周期必定比对实验室物理装备的绩效评估周期短。

3)将实际达到的绩效水平与预先设定的预期目标相比较，这是一个对已搜集信息的判断和处理的过程。以获取的客观与主观信息为依据，装备管理者就能够准确地发现何种装备的效能没有达到预期的某些目标，并分析出原因。这一步骤不仅有助于改善下一个绩效管理周期的各项目标，而且有助于决定教师今后的培训需求。

4)制定新的装备绩效目标，以及为达到新的目标可能采取的新措施。这是目标管理周期的最后一步。凡是已实现绩效目标的教育装备可以根据现实情况保持或进一步提升其绩效目标。而对于没有达到预定的绩效目标的教育装备，应与使用这类装备的教师与学生再次沟通，确定困难的出现是否属于偶然现象，是否存在外在的客观因素影响了目标的达成，分析此类装备的效能有无提升的可能，并制定解决办法和行动矫正方案，保持或降低下一轮目标管理周期内的目标设置。

以上内容描述了教育装备目标管理的一个完整周期。将上述4)获取的装备效能的真实信息反馈至下一个目标管理周期的1)，从而使整个目标管理过程是一个信息顺畅的封闭环路。也只有这样，装备管理者才能充分利用所获得装备的使用信息，起到直接指导装备的维修管理的作用。

其实，教育装备维修管理的新发展是实验室管理人员职责的重新调整和定位。在了解和实践这些新的发展及其方法的过程中，观念是首先需要逾越的一道关卡。基于信息技术应用下的装备维修管理过程其实质是立体式地服务于一线教师，最终提高教学的有效性。这种观念和思想可能需要装备维修管理人员经历一个思维调整的过程。观念往往是行动的先决条件，它为今后的教育装备维修过程搭建了一个新的工作基点，对后续工作起着主导和统率作用。

4. 装备维修信息管理

装备维修信息管理是贯穿于整个装备维修管理活动始终的基础性工作。装备维修管理活动实质上就是一个了解信息、掌握信息、分析信息、处理信息的过程。

在维修管理人员执行大量种类繁多的装备维修任务的过程中，维修信息已经成为维修管理的基础。现代的维修管理的重要特征就是利用维修信息进行管理。管理的效果很大程度上取决于能否获得必要的信息和能否及时高效地处理信息。维修管理的主动权的大小取决于驾驭信息的能力，取决于获取信息数量的多少、处理信息能力的强弱和使用信息的程度。如果维修管理人员离开了维修信息，缺乏对维修活动实际情况的了解，就失去了驾驭维修活动的能力，也不可能认识和掌握维修活动的规律。

因此，加强信息管理对提高装备维修管理水平具有重要的作用。

(1)装备维修信息探讨

所谓信息，就是表现事物的运动状态以及关于事物运动状态的陈述。它是现代科学技术的一个基本概念。信息同物质、能量一样，是人类生存和发展所不可缺少的宝贵资源，三者共同构成了现代科学技术的三大支柱。装备的维修信息是有关维修活动特征及其变化的表达和陈述。一切有关维修活动的事实和现象，一切人们利用语言、文字、符号、图纸加工整理得出的有关维修活动的数据、公式、资料、指令、含有一定内容的信号和代码、文件、规章制度、概念理论等，都属于维修信息。装备的维修信息可以从以下三个角度进行分类。

①从信息的稳定性划分，可分为动态信息和静态信息。

动态信息是指随着时间、地点、条件等的变化而不断变化的信息，这类信息具有较强的时效性和针对性。如装备可靠性检测数据、故障和维修数据、装备使用者对装备的建议等。

静态信息是指相对稳定不变的信息。它是人们对大量的不断变化的信息进行长期的观察和分析，得到的揭示事物内在联系和规律的信息。这类信息在一定的时期内不发生根本的变化，可以重复使用。如维修政策、标准、装备的保障性等。

②从信息是否经过加工处理划分，可分为原始信息和已加工处理的信息。

直接收集来的信息都称为原始信息；经过分析、处理的输出信息都称为已加工处理的信息。如通过装备多次维修收集到的维修时间、维修内容、维修结果等都属于原始信息；经过分析计算后的平均工时定额、某类装备单位时间的维修资金支出分析数据等则是已加工处理的信息。

③从信息反映的内容性质划分，大致有以下九种信息。装备管理者可根据本单位装备的现实情况、现实需要对这些信息进行收集、筛选，建立相关类型的信息档案。

1)装备基本信息：装备基本情况的信息。如：装备名称、型号、生产厂家、生产年份等。

2)使用信息：装备使用情况的信息，它是制订维修计划的依据之一。如：装备寿命、使用时间、使用强度、使用环境。

3)故障信息：装备在使用过程中出现的故障信息。如：故障时间、故障原因、故障部件、故障处理结果。

4)维修信息：装备故障修复或预防性维修的有关信息。如：维修计划、维修时间、维修所消耗的资源。

5)可靠性信息：装备、部件的可靠性数据。如：寿命类型、参数。

6)备件和其他维修资源信息：备件和其他维修资源的种类、需求、消耗数量、备件余量。

7)人员信息：与装备相关人员有关的信息。如：装备使用者情况、维修人员情况。

8)费用信息：装备保障和维修费用的预算和实际支出信息。如：维修费用、备件购置费用。

9)其他相关信息。如：有关政策、标准、制度、维修要求、维修任务规程等。

这九类维修信息在维修活动中的具体作用，体现在以下三个方面：

1)制定维修计划的依据

维修计划是维修管理的重要环节。计划的合理性直接关系到装备的维修质量和对教学的保障。只有充分掌握维修实际情况等各方面的可靠信息，才能运筹帷幄，做出正确的维修计划和决策。从一定意义上说，维修活动成效在很大程度上依赖于信息的充分性和准确性。

2)监督、控制维修活动的依据和手段

维修计划在执行过程中将不断产生新的信息。在装备管理部门行使维修任务的过程中，这些产生的新信息是对计划执行情况进行监督的重要评价参照。若发现维修活动出现偏差，就可以及时发出调节和控制指令，以保证维修活动的正常运行和实现原定目标。维修的反馈信息使维修过程形成闭合的回路，使维修活动便于控制。

3)维修信息是装备设计和选用的依据

装备本身的可靠性和维修性的状况，一定会受到装备实际使用的检验。来自日常的维修信息将对装备的设计和选用具有较强的实际意义。

(2)装备维修信息的收集

装备维修信息的收集是维修信息管理的根基性工作，它从始至终贯穿于维修管理的闭合回路中。下面将详细探讨维修信息收集的特点及要求、维修信息收集的管理和维修信息的收集方法。

①维修信息收集特点及要求

不难理解，收集的信息都为原始的动态或静态信息。它们都是维修现场维修活动的记录。这使得维修信息的收集具有两大特点：一是对记录时间要求及时、经常，对记录内容要求具体、准确、全面；二是记录工作平凡琐碎、效果滞后性强。

第一个特点对记录提出了以下要求：

1)准确可靠。收集到的原始信息是装备管理分析的基础，必须反映装备的客观实际，准确可靠的信息是得出正确结论的前提。

2)全面系统。维修信息收集的范围不能过于狭窄，为了装备管理的需要，要尽量收集积累装备全寿命过程中的各种有关资料和数据。

3)连续及时。要求维修信息收集任务不能有中断和遗漏。如果记录不及时，事后再根据回忆补记，往往会因遗忘而不能保证信息的准确性和全面性；对不断发展变化的维修活动如果不经常连续地记录，就无法从维修活动过程中产生的偶然事件中提炼出符合管理需要的统计规律来。

第二个特点易于使人忽视原始信息的作用。因为记录工作平凡琐碎而又具有较大的滞后性，故在某个时间提供的原始信息不可能立即产生直接的效果。只有在大量长期收集维修信息的基础上，经过科学加工整理，提炼出使用的信息，我们才能真正意识到原始信息的重要性。由于维修装备时人们通常集中精力和忙于具体的维修作业，因此容易忽略记录当时的信息。

记录原始信息的过程要简便易行。对收集信息的项目的确定、统计表格的拟制、统计制度的规定、相关责任的落实等，都要做到简便易行、切实有效。若收集工作设计得复杂烦琐，就不容易长期执行，更不容易使收集人员形成一种工作习惯，这样反而会影响维修信息收集的质量和效果。

②维修信息收集的管理

为了积极做好维修信息收集工作，装备管理部门要加强信息收集和统计的管理。主要需要在以下几个方向下功夫。

1)有意识地加强信息收集的教育或培训，提高对信息收集任务的认识；熟练掌握信息收集和统计的方法。

2)把信息收集和统计的日常工作制度化，规定必要的收集项目，建立信息传递、反馈制度，保证信息畅通；把可标准化的步骤尽量标准化，使记录工作简单但又不丢失信息。

3)探索开发必要的管理信息系统，使维修信息的管理、查询、统计等工作信息化。

③维修信息收集的主要方法

最常用的信息收集方法主要有两种，即抽样数据收集和常规记录表格数据收集。抽样数据收集是根据抽样试验的相应标准和规程操作，从而得到具体数据(如大量同型号装备的抽检；收集装备使用者有关装备问题的意见信息等)。常规记录表格数据收集是数据收集中比重最大的部分，这部分信息主要是按照数据收集管理提出的要求进行收集。再次指出，各类数据收集记录的格式和表格需合理完整，简明易懂并便于填写，如可采用“√”与“×”类的填写方法。数据收集记录表格因具体对象的不同会有很大的差异。在实践中应根据具体维修要求设计符合实际情况的表格和记录格式。

在维修信息收集过程中，不可能做到尽善尽美。因此，我们要建立一种信息收集改进机制。图 3.8 就是一种易行的改进方法的流程图。从发现不良问题开始，及时纠正消除问题，把具有典型性的问题记录于问题册中，作为信息收集制度化及标准化的客观依据之一。

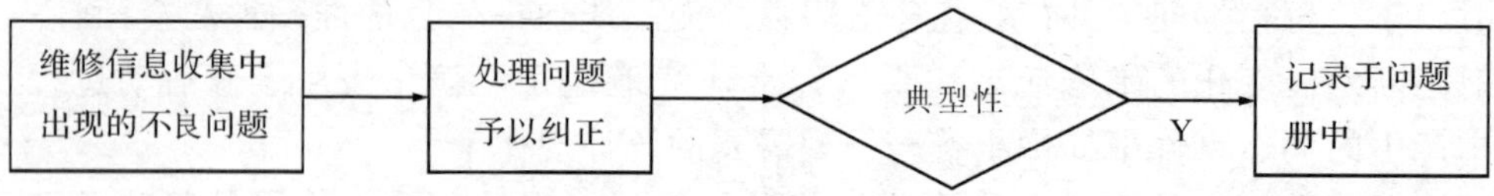

图 3.8　信息收集改进图

第5节　教育装备的更新与淘汰

一、折旧的理论和方法

1. 折旧的含义及意义

(1)折旧的含义

教育装备的折旧，是指教育装备使用过程中逐渐消耗而转移到教学成本中的那部分价值。为了保证教育装备具有持续的教学能力，将这部分价值提取出来，形成折旧基金，用于教育装备的更新和技术改造。

(2)折旧的意义

合理地计算提取折旧，对教育领域具有多方面的意义：

①折旧基金为教育装备的及时更新和维修改造，提供资金保证。

②折旧费是教育教学成本的重要组成部分，正确地计算和提取折旧才能真实反映教育教学成本。

教育装备是教育教学过程中投入的一种特殊的"劳动资料"。它的购置价值必须反映在教育过程的成本中。由于装备会磨损，不可能无穷无尽地参加教育教学过程，为了维持装备的功能，要对装备进行维修和改造，也就是继续向装备投资，补偿或追加其价值，从而创造出重复用于教育教学的基本条件。同样，这种购置装备以后的价值追加的部分，也要反映到教育成本中去。当折旧基金的累计总额等于教育装备购置费与大修费之和时，折旧就应当停止。如果把折旧过程任意延长下去，等于提高了成本。如果过早地停止折旧，尚有一部分购置价值和大修理追加价值未予回收，也是错误的。

2. 折旧问题

定量地研究教育装备折旧问题，应主要抓住它的三个基本要素，即计划折旧回收总额、合理的折旧期、折旧计算方法。

(1)计划折旧回收总额的确定

在教育装备使用过程中，应用折旧的手段必须回收和可能回收的教育装备价值，称为计划折旧回收总额，用 K_j 表示。这个总额由两部分组成：一是基本折旧回收总额 K_b，二是大修理折旧回收总额 K_R。即

$$K_j = K_b + K_R$$

$$K_b = K_0 - (K_s - K_c)$$

式中：

K_0：教育装备原始价值，由教育装备购置价、运输费、安装费和有关的杂费共同组成的教育装备购置费。

K_s：教育装备的残余价值量。

K_c：教育装备清理费，拆除清理废旧教育装备必须支付的费用。

(2)确定教育装备折旧年限的一般原则

关于确定教育装备折旧年限的决策问题是教育装备管理的一项基本战略。合理确定的折旧年限，不仅是正确计算成本的依据，而且也是促进技术进步和有利于教育装备现代化的重大经济政策。

第一，正确的折旧年限应该既反映教育装备的有形磨损，又反映教育装备的无形磨损，应该与实际损耗基本相符。

第二，应从国家的财政、经济发展水平考虑，因为折旧费的多少影响到国家的财政投入。随着工业技术的发展、国民经济的发达，教育装备的折旧年限将会进一步缩短。

第三，要考虑技术改造和财务承受能力的平衡。

第四，对教育装备制造和供应部门来说，过快地折旧和更新，会造成新教育装备制造和供应的困难；但更新速度过慢，又会促使制造和供应部门的停滞不前和销售不景气现象；另外，还应考虑教育装备制造的能力和任务问题。

所以，合理的折旧制度、正确的折旧年限，对于促进教育装备素质的提高，提高效益，提高教育教学的现代化程度，均起着十分重要的作用。

(3)折旧方法

常见的折旧计算方法有：平均年限法、工作时间折旧法、产量折旧法、年限总额法、余额递减法、双倍余额递减法、偿债基金法、年金法 8 种。目前使用最广泛的是平均年限法，它在财务上有计算方便的优点。这种方法用来计算各种大型的、通用的、使用年限较长的教育装备较为适宜。它的最大弊病是未考虑资金的时值。

3. 平均年限法的折旧计算

在教育装备折旧期内平均地分摊教育装备的价值和全部大修理费用。教育装备折旧年限为 T，T 年内教育装备大修理费用总和为 K_R，T 年后教育装备残值为 K_s，T 年后新置同样教育装备的价值为 K_T，清理费用为 K_c，于是教育装备的基本折旧额 r_b 为：

$$r_b=\frac{K_0-(K_s-K_c)}{T}$$

教育装备的基本折旧率 α_b 为：

$$\alpha_b=r_b/K_T\times 100\%$$

教育装备的大修理折旧额(提存额)R_r 为：

$$R_r=K_R T$$

教育装备的大修理折旧率（提存率）α_r 为：

$$\alpha_r = K_R/(TK_T)\times 100\%$$

各种教育装备，应有不同的最佳使用年限，因而要为各种不同的教育装备规定不同的折旧年限。

4. 折旧政策

规定折旧方法和框定大致的折旧期限，是任何国家、任何领域都要发挥的一项经济管理职能。教育装备如何折旧回收，期限多长，折旧率多高，直接关系着教育的成本。因此，折旧问题涉及教育效果和部门的利益。

快速折旧可使教育装备更新较快，体现新工艺、新技术的进步。折旧期过长，教育装备陈旧，会影响教育的质量。

教育装备折旧基金是组成教育装备更新和改造基金的基础，是具有补偿性质的基金，其主要用于教育装备磨损的补偿和对陈旧落后的教育装备进行更新改造，是充分发掘教育装备潜力的必不可少的手段。

二、教育装备的更新

1. 教育装备更新的含义

从广义上讲，教育装备更新应包括教育装备大修理、教育装备更换和教育装备现代化改装。在一般情况下，教育装备大修理能够利用被保留下来的零部件，可以节约原材料、工时和费用。因此，目前许多企业仍采用大修理的方法。

教育装备更换（就是通常所说的教育装备更新，即狭义的更新）是教育装备更新最主要的形式，特别是用那些结构更合理、技术更先进、效率更高、原材料和能源耗费更少的新型教育装备去替换陈旧的教育装备。

教育装备更换往往受到多种限制，使陈旧的、需要更新的教育装备得不到及时更换，被迫在已经遭受严重无形磨损的情况下继续工作。解决这个问题的有效途径是教育装备现代化改装。教育装备现代化改装是克服现有教育装备技术陈旧落后、补偿无形磨损、更新教育装备的方法之一。

从经济意义上来说，在用教育装备不能不修，但也不能多修。教育装备多修虽然能延长使用寿命，然而，它又是产生无形磨损的客观基础。

随着科学技术的发展，教育装备更新换代越来越快。在这种情况下，为了减少无形磨损的损失，必须适时地更新教育装备。

2. 教育装备更新的意义

纵观我国教育装备的拥有量、教育装备结构、技术水平和教育装备先进性等各个方面，可以看出我国在教育装备上存在严重问题。

因此，从宏观上讲，加快教育装备更新是使教育进入良性循环的一个重要环节，也是提高教育效益的有效途径。

3. 教育装备更新方式

教育装备更新既可以是教育装备的原型更新，也可以是教育装备的技术更新。

(1)教育装备的原型更新

教育装备的原型更新又叫简单更新或形式更新，是指用与原有教育装备结构性能相同的新教育装备更换原有教育装备。这种更新主要用来更换坏损、陈旧的教育装备。它有利于减少机型、减轻修理工作量。同时，还能够保证原有的产品质量，减少因使用陈旧教育装备的能源、维修费的支出。但是，它不具有技术更新的性质。因此，如果大量采用这种类型的更新，教育装备的平均寿命虽然很短，但是却不能大幅度地提高教育的经济效益。局限于只进行这类更新，也会导致技术停滞。当然，原型更新有时是不可避免的。

(2)教育装备的技术更新

教育装备的技术更新是指用技术上更先进、经济上更合理的新教育装备，代替物质上无法继续使用、经济上不宜继续使用的陈旧教育装备。它不仅能代替原有教育装备的性能，而且能使教育装备具有更先进的技术水平，具有技术进步的性质，是教育实现技术进步的重要物质技术基础。

在技术发展缓慢的年代，教育装备更换主要是原型更换；在技术发展迅速的今天，教育装备更换主要是技术更新。

4. 教育装备更新的对象

(1)役龄超期的教育装备

超过预定的使用年限，教育装备的有形磨损和无形磨损都达到相当大的程度，难以恢复教育装备预定的功能，如继续使用运行费用会大大增加。

(2)性能差、影响产品质量的教育装备

由于自身存在难以消除的缺陷，教育装备技术性能、可靠性、维修性、经济性都较差。

(3)经过多次大修已无法修复的教育装备

每进行一次大修理，教育装备的性能都要下降一些，而教育装备运行费用将逐步增加，大修间隔期也会缩短，大修费用也将逐次递增。过多的大修在经济上是不合理的，而且还会阻碍教育装备技术进步。

(4)技术落后的教育装备

这主要是由无形磨损引起的，教育装备生产效率低、劳动强度大、性能不良、环境污染严重、能耗大、不宜再继续使用。

上述各类教育装备，应优先列入考虑进行教育装备更新的清单，再通过进一步的技术经济分析，最后才能做出教育装备更新决策。

5. 教育装备更新的原则

教育装备的更新，一般应当遵循以下原则：教育装备更新应当紧密围绕教育的发展规划，有计划、有重点地进行；教育装备更新应着重采用技术更新的方式，改善和提高教育领域的技术装备，使其达到优质、高效、低耗、安全、环保的综合效果；更新教育装备应当认真进行技术经济论证，采用科学的决策方法，选择最优可行方案，以确保获得良好的教育装备投资效益。

要搞好教育装备更新，必须注意以下几点：要克服薄弱环节，提高综合能力；要提高教育装备构成技术先进性；要与教育装备改造和加强现有教育装备维修相结合；要讲究经济效益；必须妥善处理退役的老教育装备。教育装备更新流程如图 3.9 所示。

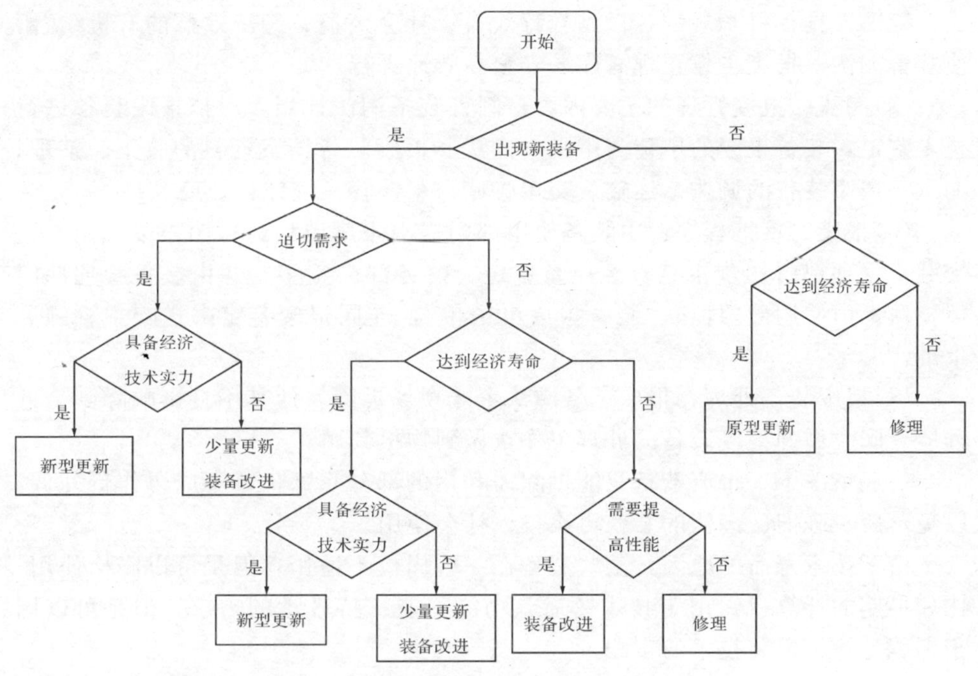

图 3.9　教育装备更新流程

三、装备的淘汰与报废

1. 教育装备的淘汰与报废

教育装备不同的寿命形式对应不同的淘汰形式：折旧寿命对应资产淘汰；自然寿命对应实物淘汰；技术寿命对应能力淘汰；经济寿命对应价值淘汰。

装备淘汰管理是指从制订装备淘汰规划、计划，到淘汰装备处理完毕的一系列管理工作过程。

装备淘汰的基本标准是：达到(或超过)使用寿命期限；技术性能下降，直接影响装备的使用和教学性能的发挥；技术落后；效费比低，当装备在不断的使用、维修中，经济价值逐渐降低，即使进行再次维修也不能得到良好的效果，而所需维修、维护费用却大于其经济价值时，应当淘汰；严重污染环境，危害人身安全与健康，无修复、改造价值的装备。

装备报废管理是指从对拟报废装备进行技术鉴定、申请报废到报废装备处理完毕的一系列工作过程。

装备报废的基本标准是：影响安全使用；无法修复；无修复价值。

2. 装备淘汰报废管理的基本任务和内容

(1)淘汰、报废管理的基本任务：以积极退出的思想，运用系统工程等方法，统筹安排，科学规划，做到教育效益、社会效益、经济效益的有机结合，使装备淘汰、报废工作正规有序、安全高效地进行。

(2)淘汰、报废管理的主要内容：制订装备淘汰计划，对拟报废装备进行技术鉴定，装备报废的申请与审批，淘汰、报废装备档案资料的收集、整理，淘汰、报废装备的调拨、运输、交接、储存、保管、统计、处理等。

(3)报废的审批程序：由装备使用部门提出报废申请，写明报废理由，送交装备管理部门初步审查；经质量鉴定、财务部门签字，并由装备管理部门审核后，由使用部门填写"装备报废申请单"，连同报废鉴定书送交主管领导批准。

(4)报废装备处理：报废装备应从生产现场拆除，使其不良影响降到最低程度。同时做好报废装备的处理工作，做到物尽其用。

一般情况下，报废装备只能拆除需利用的部分零部件，不应再作价外调，以免落后、陈旧、淘汰的装备再次投入社会使用。

由于技术寿命的原因，某些装备在一些岗位不适用，但是可以降格使用。比如早期的计算机，由于技术落后，功能不能支持教学的需求，但是可以用于训练计算机组装技术的实践。

装备报废后，装备管理部门应将批准的装备报废单送交财务部门注销账卡。

(5)废旧物资处置：报废处置的费用是装备寿命周期费用的组成部分，有时甚至可能占相当大的比例。如果处置得当，还能得到一定的资金回收，从而降低寿命周期费用。因此，报废处置的经济性分析是很重要的。报废处置管理的基本要求是在符合国家各种法律、行政命令、规章制度的前提下，以最少的费用和对环境影响最小的方法实施报废。

3. 教育装备报废处理的新思想

随着环境问题的日益突出，人们已普遍认识到再也不能轻视装备的报废处置问题了。在装备达到其使用寿命后，应确保此时将装备以一种对环境、安全、保密和人体健康负面影响最小的方式实施报废处理。要做到这一点，在设计装备时就应考虑其报废处置问题。因此对装备的报废处置，亦需从全系统、全寿命考虑。

可处置性是新出现的一个术语，它是一个与产品可以被再次用作其他用途或被废弃时不引起任何环境恶化的程度有关的特性。要使产品具有良好的可处置性，必须从设计入手，在产品设计的同时就考虑其处置的可能性和方案。由此产生了“为可处置性的设计”的概念和要求，它要求当淘汰装备及其部件时，它们的废弃不会对环境造成不利影响。因此，在设计时，部件除了要满足功能、可靠性、维修性、生产性、保障性等方面的要求外，还应有可处置性的要求。具体来说，部件的选择要考虑其再制造、再使用、无污染再循环(3R)的可能性，如果具备这些可能性，则在设计装备时就采用这些部件，否则，就另选部件。

为了使产品能便于“3R”，设计时还有以下准则：“3R”的选择首先是再使用，为了再使用，应尽量采用标准化、系列化的部件；为了再制造、再循环，部件应易于分解；部件的包装、运输不会产生难以解决的处置问题；在选择部件时，同时考虑对其进行“3R”时需要的保障资源。

第4章　教育装备科学使用与评价

第1节　科学使用的认识

一、教育装备的使用价值

有史以来，人类生产制造的所有成品，都是人类智慧的体现，是人类知识在物质中的固化。其中一些人工制品是人类在社会生活和生产过程中发展出来的，作为人类肢体和感官的延伸，以利于人类的社会实践活动，使人类的某些劳动成为可能或者提高人类劳动的效率，这类人工制品可称为工具。教育装备作为一种人工制品，作用于人类的教育活动，即人类从事教育教学活动的工具。教育装备为人类教育活动提供了便利和可能性。

教育装备的利用价值在于它构成了学习者社会化过程的基础环境。在社会生产过程中，各类工具的利用以及人际交往至关重要。在教育机构，学习者在教育装备的环境中学习各种生活生产和人际交往的知识、技能以及观念，甚至直接学习掌握某些生产工具的操作技能，由此，学习者才能成长为一个合格的社会化生产者，发展为一个独立的社会化个体。学校以及各类教育机构是培养社会人的一个场所，学习者在这样的环境中完成了社会化的过程，成长为一个社会人，具备了社会活动的能力和观念。随着人类文明的发展和科学技术的进步，人类所使用的工具趋于复杂，并呈现出多样化、专业化甚至智能化的发展趋势，提升了社会个体进入社会生产领域的门槛，在这种情况下，学习者在教育领域对这些工具的了解、掌握、练习以及使用过程必须经过科学系统的设计，即教育机构的教学更为专业化，因此教育装备对学习者社会化的作用更为突出，成为考查教育技能办学水平的一个不可或缺的因素。因此，教育装备的利用，是培养社会人的必然选择。

具体来说，教育装备对于教学活动的价值体现在两个方面，即教育装备自身作为学习的对象，以及教育装备为教学活动提供的支持作用。

所有人工制品都是人类智慧固化于物质的体现，是人类知识的结晶，所以教育装备作为知识的载体，很自然地成为人类学习的一个对象，例如书籍、模型等。就其渊源而言，这类装备资源主要是人们为教育活动专门设计的工具，它们承载或者蕴含一定的知识，不以服务于人类的其他社会活动为目的，仅用于教学活动，直接作用于学习者。学习者不仅可以学习其中蕴含的知识，探索其中的原理，或者借以培养自身的某种技巧和能力，还可以学习知识在其中固化的过程和技术方法。另外，部分教育装备直接来源于人类从事社会活动和社会生产的工具，转而成为学习者的研究对象或学习对象，从而服务于教育领域。这类装备制品，具有实际的生产能力，可以供学习者学习研究其中蕴含的知识和原理，也可以进行实训教学，培养学习者进行实际生产的技术能力和职业修养。

教育装备的另一重要作用即为教学活动提供支持和保障。主要有三个途径：一是作为信息的传播工具，比如计算机网络；二是支持学生的学习行为；三是支持教师的教学行为，主要是一些用于教师教学或进行管理工作的软硬件。这类教育装备既可以是为教学活动专门设计开发的产品，也可以是用于人类其他活动领域的工具和材料。

戴尔的“经验之塔”总结了人类学习的不同经验形式，对其进行了分类比较，并提出了利用各种经验形式进行教学或学习的简单原则。教育装备是教学活动的基本要素，与人类学习的各种经验形式有着密切的联系，因此，可以根据戴尔对学习经验的分类，逐一考察教育装备对于该学习形式的作用。

学习者直接与真实事物本身接触，通过主动的看、听、尝、摸和嗅等感官活动，获取事物的具体信息，并借助积极的思维进行推理和判断，形成关于事物的认识。学习者主要是利用各种实物进行学习，包括各种自然资源和人工制品，它们构成了学习者的实践环境。按照一定规则设计的模型、标本以及一些实物构成了另一种学习环境，它们与真实实物或环境在大小、复杂程度等方面有所不同，但仍然给学习者营造了接近真实的情景，可以称为模拟的环境。学习者的观摩、旅行和参观也是一种学习的形式，在这种情景下，学习者没有直接接触真实事物本身，而是观察静态的事物或观摩其他人的活动过程，由此，实物、模型以及生产工具等构成了学习者的考察环境。教育领域还大量利用各种现代化的音像设备进行教学内容的形象化传播，这是教育装备利用的一个重要途径。书籍、挂图等教学资源可以为学习者提供较为抽象的言语和视觉符号，借以传达教学信息，实现抽象教学内容的传播。戴尔的学习经验分类与教育装备的关系如图 4.1 所示。

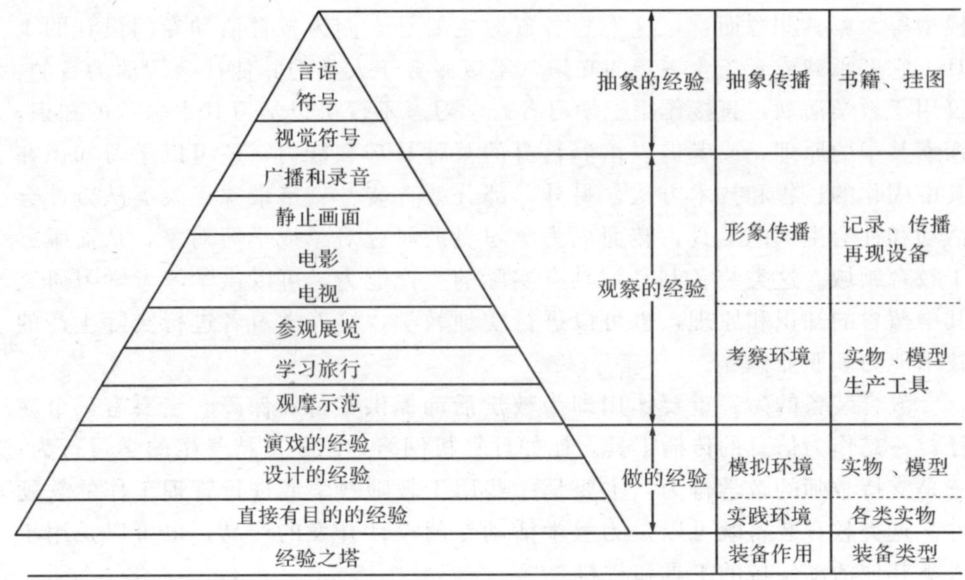

图 4.1 教育装备与经验之塔的关系

值得注意的是，戴尔的经验之塔中所描述的学习形式，有相当一部分并非是学习者在教育机构的组织下进行的规范化的学习，属于人类的非正式学习，特别是在上述实践环境和考察环境中的学习活动。因此，这些学习活动所涉及的实物乃至多种工具设备并不在教育装备的范畴之内。

二、教育装备利用的原理及其功能属性

在教学活动中，学习者经常借助一些装备和实物，采用特定的形式进行学习，通常称为实验、实训或实践，以“做中学”的形式为广大教育工作者所认识，这种形式往往能取得较好的学习效果。陆游的名句“纸上得来终觉浅，绝知此事要躬行”以及戴尔的经验之塔对“做”的经验的表述都强调了“做中学”的意义。第一，学习者通过“做中学”能够获得第一手的具体经验，形成个人对客观事物的直观认识，而这又往往成为学习者开展其他类型学习活动的基础。第二，“做中学”给学习者提供了客观、准确和及时的反馈，有助于其更深刻地认识客观事物，洞察其规律。第三，“做中学”还锻炼了学习者的认知能力，也是培养其动手能力和某些技能的最基本的途径。综上所述，在认知过程中，寻求对教育装备的利用以获取更优的教学效果，是教育装备利用的基本原理之一。此外，由上文可知，一些教育装备并不直接作用于具体的教学活动，而是为教学活动提供支持和保障，包括对教师教学行为的支持、对学生学习行为的支持以及对多种教学因素交流互动的支持。利用教育装备的

支持作用保障教学活动的顺利乃至高效开展，扩大教学行为的影响力，是教育装备利用的基本原理之二。

此外，人们在进行教学活动或学习活动时，在追求最优的教学效果或学习成果的同时，也会关注投入教学活动的成本，包括经济成本、人力成本和时间成本，即在教学的效果和效率之间寻找平衡。教学实践中，在保证适当的教学目标的情况下，人们会寻求最低的成本投入，比如利用最少的人力或者最简易的教学方式方法，包括利用最简易或最低成本的教育装备。合理控制教育装备的使用成本，是教育装备利用的基本原理之三。

人类在学习活动中，对实物和工具的利用有着悠久的历史，从原始社会人们利用工具和实物甚至现实的活动过程进行的经验传授，到书籍的发明和利用，乃至光学化、电气化设备和信息化设备的利用，由此可以看出，在教学活动中，人们一直在追求更好的教学效果。人们在教学过程中，为什么会采用某一活动形式而非另一种活动形式？为什么会选用某一实物或工具而非另一种实物或其他工具？为什么会有教育装备的淘汰和更新？为什么会有教育装备使用模式和使用方法技巧的发展？这些也是人们追求更好的教学效果的体现。因此，教育装备得以利用乃至不断发展的原因在于教学活动的需要以及人们对教学效果最优化的追求。分析各种教育装备利用的特点能够发现，对教育装备的需求体现在三个方面，即信息处理能力、交互能力以及对教学活动的支持作用，这是教育装备的三大功能属性。教育装备的设计、利用、优化升级等行为或活动，就是从以上三个方面追求其最优化利用以实现最优的教学效果和效率。

1. 教育装备的信息处理能力

教育装备的信息处理能力表现在很多方面，包括对信息的利用、组织、传播、表达，等等。真实事物用于教学往往有诸多不利，因此人们比照实物从其大小、复杂程度、活动范围以及可拆卸等方面进行了变换而设计出模型、标本，取得了更好的信息表达效果(如图 4.2 所示的眼球模型和图 4.3 所示的教学用算盘)。

图 4.2　眼球模型

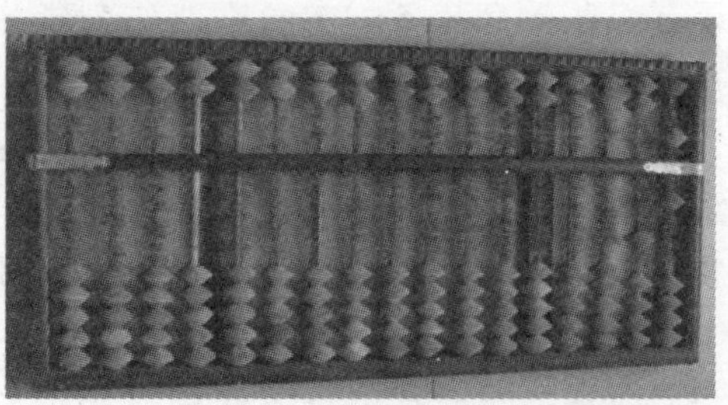

图 4.3　教学用算盘

2. 教育装备的互动能力

一些教育装备可以与学习者进行互动，实现更好的反馈。设计者通过对教育装备结构和功能的设计，使其能够有效合理地对使用者的操作进行反馈，使学习者可以根据操作对象的反应对自己的行为进行判断和反思。这种反馈，通常较为直观、迅速，通过精巧的设计还能保证反馈的准确性和规范性，从而提高学生学习的效果和效率，甚至部分或完全替代教师的作用。例如，我国古代使用的针灸铜人可称为中国古代最伟大的教具，它是中国古代供针灸教学用的青铜浇铸而成的人体经络腧穴模型，在现代的中医经络腧穴教学中也发挥着不可或缺的作用。针灸铜人始于北宋天圣年间，明、清及现代均有制作。"使用时以黄蜡封涂铜人外表的孔穴，其内注水。如取穴准确，针入而水流出；取穴不准，针不能刺入。"

图 4.4　重铸宋代天圣针灸铜人

3. 教育装备对教学活动的支持能力

还有一些教育装备，本身不能作为学生的学习对象，却可以支持教师的教学行为或为学生的学习行为提供便利，包括教师常用的各种工具，如话筒、教鞭、激光笔等，以及各种用于教学资源处理的软硬件。现代化的广播和电视系统，以及计算机网络系统，在时间和空间两方面扩大了教学信息传播的途径和范围，为传统的教学形式提供了优质资源以及多方面的支持作用，还促进了远程教学、移动学习等新的教学形式的出现和发展。

综上所述，对教育装备的利用是根据实际教学的需要，追求以上三个基本属性的最优发挥，以实现最优化的教学效果，而在保障教学目标的同时，追求最低的成本投入。在具体的教学活动或学习活动中，人们还会根据教学环境的要求或限制条件，对教育装备的利用进行选择和决策。

三、教育装备科学使用的内涵

认识教育装备科学使用的前提因素是认识其使用价值，首先应该明确教育装备的使用价值是什么，表现在哪些方面，对其他教学因素有什么影响作用；然后判断该装备或装备系统所发挥的价值满足教学活动需要的程度，即通过定量或定性的手段判断教育装备使用的科学性。前者体现为对教育装备使用价值的认识，后者涉及教育装备的效能评价问题。教育装备的使用价值是教育装备科学使用的目标，是进行教育装备的设计、选择、管理、使用等一系列决策和操作过程的主要依据和出发点。对于教育装备的科学使用这一概念，我们可以根据教育教学活动对教育装备环境的基本需要及其相关作用因素来加以界定，即教育装备在科学规范化管理的基础上，通过适当的教学过程设计和教学实施，有效实现教学任务的过程。

关于教育装备的科学使用，最直接也是最关键的一个因素即装备或装备系统满足教学需要的情况，也就是在一定的教学过程中，教育装备能否有效地支持教学活动，能否有效地实现特定的教学任务的问题，所以，教育装备科学使用的内涵之一即有效性，它直接源于教育装备的固有能力，并指向教学任务。在实际教学过程中，教育装备的有效性往往取决于教育装备和具体的教学活动行为的匹配问题，即教育装备的适用性问题。可以说所有的技术成果都是人类文明一个特定的发展阶段，通常体现出两面性，既有适应生产力发展的一面，也有不利于生产力发展的一面，适应与不适应都是相对而言的，科技与物质文明的意义体现在一定的范畴之内。对于教育装备，不设定其使用环境甚至不把其用于教学实践，孤立地探讨其利用价值和对教学活动的有效性是无意义的。比如，对于传统的教具黑板和粉笔，脱离教学活动是不能评价其利用价值的，更不能凭空判定该装备环境对于教学活动的意义，也不能进行横向的装备之间的比较。黑板和粉笔的作用在于辅助教师进行信息的表达和传播，它对使用的环境有一定的要求，十余米的范围内可以有效地传播教学信息，如果将其利用于面向数百人的讲座，则很难满足所有人的需要，这是其空间特征，也体现出其适应性。另外，能否利用黑板和粉笔开展有效的教学活动，还要考虑教学环境的明亮程度、教学活动的时间要求、执教教师的板书板画技能等因素。所以，对于任何教育装备环境的利用，都必须具体考虑该装备的基本能力属性、应用的环境因素、教学活动的特定要求以及对使用人员的特定要求等相关因素，使之能够和谐搭配，在交互作用中使教育装备的固有能力得到合理的利用。

教育装备的固有能力是其有效性的一个方面，而教育装备的可靠性也是影响其有效完成教学任务的一个重要因素。如：某装备虽然固有能力强，理论上可以实现特定的所有任务，却经常发生各种故障，在一定的时间内不能有效完成既定任务，甚至导致教学活动不能正常进行，严重干扰教学秩序。教育装备的可靠性通常包含以下几方面：一是故障率或无故障运行时间；二是容错性，即对于不当使用操作的反应能力。当然，对于种类繁多的教育装备，其可靠性会表现在很多方面，在教学实践中可以根据具体的装备和教学活动分析其可靠性的构成。

教育装备在实现教学任务之外，在其他方面的表现也往往不可忽视。比如，教育装备的安全性，包括装备自身安全、使用人员安全以及对环境的安全。装备在结构和功能的设计上应该是科学合理的，各组成部分应该有适当的保护性设置，不会在运行过程中或有不当操作的情况下造成整体或部分的损伤。此外，对于大型设备来说，对装备或装备系统的运行状况可以进行监测也是一项重要的要求。教育装备对使用人员的安全也是必须考虑的因素，甚至是首要因素。对于装备的构成和功能，尽可能采用无毒无害无危险的设计，对于不可避免的危险因素，要设计防护措施。某些装备对环境的影响也是不可忽视的因素，在教学活动中，应该考虑教育装备的各种输出和排放，尽可能降低装备对环境的噪声污染、水污染、大气污染，等等。

教育装备的科学使用涉及的另一个不可忽视的因素是经济性。当今各教育机构为了满足社会人培养的需要，使其适应人类文明和科技的进步，在教育装备环境的建设上投入了大量的物力和财力，占用了大笔的资金，所以追求更好的教学效果和控制教学成本已经备受重视。教育装备的经济性体现在以较少的投入获取较大的装备利用价值。在教学实践中，对教育装备的采购要平衡“够用”和技术发展的前瞻性之间的矛盾，使教育经费既不浪费在无谓的先进技术上，又能保证一定的技术寿命，控制教育装备在其寿命周期内的成本投入。对于教育装备的选择和利用，要遵守不浪费的原则，不要采取华而不实的教育装备利用方案，应该以教学任务为判断依据，使教育装备对于规定的任务达到“够用”的水平即可。根据实际教学需要，经过合理安排，提高教育装备的利用率也是提高其经济性的一种思路。

四、教育装备的科学使用是系统化的实践过程

教育装备的科学使用涉及诸多因素。一方面，各种应用于教学活动的装备设施通常是组合成一体的，或者存在一定的制约关系。单一的装备制品，其结构通常较为简单，用于教学的途径和方法也较为简易，在得到恰当的利

用时，可以较好地实现其利用目的。但是，随着科技的发展，教育装备呈现出专门化和多样化的发展趋势，特别是对于高阶的教学活动或专业化的教学内容，为实现一定的教学目标，通常涉及多种装备制品，在教学实践中，需要根据具体的教学需要，对利用的装备进行良好的组织，包括对多种装备制品进行组合、衔接，以及对操作程序和各种相关因素的设置和调整，使其能够作为一个整体满足教学需要。

另一方面，教育装备效能的发挥往往受到装备之外的其他因素的影响，包括装备所处的环境、使用人员、教学的目标内容以及操作的程序与规则。因此，为了更全面系统地研究其科学使用过程，需要利用系统论的观点进行分析，可以把装备以及与其效能发挥相关的环境、使用人员、教学目标内容以及操作的程序和规则视为一个整体，即把其作为一个教育装备系统进行研究。装备指的是教学活动中利用的各种软硬件，包括教具、学具、器材、设施等，它是实现教学功能的重要保障，能够体现教育机构的办学水平。作为教育装备系统发挥作用的物质基础，它是系统运行、实现教育教学任务的前提条件。相关人员是指进行教学活动的教师和学生以及管理维护人员。教师和学生是教育装备的使用者，是教育装备直接的作用点，使用者和设备之间的关系是否科学合理，即人机关系是否和谐，直接影响教学任务的实现。管理维护人员是教育装备系统的一个重要组成部分，教育装备是物理实体，它的运转离不开人员的管理。此外，日常的维护以及故障的排除也是教育装备发挥作用的必要保障。特定的设备有特定的操作程序和方法，甚至操作技能的熟练程度也能影响装备完成任务的情况。规则是指教育装备的使用管理条例，适当的规则对于提高教育装备系统的效能是必不可少的。教学课程包括教学目标、教学内容以及进度要求等因素，是教育装备系统的核心，所有教育装备系统的建设都指向一定的教学任务，都是服务于特定的教学课程的。以上是教育装备系统的四个基本因素，各因素的基本属性及其发展程度，以及各因素形成的结构关系制约着教育装备系统效能的发挥。

教育装备的使用过程也是一个动态的系统化过程。教育装备的使用有多种模式，无论是利用教育装备进行传统的课堂教学，还是进行实验教学或探究式学习，关于教育装备的利用都可以根据实际进行调整。在教学过程中，教育装备系统各要素以特定的结构和关系进行组合，在相互作用影响的过程中发挥其效能，通常可以根据教学活动的不同类型、不同内容及其进展，以及教学反馈情况对其结构及关系进行调整、优化，以增强其可靠性、安全性、经济性等。

第 2 节　教育装备的科学使用

教育装备的科学使用是一个系统化的动态过程，教育装备相关工作的目的在于充分发挥其教学效能，实现教学目标。在具体的教学实践中，教学装备的管理及其使用方法、使用的环境因素等对其效能的发挥有重要影响。

一、教育装备的科学管理

提高教育装备的效能，有效实现教学任务是教育装备管理的目标，实现这一目标，主要是通过建立科学合理的人—机—环境之间的关系，使教育装备系统得以良好地运行。其中，最重要的是协调好人—机之间的关系以及机—环境之间的关系，落实到教育装备的管理实践中，即做到装备管理人员的科学规范化管理、装备使用人员的科学规范化使用，以及对装备使用环境的科学化管理，后者通常被归纳到管理人员的日常管理工作中。

教育装备的管理人员是影响教育装备管理科学化的最重要因素。对于教育装备的管理，特别是对于较大规模或者复杂专业的仪器设备，必须配备专业的管理人员，以专职工作的形式进行科学化管理。需要强调的是管理人员的学科专业性，现代化的教育装备集多种高新技术为一体，通常应用于特定的专业教学领域，服务的学科范围较为狭窄却涉及精深的专业理论和知识，相关的操作程序及对测试、管理和维护行为的要求也需要专业的知识的技能。另外，一些装备具有较为广泛的教育应用，比如计算机网络，但其管理工作同样具有相当的专业性。因此，对于教育装备的管理人员，应该重视其学科背景。

所谓的科学化管理，是指管理人员必须建立系统的装备管理理论与方法，利用科学化的手段对教育装备进行规范化的处置。目前，教育装备的管理理论还处于发展阶段，相关理论也借鉴了较多临近领域的研究成果，作为教育装备的管理人员，可以关注以下理论在教育装备管理中的应用。首先是全系统、全寿命以及全寿命费用理论管理理论在教育装备管理中的应用。装备全系统、全寿命管理实际就是系统工程在教育装备管理中的应用。具体来说，装备全系统管理从横向上通观装备的全局，装备管理者要把管理对象全部内在的和外在的因素作为一个整体系统来研究和处理，要对主装备及其配套的设施、设备、仪器、工具、器材、资料等保障部分进行通盘考虑，把装备的教学功能、可靠性、维护性、安全性、保障性和恢复性等作为技术指标综合并优化到系统中，进行统筹考虑，统一解决问题，同步发展。而当前教育装备管理工作的弊端主要是偏重主装备的管理而忽视配套设备的管理，偏重装备功能的强大和全面而忽视其可用性。

20 世纪 70 年代，全寿命费用理论(LCC)在军事和经济方面产生了显著经济效益。该理论是指在预计的有效寿命内，装备在设计、研制、生产、使用、维护、后勤保障和退役等各个方面，已经或将要承担的直接和间接的、经常性和一次性的及其他的有关费用的总和，这些费用主要包括采购费用、使用保障费用和退役处置费用等，其各部分所占比例随装备类型、性能要求、寿命长短、维护方案的不同而不同，但各类费用之间互相影响，联系密切，尤其是研究发展初期决策，对生产和使用阶段起着决定性影响。当前，教育装备已经构成办学水平的一项基本因素，各教育机构和教学单位在教育装备上的投入已达到相当规模，必须重视教育装备的效益管理。装备管理人员可以以全寿命费用理论为基础，分析教育装备系统的特征及其效益管理的特殊性，对教育装备的购置、规划、管理、使用、维修、报废等生命周期的各阶段实现系统化管理。

在实际管理工作中，管理人员还要针对具体的教学任务需要研究相关教育装备的特殊性，分析其基本结构和功能，探索其利用模式，研究分析各种故障，总结针对特定教育装备的管理利用规律，切实提高其利用效能。此外，装备管理人员还要研究教育装备对环境的特殊要求，研究空气温湿度、光线、声场等环境因素对装备性能、寿命等方面的影响，采取适当的手段对环境进行处置。

管理人员的专业化发展是保障教育装备管理科学化的基本途径。教育装备系统和管理人员之间具有某种程度的共生关系，效能低下的教育装备往往使管理人员疲于奔命，而管理人员的科学规范的管理也有助于装备效能的发挥，因此，提高管理人员的综合素质，有利于建立良好的人—机关系，有利于教学任务的达成。各教育机构和教学单位必须重视教育装备管理人员综合素质的进步，努力通过进修、培训等多种形式提高其专业素养以及装备管理理论和管理能力。此外，管理人员也应重视自主研究和自主学习，广泛学习相关领域的研究及实践成果，并总结个人经验，努力探索教育装备管理的理论和方法。

在教学过程中，教师和学生是主要的教育装备使用人员，他们利用教育装备开展教学活动，从而完成教学任务。教育装备的使用人员所设定的教学任务、教学活动类型、对装备的熟悉程度以及利用的方式方法，将对教育装备产生不同程度的影响，进而制约教育装备效能的发挥。使用人员对教育装备规范得当的操作是装备良好运作的基础，有利于装备固有能力的发挥，而不当的操作会干扰装备的正常运转，影响固有能力的发挥，使教学活动难以顺利进行，甚至产生相反的教学效果。不当的使用方式和操作方法，还可能导致装备故障的发生，损耗装备部件，引发额外的装备管理工作，造成使用成本的直线上升，甚至引发危险事故，危及人员安全。因此，使用人员也需要根据教学任务要求，针对教育装备的结构和功能开展不同程度的研究和学习，掌握其对使用环境、操作方式方法以及相关注意事项的要求。此外，教育装备的使用人员和管理人员之间要进行良好的衔接，相互配合以实现对教育装备科学规范的利用。管理人员作为专业的管理维护工作者，掌握了系统完整的装备使用、维护等方面的理论知识和技能，管理人员要根据特定的教学任务和使用人员进行沟通，帮助其了解并掌握装备使用的相关技能和注意事项，并提醒其遵守装备管理和使用的规则条例。必要的时候，可由管理人员对使用人员进行培训，以集中学习的形式提高其装备利用水平。

二、教育装备的教学利用

教育装备价值体现的具体教学过程中，关注教育装备的效能就是在教学活动中考查教育装备对教学任务的完成情况及其表现出来的安全性、经济性方面的观测指标。在教学实践中，人们也是按照教学利用价值最大化的思路，结合实际的教学需要对教育装备进行选择和利用。

教学设计是通过系统化地分析教学需要，为了促进学习者的学习而进行的教学系统的过程性规划与设计，它决定了采用的教育装备的类型和利用模式。教育装备作为教学活动系统的一个基本要素，是教学过程设计必须予以研究、分析和设计利用的重要一环。在进行教学过程设计时，人们通过研究学习需要、分析学习内容和学习者，从而确定学习目标，根据学习目标制定教学策略。教学活动要依赖具体的教学媒体，在特定的教学环境特别是装备环境中开展，因此，教学策略的制定要在教与学的理论基础上，对教学的方法、组织形式以及利用的教学媒体和资源等装备环境进行整体性的规划，对教学活动进行具体设计。综上所述，教学策略直接决定了教育装备的选择和利用，而教学的目标、学习者因素、教学环境和现有装备条件是制约教育装备利用的最根本原因。

在教学实践中，对教育装备特别是教学媒体进行选择和利用，首要的依据是教学目标。每个教学单元或教学项目都有一定的教学目标，如：要求学生了解某事实、理解某概念、掌握某项技能或形成某种态度，等等。为了实现不同的教学目标，通常需要综合考虑不同装备的特征及其优势，进行恰当的选用。比如，进行事实和概念的表达和演绎，通常利用一些教学媒体进行信息的组织和传播；培养学生的动作技能，则要考虑相关的教学环境特别是装备环境。教学对象也是进行教育装备选择和利用的一项重要依据。不同学习者有不同的认知策略和学习风格，而学习者的年龄特征也是不可忽视的一

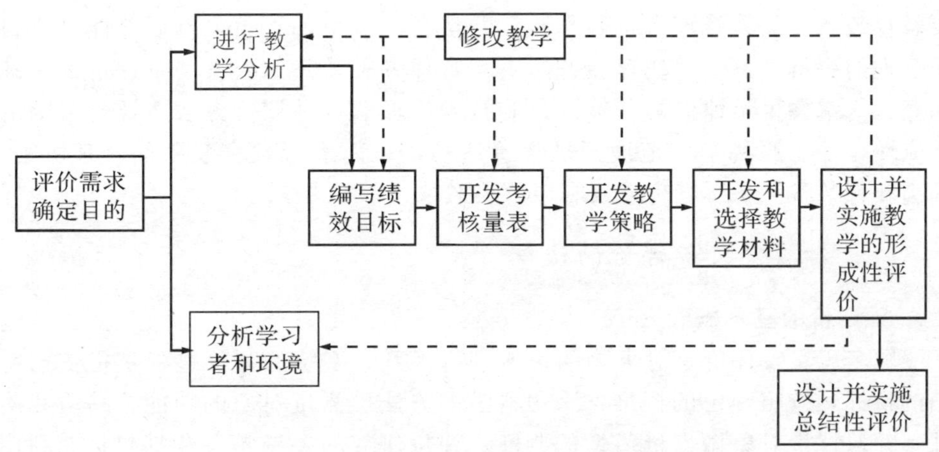

图 4.5　迪克和凯里的教学设计模式

项因素，选用的教学媒体和装备环境应该适合学习者的特征以促进其学习认知过程。教学环境和教学条件是制约教育装备选择和利用的另一重要因素。教学活动是一项具体的实践活动，对教育装备的选用要根据当时当地的具体条件进行合理决策，其中需要考虑的主要因素是现有资源情况、经济能力、师生技能水平、装备管理水平以及相关环境因素。

同样的教育装备，根据不同的教学需要也可以有不同的利用模式，演示实验、验证实验和探究性实验即使利用同一装备，也可有不同的教学效率、效果。这主要取决于教育者的观念以及由此产生的教学活动行为，体现为三种不同的教学模式，即以“教”为中心的教学设计模式、以“学”为中心的教学设计模式以及“主导—主体”教学设计模式。在不同的教学模式中，教育者、学习者和教育装备或教学环境因素之间形成特定的关系，教育装备发挥着不同的作用，在具体的教学实践中可以根据实际需要和限制条件，采用适当的教学设计模式，科学合理地利用教育装备，以实现有效的教学。

第 3 节　教育装备的评价

在教学活动中，人们通过教育装备实现教学信息的传播，或者利用教育装备构成教育学习的基本环境，以保障教学活动的进行，这是人们在教育活动中利用教育装备的目的。为达成此目的，需要利用哪些设备，构成什么样的教育装备环境？教育装备在使用过程中能否可靠地满足教学需要，哪些因素有待完善，能否保障教学目标的实现，实现的程度如何？教育装备是否需要检修调整、是否需要升级换代、如何决定淘汰更新？诸如此类的问题都需要教育装备的决策管理者进行衡量，乃至科学规范的评价，然后才能进行科学合理的决策。因此，教育装备的决策管理者必须熟知教育装备评价的目的和意义，掌握科学评价的基本理论和技术，理解各种评价方法对评价目的的适应性，并能够科学规范地开展评价活动，从而进行教育装备的合理决策，提高教育装备配备、管理以及利用的水平。

一、对教育装备评价的认识

1. 评价的基本概念

顾名思义，评价是对事物的价值进行评判。系统的评价过程是指依据明确的目标，按照一定的标准，采用科学的方法，测量对象的功能、品质和属性，并对评价对象做出价值性的判断。评价研究的关键是要依据目标，利用收集的资料做出价值性的判断。评价在各个领域有着广泛的应用，对社会生活和生产起着极大的作用，是人们认识和了解事物现状和发展情况的重要手段。在教育领域，对于广泛利用的教育装备有多种形式的评价，这些评价发挥着不同的作用，这是教育管理和决策的重要依据。

当前，教育装备管理理论正处于发展阶段，教育装备的科学化评价还没有得到普及。在实践中，教育装备的评价也处于一个较低的水平，表现在诸多方面。其一，评价活动较少开展，很多教育机构一个学期甚至一年开展一次教育装备相关评价，能经常进行例行科学化评价的单位少之又少。其二，评价盲目，评价过程形式化，甚至不够严谨。评价的目的指向性不强，通常作为一项上级管理单位下派的任务进行，缺乏有效、具体的评价程序指引，评价活动趋于简化、流于形式，偏离了评价的宗旨。其三，评价方法的科学性、规范性有待改进。在实际评价活动中，为了便利，评价者往往通过组织会议进行讨论，综合多数人的意见进行评价目标的判断和决策，甚至演变为少数领导的“一言堂”。那么，教育装备的评价应该达到什么目的呢？具体的评价过程又应该如何展开？下文将就此进行阐述。

2. 教育装备评价的目标

评价是一种研究活动，它的特征表现为评价的目标性与价值性的判断。评价的目标是指通过评价活动期望得到的结果，特定的评价活动应具有特定的目标。教育装备的评价应该指向其在利用中产生的价值，即教育装备对教学活动的作用，这是“评价”这一概念的题中应有之义。首先需要判断这种价值的可能性及其大小，继而对该参考值进行横向、纵向或绝对性的比较判断，即教育装备的评价具有三种不同类型的目标。

(1)比较评等。比较评等属于相对性评价，目的是通过对两个不同对象的评价，对这两个对象的差异性做出判断。假如用 a 和 b 代表两个不同的对象，比较评等就是要判断是否存在 $a>b$ 或 $a<b$。

(2)达标衡量。达标衡量属于绝对性评价，是以某一对象作为比较的标准(a_0)，经过对另一个对象 a 的评价研究，判断对象 a 是否存在 $a \geqslant a_0$。

(3)发展比较。发展比较称为纵向评价，是以评价对象自身的前后状况进行比较，通过对对象 a 不同时期的评价研究，判断对象 a 是否存在 $a_2 \geqslant a_1$。

教育装备评价的目标源于教育装备的利用目的，即教育装备的利用价值。总体而言，进行教育装备评价活动的目的在于评估某设备或装备环境满足教学需要的程度。以上三类目标是对评价过程的抽象描述，在评价实践中，根据具体的教学需要，会对教学设备或教育装备系统进行诊断、优化以及整体评估，因而会有不同的具体评价目标。

3. 教育装备评价的基本要素

(1)评价对象

对于教育装备的评价来说，评价对象一般是教育装备系统，一般组成因素包括：装备设施、人员以及规程。

(2)评价指标

评价指标是从一个侧面反映评价对象所具有的某种特征的大小。建立评价指标是开展评价研究工作的重要内容。在实际工作中，围绕评价指标进行资料的搜集、整理、分析。同时，评价指标又是评价判断的依据，依据它做出价值性的判断。对于一个评价对象，一般要从不同的方面建立多个评价指标，以便从整体上反映评价对象的运行或发展状况。评价指标体系的建立，要围绕具体的评价对象和评价目的而定，一般来说，在建立评价指标体系时，应遵循的原则是：①系统性，②科学性，③可比性，④可测取性(可观测性)，⑤相互独立性。建立评价指标有多种方法，但归根结底，都是根据领域内的专家、一线工作人员以及其他相关人员的意见进行选择性判断和对比形成的结果。

(3)权重系数

对于某种评价目的来说，评价指标的相对重要程度是不同的，为了合理地反映不同评价指标对综合评价结果的贡献，可以给每一个评价指标赋予一个权重系数，以体现各评价指标的相对重要性。

(4)综合评价模型

所谓多指标综合评价，是指通过一定的数学模型或算法将多个评价指标“合成”为一个整体性的综合评价值。可用于“合成”的数学方法很多，关键在于如何根据评价目的及被评价系统的特点选用合适的合成方法，即确定合适的评价模型。

(5)评价者

评价者可以是个人或团体，评价目的的给定、评价指标的建立、评价模型的选择、权重系数的确定都与评价者有关。因此，评价者在评价过程中的作用是不可忽视的。评价者因评价对象和评价内容而异，但一般包括组织领导机关、研究人员、专家、同行等。

此外，也有人认为评价是由三种要素构成的，即评价对象、评价指标体系和评价者。这种观点把评价指标、评价标准和指标权重统称为评价指标体系。例如，李克东在《教育技术学研究方法》一书中就做了如此表述，并给出了三要素的关系图(如图 4.6 所示)。

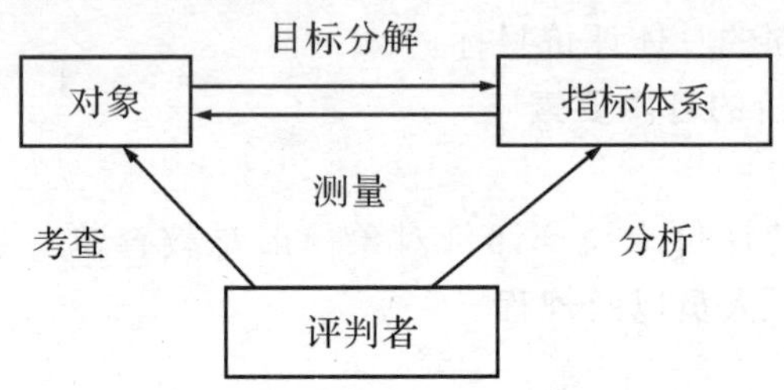

图 4.6　评价研究要素之间的关系

二、评价指标的选择与指标体系的确定

1. 评价指标的筛选原则

根据系统科学理论，任何事物都是系统与要素的统一体，在结构上，系统是由若干相互联系、相互作用的要素组成的有机体，要素是构成系统的组成单元，系统的组成单元又可以分为不同的层次。各要素可视为子系统，具有一定的功能，它们相互联系、相互作用，构成的整体就可以实现系统的功能，但不同的子系统对于大系统来说具有不同作用。根据这种系统科学理论的观点，我们可以把评价对象按照特定的目的分解，对系统的各要素进行评价，如果系统的某些要素较为复杂，还可以进一步细分，评价指标体系就是基于这种思想设计的。

评价指标是为了描述被评价系统的要素所具有的作用和功能而提取出来的一个量度，它表示系统在某一方面具有的特征。对于一个评价对象，一般要从不同的方面建立多个评价指标，用以从整体上反映评价对象的运行或发展状况。评价指标的筛选应遵循以下原则：

(1)与目标的一致性

指标是评价目标的具体化、行为化和操作化的体现，它必须充分地反映评价目标，不能确立与评价目标不相干甚至有冲突的指标。

指标与评价目标的一致性还蕴含着指标体系内各条具体指标的一致性，同一体系中不能含有相互冲突的指标，否则，必然存在某个或某几个指标与评价目标相矛盾，在实践中，也会导致评价者思想混乱，使评价工作无所适从。

(2)指标的可测性

指标的可测性就是指标作为某种特征的度量，是可以用明确的语言加以描述的或者它所表现的特征可以通过实际观察或测量用数字来把握。指标的可测性是评价工作可行性的保障，指标未必都是可以直接测量的，如果按某种方式加以转化使之可以度量也是可以的。

(3)体系内指标的相互独立性

评价的指标体系是由一组相互间有着紧密联系的指标结合而成的。但是，体系内的指标又必须是相互独立的，同一层次的各个指标不能存在任何包含与被包含的关系，各指标之间不能有重叠，不应该存在因果关系。指标必须是独立的，这是因为指标是对评价对象某一特征的度量，如果体系中包含非独立性的指标，综合计算时，会使评价对象的某一特征多次叠加，无形中加大了这一指标的权重。

(4)指标体系的完备性

完备性是指标体系应遵循的一个重要原则，它要求指标体系从整体上全面地把握评价目标，不应遗漏评价目标内在要求的指向评价对象的任一特征。

(5)可接受性

指标的可接受性具有两层含义：其一是要求从实际出发，提出的指标应该有明确的指向。其二是按评价指标进行评价是可行的，这就要求要有足够的信息可以利用，有足够的人力、物力可用，有实际可行的量化方法。

2. 评价指标的建立方法

在综合评价的实践过程中，评价指标数量的多少会影响评价活动的复杂程度甚至评价结果的合理性，但是科学的评价指标体系既不是评价指标越多越好，也不是越少越好。一般来说，其原则应该是将尽量少的“主要”评价指标用于实际评价。但在初步建立的评价指标集合当中，也可能存在一些“次要”的评价指标，这就需要按某种原则进行筛选，分清主次，合理组成评价指标体系。

对于具体的实际评价问题，确定评价指标是一个重要的问题。在实际应用中，通常可以通过以下几种方法进行评价指标的筛选。

(1)德尔菲法

德尔菲法又叫专家群体决策法，就是由一群专家来确定团队的决策。这是一种向专家发函、征求意见的调研方法。评价者可以根据评价目的及评价对象的特征，在所设计的调查表中列出一系列评价指标，征询专家对所设计的评价指标的意见，然后进行统计处理，并反馈咨询结果。经过几轮咨询后，如果专家的意见趋于集中，则可以根据最后一次咨询确定具体的评价指标体系。

(2)对于 n 个取定的被评价对象 $s_1,s_2,\cdots,s_n$ ，每个被评价对象都可用 m 个指标的观测值 x_{ij}（$i=1,2,\cdots,n;j=1,2,\cdots,m$）来表示。如果 n 个被评价对象关于某项评价指标的取值相差不多，那么尽管这个评价指标是相当重要的，但是对于这 n 个被评价对象的评价结果来说，它并没有起到什么作用，或者说它起到的作用可以忽略。因此，为了减少计算量就可以删除这个评价指标，最小均方差的筛选方法就是根据这个原则建立的。

$$S_j=\left(\frac{1}{n}\sum_{i=1}^{n}(x_{ij}-\overline{x_j})^2\right)^{\frac{1}{2}}\quad (j=1,\ 2,\ \cdots,\ m)$$

S_j 为评价指标 x_j 按 n 个被评价对象取值构成的样本均方差。其中，

$$\overline{x_j}=\frac{1}{n}\sum_{i=1}^{m}x_{ij}(j=1,2,\cdots,m)$$

$\overline{x_j}$为评价指标 x_j 按 n 个被评价对象取值构成的样本均值。

若存在 $k_0(1\leqslant k_0\leqslant m)$，使得

$$s_{k_0}=\min_{1\leqslant j\leqslant m}\{s_j\}\text{，且 }s_{k_0}\approx 0$$

则可删除与 s_{k_0} 相对应的评价指标 x_{k_0}。

这种方法是利用多个评价对象的指标值差距的悬殊程度进行指标的筛选的，它对于多个评价对象的排序是有效的，但是对于单个对象的评等却是不恰当的，不能因为任何原因而忽略评价对象在各指标上的表现。所以，在对某评价对象作达标评价时这种方法是不合适的。

3. 评价指标的预处理

首先，需要对评价指标进行类型的一致化处理。

评价指标表示的是被评价对象所具有的某种特征程度的大小，但是对于不同的指标，人们往往有不同的期望。对于某些指标，比如设备无故障运行时间、学习成绩等，我们期望这些指标的取值越大越好，这一类指标我们称之为极大型指标；对于另一些指标，比如成本、能耗等，我们期望这些指标越小越好，这就是极小型指标；还有一类指标称为居中型指标，这些指标的取值既不是越大越好，也不是越小越好，而是越居中越好；区间型指标与居中型指标类似，它的取值以落在某个区间内为最佳。若在一个指标体系中，包含上述的两种或两种以上指标时，我们就难以确定综合评价的结果如何发展为好，其原因在于不同类型的指标有不同的发展方向。所以在这种情况下，需要对评价指标进行一致化处理，使所有的指标都有一个共同的发展方向，

这样就可以确定综合评价的结果是越大越好还是越小越好。可以通过下面的方法把其他指标转化为极大型指标。

对于极小型指标 x，令

$$X^{*}=M-x$$

其中 M 为指标 x 的一个允许上界。

或

$$x^{*}=\frac{1}{x}，(x>0)$$

对于居中型指标 x，令

$$x^{*}=\begin{cases}\dfrac{2(x-m)}{M-m}\,m\leqslant x\leqslant\dfrac{M+m}{2}\\ \dfrac{2(M-x)}{M-m}\,\dfrac{M+m}{2}\leqslant x\leqslant M\end{cases}$$

其中 m 为指标 x 的一个允许下界，M 为指标 x 的一个允许上界。

对于区间型指标 x，令

$$x^{*}=\begin{cases}1-\dfrac{q_1-x}{\max\{q_1-m,M-q_2\}},x<q_1\\ 1,\quad x\in[q_1,q_2]\\ 1-\dfrac{x-q_2}{\max\{q_1-m,M-q_2\}},x>q_2\end{cases}$$

其中 $[q_1,q_2]$ 为指标 x 的最佳区间，M、m 分别为指标 x 的允许上、下界。

这样一来，三类非极大型指标即可以转化为极大型指标，从而达到评价指标类型一致的目的。

其次，评价指标的无量纲化处理。

要实现评价指标之间的可比性，还要对评价指标进行无量纲化处理。例如，对于度量时间的指标，年与小时之间会有很大的数量级的差距，当这个时间指标与其他指标进行综合时，这种差距是不可忽视的。此外，由于指标取值范围不同，进行综合计算的时候，直接相加或相乘也是不恰当的。因此，为了尽可能地反映实际情况，排除由于各项指标单位的不同带来的数量级之间的差距和取值范围的不同，使得综合评价的结果更科学合理，需要对评价指标进行无量纲化处理。无量纲化也叫作指标数据的标准化、规范化，它是通过数学变换来消除这种影响的。下面着重介绍两种常用的无量纲化方法。

(1)“标准化”处理法

取

$$X_{ij}^{*}=\frac{X_{ij}-\overline{X_j}}{S_j}$$

显然 X_{ij}^{*} 的平均值和均方差分别为 0 和 1，X_{ij}^{*} 称为标准观测值。式中，$\overline{x_j}$、$S_j(j=1,2,\cdots,m)$分别为第 j 项指标观测值的平均值和均方差。

(2)极值处理法

如果令 $m_j=\max\limits_i\{x_{ij}\}$，$m_j=\min\limits_i\{x_{ij}\}$，

则 $x_{ij}^{*}=\dfrac{x_{ij}-m_j}{M_j-m_j}$ 是无量纲的，且 $x_{ij}^{*}\in[0,1]$。

当 $m_j=0(j=1,2,\cdots,m)$时，有

$$x_{ij}^{*}=\frac{x_{ij}}{M_j},(x_{ij}^{*}\in[0,1])$$

若采用非线性加权综合评价模型，当评价指标均为极大型且 $m_j>0(j=1,2,\cdots,m)$时，可取

$$x_{ij}^{*}=\frac{x_{ij}}{m_j},(x_{ij}^{*}\in[1,\infty))$$

4. 权数的确定

权数是体现评价指标体系中各指标对于被评价对象重要程度的一个量度，每个评价指标都有一个相应的权数，因此，在进行综合计算时就可以利用各指标的权重来反映不同指标对评价结果的不同作用。权数的确定是进行综合评价的核心问题，确定的权数是否合理，将直接影响综合评价结果的科学性。综合评价理论与方法基于“功能驱动”原理的赋权法，其实质是根据各评价指标的相对重要程度来确定权重系数，主要途径有两类，即客观途径和主观途径。客观途径即通过被评价对象自身的结构、机理或成因等方面各指标所占的比例直接转化而来。然而，教育装备系统在运行过程中，受到多种因素的影响，既有装备的因素、环境的因素，也有人的因素，甚至课程、使用条例等因素也会影响其效能的发挥。面对这种复杂的情况，评价者很难对评价指标的重要性进行量化，即使进行量化处理也容易受评价者的主观愿望影响。因此，在实际的评价活动中，多采用主观赋权法。但是应用主观赋权法也有不利的因素：指标权重带有主观色彩，即赋权结果与评价者的知识结构、工作经验及个人偏好等因素有关，选择某一评价者在某种意义上就是选择了一种指标权重的分配方案。此外，采用主观赋权法确定指标权重透明性差、再现性差。

确定教育装备评价指标的权重，需要在已经确定的评价指标的基础上，从教育教学领域广泛收集意见，然后根据一定的原则把评价者的意见转化为指标权重的分配，这就是主观赋权法。下文主要介绍两种主观赋权法。

(1)特征值法

特征值法是从层次分析法中提取出来的，它的基本思想是把确定指标集的权重系数简化为确定两个指标之间的相对重要性，把所有的指标都进行两两比较，实际上就完成了所有指标的重要性排序。所谓层次分析法，就是系统工程中对非定量事件做出定量分析的一种简便方法，也是对人的主观判断做客观描述的一种有效的方法。下面以“中学课堂教学过程中投影仪的效能评判”为例，介绍其操作步骤。

①确定目标和评价因素集U

设已按照上文的方法确定了投影仪的评价因素：便携性u_1、对环境的适应性u_2(空间要求、采光情况)、整机成本与高品质耐用时长u_3(整机成本、灯泡寿命与更换成本、液晶面板更换成本)、画面效果u_4(画面品质、亮度适应性)、操作简便性u_5(接口人性化、遥控器、快捷键)、使用频率u_6。

②构造判断矩阵

以A表示目标，u_i表示评价因素，$u_i \in U(i=1, 2, \cdots, n)$。$u_{ij}(j=1, 2, \cdots, n)$表示$u_i$对$u_j$的相对重要性数值，$u_{ji}=1/u_{ij}$表示$u_j$对$u_i$的相对重要性数值。$u_{ij}$的取值依表4.1进行。

表4.1　判断矩阵标度及其含义

标度	相对重要性
1	表示因素u_i与u_j比较，具有同等重要性
3	表示因素u_i与u_j比较，u_i比u_j稍微重要
5	表示因素u_i与u_j比较，u_i比u_j明显重要
7	表示因素u_i与u_j比较，u_i比u_j强烈重要
9	表示因素u_i与u_j比较，u_i比u_j极端重要

2，4，6，8分别表示相邻判断1～3，3～5，5～7，7～9的中值。

根据上述各符号的意义可得判断矩阵P

$$P=\begin{Bmatrix} u_{11} & u_{12} & \cdots & u_{1n} \\ u_{21} & u_{22} & \cdots & u_{2n} \\ \vdots & \vdots & \vdots & \vdots \\ u_{n1} & u_{n2} & \cdots & u_{nn} \end{Bmatrix}$$

投影仪在中学课堂教学过程的效能评判矩阵如表4.2。

表4.2效能评判矩阵(表中数据可由“答卷法”确定，此表仅作示例之用)。

表 4.2　效能评判矩阵

P	u_1	u_2	u_3	u_4	u_5	u_6
u_1	1	1/2	1/5	1/7	1/3	1/4
u_2	2	1	1/3	1/5	1/2	1/3
u_3	5	3	1	1/2	4	1/2
u_4	7	5	2	1	5	3
u_5	3	2	1/4	1/5	1	1/4
u_6	4	3	2	1/3	4	1

从而得到：

$$P=\left\{\begin{matrix} 1 & 1/2 & 1/5 & 1/7 & 1/3 & 1/4 \\ 2 & 1 & 1/3 & 1/5 & 1/2 & 1/3 \\ 5 & 3 & 1 & 1/2 & 4 & 1/2 \\ 7 & 5 & 2 & 1 & 5 & 3 \\ 3 & 2 & 1/4 & 1/5 & 1 & 1/4 \\ 4 & 3 & 2 & 1/3 & 4 & 1 \end{matrix}\right\}$$

③计算重要性排序

计算重要性排序就是确定各评价因素的特征向量，也就是权数分配。判断矩阵特征向量的方法有方根法和和积法。下面利用方根法求投影仪评价因素的特征向量。

1)计算判断矩阵每一行元素的乘积 m_i

$$m_i = \prod_{j=1}^{n} \mu_{ij}\,(i,j = 1,2,\cdots,n)$$

$m_1 = 1/840, m_2 = 1/45, m_3 = 15, m_4 = 1050, m_5 = 3/40, m_6 = 32$

2)计算 M_i 的 n 次方根$\overline{w_i}$；

$$\overline{w_i} = \sqrt[n]{m_i}$$

$\overline{w_1} = 0.326$，$\overline{w_2} = 0.530$，$\overline{w_3} = 1.570$，$\overline{w_4} = 3.188$，$\overline{w_5} = 0.649$，$\overline{w_6}=1.782$

3)对向量 $\overline{w} = [\overline{w_1},\ \overline{w_2},\ \cdots,\ \overline{w_n}]^T$ 做归一化处理，即

$$w_i = \frac{\overline{w_i}}{\left(\sum_{j=1}^{n} \overline{w_j}\right)}$$

则 $w = (w_1, w_2, \cdots, w_n)^T$ 即为所求特征向量。

归一化可得投影仪评判因素的权数：$\overline{w}=[0.04,0.07,0.19,0.40,0.08,0.22]$

对于该权数分配的合理性可用评判矩阵的最大特征根 λ_{max} 来验证，具体方法可参考《实用模糊数学》一书，此处略。

(2)集值迭代法

集值迭代法是一种统计方法，在确定指标之后，请一定数量的专家在指标集中选取他们认为最重要的几个指标，然后统计各个指标被选中的频次，把各指标的频次归一化，使其总合为1，则归一化后的频次即所求的指标权重。为了使得到的结果更加符合实际，可以把选择最重要指标的步骤细化，即让每一位专家依次选择他们认为最重要的 k，$2k$，$3k$，…，nk($nk<m$，$nk+k>m$，m 表示指标个数)个指标，然后统计每个指标被选中的频次，再归一化即可。

设指标集为 $x=\{x_1,x_2,\cdots,x_m\}$，并选取 $L\ (L\geqslant 1)$ 位专家，分别让每一位专家(如第 k 位专家)在指标集 x 中任意选取他认为最重要的 s 个指标。可知，第 k 位专家选取的结果是指标集 x 的一个子集 $x^k=\{x_1^k,x_2^k,\cdots,x_s^k\}\ (k=1,2,\cdots,L)$。

作示性函数

$$u_k(x_j)=\begin{cases}1,\text{若}x_j\in x^k\\0,\text{若}x_j\notin x^k\end{cases}$$

记为

$$g(x_j)=\sum_{k=1}^{L}u_k(x_j)\quad(j=1,2,\cdots,m)$$

将 $g(x_j)$ 归一化后，将比值 $g(x_j)/\sum\limits_{k=1}^{m}g(x_k)$ 作为与指标 x_j 相对应的权重系数 ω_j，即

$$\omega_j=g(x_j)/\sum_{k=1}^{m}g(x_k)(j=1,2,\cdots,m)$$

若考虑到某一个指标一直未被选中，则权重系数应做如下调整：

$$\omega_j=\left(g(x_j)+\frac{1}{2m}\right)/\sum_{k=1}^{m}g\left(x_k+\frac{1}{2m}\right)$$

三、教育装备评价的类型与方法

根据不同的划分标准，教育装备的评价可以分为多种类型。就评价活动的目标而言，着眼于装备的诊断和优化发展的评价为过程性评价，致力于装备的整体价值判断的是结果性评价，或称为终结性评价。此外，也可以根据

评价目标，把评价活动分为比较平等、达标衡量以及发展比较三种类型。从评价的技术角度，可以认为评价主要包括质性评价和量化评价。本书将按照后者的划分，阐述多种评价方法，以供参考。

一般而言，无论采用何种评价方法，都是对评价对象的价值判断，都具有以下基本评价过程：首先确定评价目标，然后根据评价目标分解评价对象，抽选若干评价要素(项目)，形成评价指标，由评价者依据一定的标准，对评价对象的各种功能、品质和属性进行等级判断。在获得逐项评价结果后，还要根据各项目的重要程度制定权重，把各项目的评判等级与权重综合，从而对总体做出等级比较，得出状况或发展程度的判断。

1. 质性评价

许多情况下，只能通过描述性、解释性的语言对评价对象的行为及其原因、意义进行表达和判断，而难以进行量化的评测。20 世纪 60 年代之前，人们一度十分重视量化评价，认为只有量化分析才是科学。此后，随着社会批判思潮的兴起，人们认识到评价不是一个单纯的技术问题，纯粹价值中立的描述是不存在的，因此，评价要对被评价对象的价值或特点做出判断，价值问题因此在评价领域凸显出来，人们评价的重点转向了价值观。此后，质性评价逐渐兴盛起来。

质性评价可以由个人开展，此时要求评价者对评价对象较为熟悉，了解其各种属性及特征。评价者往往根据某种目的，采取一定的方法和手段，甚至依靠经验，对评价对象的属性、行为、故障、意义等方面进行描述性或解释性的判断。评价者利用的评价方法和手段往往因评价对象而异，较多采用观察法，评价者也可以采用适当的处理手段和工具，用于辅助观察。另外，评价者还可以采用实验、行动研究等评价研究方法。

质性评价也可以采用团队决策的方法。一种较为常用的方法是评价者组成团队，召开集体会议，按照一定的规则或约定俗成的规则对评价对象各陈己见，并展开讨论，最终意见归于一致，形成集体的评价意见，并借此进行决策。这种方法较为简单，易于理解，便于操作，用于处理一些简单的问题往往具有较高的效率，但也存在较多的不足。集体会议的规则不够明确，会议的进行没有得到较好的组织，往往不能有效地提出具有针对性的意见或问题解决策略，特别是对于较为复杂的问题，经常是悬而不决。为了克服这一弊端，评价者可以采用一种特殊的会议形式，这种会议通常具有严格、规范的程序和规章，例如“头脑风暴”法及其变式。

“头脑风暴”法是由创造学的创始人奥斯本于 1939 年发明的，又称为智力激励法。这种方法针对某个需要解决的问题，以小组形式，集思广益，相互激励，引发联想，在较短的时间内，发挥集体的想象力、创造力，提出众多的设想、点子、方案。可以认为这是一种有着特定规章的集体会议。它原本只是一种创造技法，最早用于广告的创意设计，由于其解决问题的创造性和高效性，这种方法很快发展至技术革新、产品开发、企业管理、社会、经济、教育、新闻、科技、军事生活等诸多领域，得到了非常广泛的应用。对于教育装备评价中的特定问题，也可以采用“头脑风暴”会议的形式进行评判和决策。“头脑风暴”会议的基本过程如下：

(1)确定会议主题

会议的主题源于待解决的实际问题。必须从实际需要出发确定会议的主题，对此有两个基本要求：一是问题要集中，甚至专一化，这样一来，会议进行时与会者的思考才能具体、深刻；二是对问题的表述要明确，不得含糊，也不要限制可能的解决方案的范围。

(2)确定会议主持人

主持人在很大程度上决定了会议效果，必须重视主持人的选择。主持人必须重视自己的两项角色要求：首先，主持人对于待解决的问题要有充足的准备和明确的理解，以利于在会议上启发诱导；其次，主持人应熟悉“头脑风暴”会议的基本原理、会议程序和方法，有一定的组织能力，能够维护会议的规则。主持人在会议开始时需要重申讨论的议题和纪律；在会议进程中启发引导，掌握进程；另外，主持人也可以提出自己的设想。

(3)确定与会人选

与会者的人数以8～12人为宜，也可略有增减(5～15人)。与会者人数太少不利于交流信息，激发思维；人数太多则不容易掌控，并且每个人发言的机会会相对减少，还会影响会场气氛。只有在特殊情况下，与会者的人数才可适当突破上述限制。

与会人员应在知识水平上一致或相当，专家和各种背景的人应适当结合，并且要注意吸收有实际经验的人参加。此外，要有1～2名主持人，1～2名记录员。记录员的职责是将与会者的所有设想都及时编号、记录，最好写在黑板等醒目处，让与会者能够看清；记录员也应随时提出自己的设想，不要持旁观态度。

(4)会前准备

在“头脑风暴”会议开始之前，组织者需要收集一些资料预先给大家参考，以便与会者了解与议题有关的背景材料和外界动态；会场可做适当布置，座位排成圆环形的环境往往比并排式的环境更有利；此外，在“头脑风暴”会议正式开始前还可以出一些创造力测验题供大家思考，以便活跃气氛，促进思维。

(5)会议的进行

"头脑风暴"会议的时长一般为半小时到一小时，需要与会者积极参与，主持人、记录员各负其责，并充分利用工具进行展示和记录。在会议进行时，最关键的是遵守"头脑风暴"会议的规则，这也是该会议形式的最大特征。其原则如下：

①独立、积极思考，自由畅谈的原则

在"头脑风暴"会议上没有坏主意，鼓励疯狂、夸张的设想。某次"头脑风暴"会议上，有与会者大胆提出坐飞机扫除电线上的积雪的设想，这一疯狂的想法虽不可行，但却激发与会的其他人员提出利用直升飞机扇掉电线上积雪的方案。

②禁止批评、延迟评判的原则

会议进行时不要对任何主意做积极或消极的评论，也不要暗示某个想法不会有作用或有消极的副作用；不允许与会者自我批评，自谦的态度也会影响会议的氛围；不要私下议论，以免影响他人的思考。

记录员负责将所有的观点都记录下来，只有到"头脑风暴"会议结束时，才开始对观点进行评判。这样，即可避免干扰、妨碍参与者畅所欲言。另外，任何评估都是需要花费脑力和时间的，这一环节放在会议之后更为合适。

③注重数量而非质量的原则

在"头脑风暴"会议中，应该寻求的是观点的数量。要在给定的时间内，提炼出尽可能多的观点。这是因为提出的观点越多就越容易产生高水平的创意。

④鼓励借鉴他人设想提出新设想的原则

该原则体现了"头脑风暴"会议的精髓。集思广益，团队内相互激励，会产生非常有价值，甚至创造性的问题解决方案。

(6)设想处理

对已获得的设想进行整理、分析，以便选出有价值的设想，加以开发实施，或者发展为解决问题的方案。

"头脑风暴"法强调与会者畅所欲言，有时这也会成为一种缺点，使得会场秩序难以掌控。因此，人们提出了一些改进型的"头脑风暴"法。德国人源于喜好沉思的民族性格，提出一种以笔代口的改进型方法，该方法称为"635法"，即每次会议邀请 6 人参加，每人在卡片上默写 3 个设想，每轮历时 5 分钟。会议进行时，与会者 6 人围坐一圈，主持人宣布待解决的问题。第一轮，每人利用 5 分钟的时间，经过思考在卡片上写下 3 个设想，然后传给右边的人。第二轮，参考他人设想，每人利用 5 分钟的时间再在卡片上添加 3 个设想，然后再传给右边的人。经过 6 轮，用时 30 分钟，可以产生 108 条设想，然后进行评价、筛选。在日本，“头脑风暴”法也得到了发展改进。会议有 4～8 人参加，每人提出 5 条以上设想写在卡片上，一张卡片填写一个设想，然后轮流宣读，受到启发产生新设想之后立即将设想填入卡片。宣读完毕，进行讨论、筛选。

“头脑风暴”法的另一种变式应用较为广泛，即德尔菲法，又称为专家群体决策法，是美国著名咨询机构兰德公司于 20 世纪 50 年代发明的。德尔菲法的特点是：让专家以匿名群众的身份参与问题的解决，达成团队的决策，有专门的工作小组通过信函的方式进行交流，避免大家面对面讨论带来消极的影响。德尔菲法的基本步骤是：

①由工作小组确定问题的内容，并设计一系列征询解决问题的调查表。

②将调查表寄给专家，请他们提供解决问题的意见和思路，专家间不沟通，相互保密。

③专家开始填写自己的意见和想法，并把它寄回给工作小组。

④处理这一轮征询的意见，找出共同点和各种意见的统计分析情况；将统计结果再次返给专家，专家结合他人意见和想法，修改自己的意见并说明原因。

⑤将修改过的意见进行综合处理再寄给专家，这样反复几次，直到获得满意答案。

德尔菲法用于团队决策可以进行一些变通：比如将专家换成团队成员；加入外部专家；为了减少成本、提高效率，可以不采用信函方式而直接沟通。

2. 量化方法

(1)简易求和法

评价中的质性方法和量化方法也具有一定的对应关系。上文介绍了一种较为常用的，也是最为简易的团队决策方法，即通过评价者的个人陈述和集体的讨论形成团队的意见和决策。如果在这种集体会议上，利用一种量化表格对各位评价者的意见进行量化处理，通过求和计算可以得到一个总观测值，然后安排特定的目标对该数值进行比较、评价和判断，不妨称之为简易求和法。这是一种最简单的量化评价方法，易于理解，便于操作，不需要评价者具有较多的评价理论和知识，因而该方法得到了广泛的利用。但也正由于其简易性，该方法对于一些复杂的评价问题，往往不能进行科学的数据量化处理以及评价的综合计算。

(2)线性加权综合法

在实际的评价问题中，人们常发现评价指标具有不同程度的重要性，某些指标比另一些指标对评价对象的某种价值更为重要，因此对这些指标的数据不能进行简单的求和计算。为此，人们在上述简易求和法的基础上，对指标进行了赋权操作，即通过量化的手段标明了各评价指标的重要性。这种方法即线性加权综合法，又称加法合成法，是指通过求各指标与其相应权重系数的乘积的总和来进行综合评价。这种线性模型可以表示为：

$$y=\sum_{j=1}^{m}\omega_j x_j$$

式中 y 为系统（或被评价对象）的综合评价值，ω_j 是与评价指标 X_j 相应的权重系数$\left[0\leqslant\omega_j\leqslant 1\ (j=1,\ 2,\ \cdots,\ m),\ \sum_{j=1}^{m}\omega_j=1\right]$。

线性加权综合法原理简单，类似于试卷的分数计算。一份试卷具有多种题型，不同题型有不同的分值，试卷的总分取决于正确回答问题的数量及其相应的分值。由于其原理较为简单，易于理解，便于计算，因而该方法也得到了较为广泛的利用。

线性加权综合法对于指标数据没有什么特定的要求，但必须保证指标体系的合理性，各评价指标应相互独立，并且能针对特定评价目标完整地反映评价对象。“合成”运算采用“和”的方法，其现实关系是“部分之和等于整体”，若各评价指标不是相互独立的，而是相互之间有重复或者评价指标体系不够充分，造成部分之和不等于整体，就难以反映客观现实。

线性加权综合法可使各评价指标间得以线性地补偿。即某些指标的下降，可以由另一些指标值的上升来补偿，任一指标值的增加都会导致综合评价值的上升；任一指标值的减少都可用另一些指标值的相应增量来维持综合评价水平不变，即具有很强的“互补性”。权重系数在线性加权综合法中的作用比在其他“合成”法中更明显，且突出了指标值或权重较大的指标的作用。此外，观测值大的指标对评价结果的影响很大，这类指标往往掩盖了观测值较小的指标，即评价对象可以通过一个或少数几个方面的优良表现弥补其整体上的不足。因此，对于一个被评价对象，即使综合评价得分高，也不能说明其各项指标表现良好。如评价者或决策者长期使用这种单一的综合评价方法对教育装备系统进行评价，将会诱导被评价对象“走捷径”，通过提高个别指标的表现实现期望的综合评价值，这种做法最终会导致系统的不均衡发展。

(3)非线性加权综合法

非线性加权综合评价法，又称为乘法合成法，它是通过求各指标以其权重为指数所得幂的乘积来进行综合评价的。这种线性模型可以表示为：

$$y=\prod_{j=1}^{m}x_j^{\omega_j}$$

式中 y 为系统（或被评价对象）的综合评价值，ω_j 是与评价指标 X_j 相应的权重系数$\left[0\leqslant\omega_j\leqslant 1\ (j=1,\ 2,\ \cdots,\ m),\ \sum_{j=1}^{m}\omega_j=1,\ x_j\geqslant 1\right]$。

非线性加权综合法强调的是被评价对象各指标值大小的一致性。这种方法突出评价指标值中较小者的作用，这是由乘积运算的性质决定的。这种方法对指标之间的独立性反应不够敏感，因而较适用于各指标有较强关联的评价场合。

指标权重系数在非线性加权综合法中的作用不如在线性加权综合法中明显，但是非线性加权综合法对指标值变动的反应却比线性加权综合法更敏感。因此，非线性加权综合法更有助于体现不同评价对象之间的差异。非线性加权综合法对指标值的要求较高，通常需要对观测的指标值先进行适当处理，使各指标具有可比性，再进行综合运算。

对于非线性加权综合评价来说，观测值越小的指标，对综合评价结果的影响越大。在评价指标中，只要有一个指标值非常小，那么总体评价值将迅速地趋近于零。这种评价方法对取值较小的评价指标的反应是敏感的，而对取值大的评价指标的反应较为迟钝。为了改善评价结果，最有效的途径就是提高观测值最小的指标的得分，因此，应用这种评价方法将有力地促进系统的全面、协调发展。

3. 层次分析法

定量分析方法对于社会科学的发展产生了巨大的促进作用，因此越来越受到重视，特别是最优化模型，曾一度在决策问题中得到相当广泛的应用。但在应用过程中，也出现了一些问题，主要体现在以下几个方面：第一，社会问题的复杂性导致难以构造合适的模型，即使构造出数学模型，有时也难以准确说明问题或者难以执行；第二，决策问题带有相当多的主观性，而这很难体现在最优化模型中；第三，庞大的模型成本太高，难以理解。

由于存在上述问题，人们重新思考数量方法在社会科学中的作用，特别是对于决策问题，如何既考虑数学分析的精确性，又考虑人类决策思维过程及思维规律，即定性与定量相结合，层次分析法（The Analytic Hierarchy Pricess，简称 AHP）正是在这种背景下产生的。

美国运筹学家、匹兹堡大学的萨第（T. L. Saaty）教授于 1971 年在为美国国防部研究“应急计划”时首次设计并运用了层次分析法，又于 1977 年在国际数学建模会议上发表了《无结构决策问题的建模——层次分析法》一文，此后，AHP 在决策问题的许多领域得到应用，同时 AHP 的理论也不断地深入和发展。以 AHP 为基本方法的决策分析系统——“专家选择系统”软件也早已推向市场，并日益成熟。AHP 于 1982 年传入我国，随后国内对 AHP 的研究也日益增多，其理论得到不断发展与完善，并在多个行业得到应用。

层次分析法的基本原理是排序的原理，即最终将各方法（或措施）排出优劣次序，作为决策的依据。具体可描述为：层次分析法首先将决策的问题看作受多种因素影响的大系统，这些相互关联、相互制约的因素可以根据它们之间的隶属关系排成从高到低的若干层次，叫作构造递阶层次结构；然后请专家、学者、权威人士将各因素两两比较，确定其重要性；再利用数学方法，对各因素层层排序；最后可得到评价对象的排序结果。

层次分析法根据问题的性质和要达到的目标分解出问题的组成因素，并按因素间的相互关系及隶属关系，将因素层次化，组成一个层次结构模型，然后按层分析，最终获得最底层因素对于最高层(总目标)的重要性权值，或进行优劣排序。其主要特点是定性与定量分析相结合，充分体现人们的经验判断作用，它将人的主观判断用数量形式表达出来，并进行科学处理，具有系统、灵活、简捷的优点，因此，更适合复杂的社会科学领域，能较准确地反映社会科学领域的问题。这一方法虽然有深刻的理论基础，但表现形式非常简单，容易被人理解、接受，因此，这一方法得到了较为广泛的应用，应用领域也不断扩大。

四、评价方法的选择与实施

以上介绍的各种评价方法各有其优势和局限性，在开展评价活动时，要研究具体的评价目标、分析评价对象和评价者特征，恰当选用评价方法。另外，还可以利用计算机网络技术设计开发信息化评价系统，实现教育装备评价在时空上的拓展，提高评价的准确性和效率，甚至可以节省评价活动的成本投入。

第5章　教育装备信息化发展

第1节　教育信息化在教育装备中的地位和作用

一、教育信息化简介

1. 教育信息化的概念及其特征

信息化是当今世界发展的潮流与趋势，信息化最初由日本学者从社会产业结构演进的角度提出，实际上是一种反映社会发展的新学说。1967年，日本科学技术与经济协会在研究经济发展问题时，对照工业化正式提出了信息化。所谓信息化是指从物质生产占主导地位到社会信息产业占主导地位的社会发展过程，它是一个动态发展过程。当前，信息化水平已经成为衡量一个国家或地区的国际竞争力、现代化程度、综合国力和经济成长能力的重要标志，是促进社会生产力发展的重要因素。信息化在社会生活中的应用主要体现在三个方面，即教育信息化、政府信息化和企业信息化，而教育信息化是国家信息发展的重要方面。

(1) 教育信息化的概念

教育信息化与整个教育改革和教育现代化的系统工程息息相关，发展教育信息化是使我国现有的教育系统适应信息时代对新一代公民教育的基本要求。教育信息化的概念最早出现于20世纪90年代是伴随着美国"国家信息基础设施"(NII)出现的，因此，它与信息通信技术(ICT)保持紧密的关系。1993年，NII报告中提出了教育信息化的目标：通过信息网络实现按需教育、远程课堂，将提供最好的教师和教材，以及虚拟的实验环境；虚拟图书馆、虚拟博物馆、电子报刊、网上游戏、视频点播、交互式电视等将提供学习化社区和方便的生活。

国内关于教育信息化的概念层出不穷，具有代表性的是：教育信息化是将信息作为教育系统的一种基本构成要素，并在教育的各个领域广泛地利用信息技术，促进教育现代化的过程。它是以现代信息技术为基础的新教育体系，包括教育观念、教育组织、教育内容、教育模式、教育技术、教育评价、教育环境等一系列的改革和变化，它是一个关系到整个教育改革和教育现代化的系统工程。

黄荣怀则指出，教育信息化是将信息作为教育系统的一种基本构成要素，并在教育各个领域广泛地利用信息技术促进教育现代化的过程。教育信息化的过程应高度重视以信息的观点对教育系统进行分析，并在此基础上进行信息技术在教育中的有效应用。

陈禹执笔的《教育信息化专题咨询报告》则指出，教育信息化概念是在现代信息技术广泛普及的基础上，社会和经济的各个方面发生的一场深刻的、全面的根本变革；它通过提高信息资源的开发、利用和管理水平，使各种社会活动和经济活动的功能和效率得到大幅度提高，从而使人类社会达到一个新的物质文明和精神文明水平。

2007 年，蔡连玉从社会发生学的角度提出了教育信息化是在教育系统内由于信息技术的广泛使用而引起的衍生、发展信息文化，并培育信息文明的过程，如图 5.1 所示。教育信息化的目的就是通过对信息技术的利用，带动教育系统内的各个方面的变动；借助信息技术的广泛应用带来的信息文化的衍生和发展，培育信息文明。

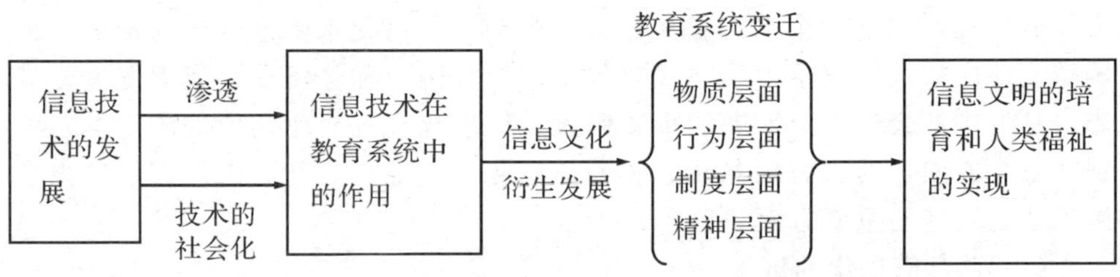

图 5.1　教育信息化的社会学发生图

二者共同指出了教育信息化是教育系统的基本构成要素，而后者则从社会层面指出教育信息化产生的背景、目的及终极关怀。我们认为对教育信息化概念的理解应该包含以下几个方面：信息资源、信息技术、信息的网络社会化过程。信息资源是教育信息化的核心，信息资源与信息技术的有效应用是教育信息化的目的，信息的网络能快速有效地传播信息，它是教育信息化的基础，而信息化是一种社会过程，必将受到人们的观念、理想、意志技能及各种社会组织等方面的影响和制约。

(2)教育信息化的特征

教育信息化是一个系统工程，它不仅可以改变传统的教学模式，还能促进教育思想、教育观念的改变。它是现代教育理论与教育技术作用下的教育现代化过程，具有以下特点：①教育信息处理的数字化。数字化使教育信息高度集成，以 0 和 1 的形式存在，方便信息处理与存储。②教育信息传输的网络化。网络可以使教育信息资源在短时间内实现共享，解除了许多传统教学活动受时间、空间限制的问题，使人—机交互得到充分展示。③教育信息系统的智能化。多媒体技术中融入了人工智能技术，转变为智能化系统，处理重复而繁杂的任务，实现了脑力劳动的解放。④教育信息呈现多媒体化。教育信息中融合了多媒体技术，实现了教学信息的多元化、结构化、动态化表示，实现了教学虚拟化、过程情景化。⑤教育信息传播过程中，学生地位的主体化、学生在教育信息化进程中的主体地位得到充分表现。

表 5.1　传统教育和教育信息化的比较

传统教育特点	封闭性	专有性	有限交互性	班级化	静态化	独立化
教育信息化特点	开放性	共享性	无限交互性	个性化	动态化	协作化

从表 5.1 可以看出，教育信息化的特点分别表现在技术、学习自主化、管理和学习合作上。其中，技术的应用是教育信息化的基本特点，以学习者为主体，实现个性化教学，在教学的过程中融入智能化管理，而合作学习，则将成为教育信息化研究的聚焦点。

2. 教育信息化的内容

教育信息化是在教育教学过程中对信息的获取、传递、加工、再生而言的，而在大范围内，它包含教育与教学领域的各个方面。教育信息化的内容包括基础设施及公用信息平台建设，教育信息资源建设，教育信息技术开发及其产业化，信息化人才培养与培训，信息化政策、法规、标准化和管理评估等。

基础设施和公用信息平台建设是教育信息化的硬件建设，包括设计多媒体计算机的配置，校园网的建设和维护，各类教育公用信息网络平台的开发、运行和管理。基础设施和公用信息平台建设是教育信息化的基本条件。

教育信息资源建设是教育信息化的软件建设，是教育信息的核心内容，教育信息资源建设的好坏决定了信息化教学的优劣。教育信息化的资源建设包括各类教育教学软件的设计开发、网络教学资源库的建设、管理基础信息库的建设等。

教育信息技术开发及产业化是教育信息化和国家信息化的结合点，是推动国家信息化进程的动力源，它主要针对高等教育而言，要求高校充分认识到加强技术创新、科技成果转化及高新技术产业化是高校的重要历史使命，并把科技成果转化和高新技术产业化放在与教学、科研同等重要的地位，采取产学研结合，建立符合高校实际、有利于科技成果转化和高新技术开发、系统集成、中间试验的企业，通过多元化投资，创办和发展高校高科技企业和企业集团。

信息化人才培养与培训是教育信息化建设的根本任务，信息化人才培养包括普及中小学信息技术教育和培养高层次信息技术创新人才，培养学生的信息处理和加工技能、信息素养和创新意识。信息技术人才的培养，关键在于师资力量，目前，对中小学教师主要从教育理论、教学设计方法和信息技术这三个方面进行培训。

信息化政策为教育信息化顺利进行提供政治保障和方向指导。而对教育信息化的管理则是教育信息化健康发展的重要条件和保障。国家政府及相关部门对教育信息化的各个方面颁布、下发各种通知、文件，为各项工作的开展提出国家的明确要求。国家颁布各种管理条令，指定一系列标准，才能使教育信息化规范化、秩序化，从而推动教育改革的进一步发展。

开展对教育信息化的有效评估，不在于硬件或软件配备的性能强弱，而在于在教育过程中的应用效果。

3. 教育信息化的法制建设

(1)教育信息化的立法现状

教育信息化立法有广义与狭义之分，广义的教育信息化立法泛指国家权力机关和国家行政机关依照其职权范围，通过一定程序制定有关教育信息化法规的活动。而狭义则指国家权力机关按照一定的法律程序制定、讨论和通过有关教育信息化的法律的活动。

党的第一届三中全会以来，我国一直在加强立法工作、健全社会主义法制体系，但对我国社会主义现代化建设的实际来说，我国的法制建设并不健全。我国在教育立法方面的突出问题是：首先，教育法规不健全、不完备；其次，已制定和颁布的教育法规多属于行政系统制定的单项法规，由国家权力机关制定和颁布的教育法律却很少；再次，已制定的教育法律法规多针对教育事业内部的要求，缺乏与经济、社会联系的内容，难以起到协调教育外部关系的作用，这些问题使教育信息化的发展很不协调。

(2)加强我国的教育信息化法制建设

针对我国教育信息化法制现状，要加强我国的教育信息化法制建设，应做到以下几点：

①防止出现法律虚无主义和法律万能主义这两种错误倾向，党的教育信息化方针、政策是教育信息化管理的基本依据和出发点，既要依据党的教育

信息化方针、政策制定教育信息化法规，又要以党的教育信息化方针、政策为指导实施教育信息化法规。

②要做好原有教育信息化法规的整理工作，“去其糟粕，取其精华”，补充目前教育信息化法制现状的不足。

③加强教育信息化法学的研究工作，才能建立适合自我发展的教育信息化法规体系，才能为提高人民群众、教育工作者以及法律工作者的教育信息化法律意识创造最基本条件。

④要群策群力，做好教育信息化立法工作。教育信息化立法是一项巨大的系统工程，这就要求我们在制定教育信息化法规时，要动员和组织各方面的力量，深入调查研究，进行科学论证，开展各种实验，认真总结经验，既要积极，又要慎重；既不能脱离实际，又不能草率行事。

二、教育信息化的新进展

1. 教育信息化的国外发展现状

(1)美国教育信息化发展现状

美国是目前教育信息化较为先进的国家，有其独特的教育信息化价值观，在20世纪90年代，美国人就认识并体验到“信息知识正在取代资本和能源而成为创造财富的源泉”，因此，据统计，截至2000年8月，美国已有98%的学校用上了计算机，90%的学校已联上了互联网。美国为解决“数字鸿沟”问题而出台了一项政策——教育信息化国家资金资助项目，也称为E-rate政策，这是美国教育信息化发展的一项非常重要的基础政策，它每年的资金投入占美国全部基础教育信息化国家投入的74%以上。E-rate对美国教育信息化的发展产生了巨大的影响，加快了美国学校互联网的普及，极大地普及了各项电信服务在学校教学和管理中的应用，为美国政府和社会开展深入的教育信息化改革奠定了强大的应用和发展基础；“数字鸿沟”现象有了较大范围的缩减。E-rate为美国学校文化提供了新的政策环境；促进了美国国内电信产业和未来网络教育市场的发展；也进一步完善了教育信息化体系的整体构建。

在美国，信息技术在教育领域的应用不仅局限在教学方面，还包括教育科研、家庭合作、学校社区服务以及学校以外的终生学习等。在硬件资源建设方面，非常重视投资效益，不刻意追求设备的先进，而是通过推动系统建设，发挥最大的投资效益。2000年6月，美国95%的中小学和72%的教室接通了互联网，平均每五名学生拥有一台计算机。软件资源建设在教育信息化进程中至关重要。目前，美国各州、各学区和国家教育组织正积极将部分或全部教学内容及其相关服务数字化，并分享现有教育资源，最大限度地开发教育资源的潜力。美国在信息人才培养方面做了大量富有成效的工作。美国各州都制定了相应的教师培训法案，把教育技术水平作为评价中小学教师水平的标准之一。

(2)欧洲主要国家的教育信息化建设

英国的教育信息化处于世界领先地位。政府政策、财政的引导支持，信息资源的开发利用，远程教育的大力发展，管理和教学模式的全面更新是其成功的关键。它反映了教育与时俱进的前瞻性和开拓性。

法国的社会信息化程度并不高，但是2002年1月，法国总理直接领导的“信息技术战略委员会”发表了一份题为《学校与信息社会》的建议书，指出“学校是信息社会的基石”“构建信息社会的国家战略会赢得双倍的国际竞争力”。法国教育中，发展信息与通信技术的特点是国家宏观主导，国家开发信息资源，设置信息与通讯证书，制定教育中信息与通信技术的法律法规，构建数字校园的法律框架。但是目前，法国不仅缺乏负责信息与通信技术的教师与技术人员的编制，而且开展的培训也不够。

俄罗斯的教育信息化还处于实验性的起步阶段，大多数教师能接受在教学过程中运用教育技术促进教学信息化的思想，愿意在教学中运用更多的方式、手段提高教学效果，并对其具有浓厚的兴趣。目前，俄罗斯为改变目前教育现状制定的一系列措施和发展计划主要有：建立统一的教育系统，推进教育信息化进程，普及计算机技术，加强信息技术的研究工作。

2. 教育信息化的国内发展现状

我国是发展中国家，信息化水平较低。我国中小学教育信息化建设大致经历了三个阶段，每个阶段都有其重点、目的、运行方式和热点领域，具体如表5.2所示。

表5.2 我国教育信息化发展的三个阶段

阶段/时间	重点、目的、口号	运行方式	热点领域
第一阶段：20世纪70年代末至80年代初	计算机学科教学； 让学生学习和掌握信息技术的基础知识和基本技能； “程序设计是第二文化”	开课年级从高中、初中，再到小学；课程形式从选修到必修；课程内容开始时主要是程序设计，后来增加了应用软件的操作与使用；课程名称变成了“信息基础课程”	信息技术课程

续表

阶段/时间	重点、目的、口号	运行方式	热点领域
第二阶段：20 世纪 80 年代后期至 90 年代中期	计算机辅助教学与计算机辅助管理；开发教学、管理软件、课件，计算机作为一种工具；“计算机与基础教育相结合是国际发展趋势”	教学软件类型向组件、积件发展；教学平台向素材型、工具型、平台型方向发展；计算机辅助教学向强调学生主体性的“课程整合”方向发展；由教师自己开发课件向教师整合利用各种资源为主；建构主义教学模式成为课程整合的理论基础	课程整合
第三阶段：20 世纪 90 年代中后期	网络教育；网络教学技能、方法，网络资源建设；“建网、建库、建队伍”	建多媒体教室；建校园网；天网、地网相结合，实施“校校通”工程；对学生开设网络课程；建网上教育资源库；研究基于网络的教学模式；探索基于网络的研究性学习；试验远程教学模式	网络教育

我国基础设施建设初具规模，软件资源建设得到强力推进，教师培训取得丰硕成果，中小学信息技术教育正在普及，规章制度建设日趋完善。但是，在教育信息化建设中也存在一些问题，如：教育工作人员对教育信息化认识不足；基础设施和教育资源建设落后且利用率较低；中小学教育信息化师资力量缺乏；现代信息技术与学科教学(课程)的整合水平不高，“三件”建设(硬件建设、软件建设、潜件建设)不协调和区域发展不平衡；缺乏系统的规划权利和健全的保障体系。

3. 教育信息化的未来发展趋势

20 世纪 90 年代以来，信息技术不断创新，信息产业持续发展，信息网络广泛普及，信息化成为全球经济社会发展的显著特征，并逐步演变为一场全方位的社会变革。进入 21 世纪，信息化对经济社会发展的影响更加深刻。广泛应用、高度渗透的信息基础正孕育着新的突破。信息资源日益成为重要的生产要素、无形资产和社会财富。信息网络更加普及并日趋融合。互联网加剧了各种思想文化的相互激荡，成为信息传播和知识扩散的新载体。信息安全的重要性与日俱增，成为各国面临的共同挑战；全球数字鸿沟呈现扩大趋势，发展失衡现象日趋严重。全球信息化正在引发当今世界的深刻变革，重塑世界政治、经济、社会、文化和军事发展的新格局。

中国的信息化水平较低，要想迎头赶上，只能采取跨越式发展战略，将 21 世纪初到 21 世纪中叶分成三大阶段，实现跨越式发展(如表 5.3 所示)。

表 5.3　我国教育信息化跨越式发展战略

第一阶段： 2005～2020 年 信息化夯实基础阶段	信息技术在国民经济与社会生活主要领域的应用水平进一步提高，国家信息能力总体水平排名进入全球前 30 名，亚洲前 5 名	我国东部沿海经济发达地区开始进入初级信息化社会
第二阶段： 2020～2035 年 信息化全面推进阶段	信息技术应用水平跨越式提高，缩短经济、社会信息化水平与国外发达国家水平的差距，国家信息能力总体水平排名进入全球前 20 名，亚洲前 3 名	我国东部沿海经济发达地区经济、社会信息化水平接近和赶上中等发达国家水平，进入全面初级信息化社会
第三阶段： 2035～2050 年 信息化高度发展阶段	经济信息化与社会信息化高度发展，总体水平赶上和超过国外中等发达国家水平，排名进入全球前 10 名	我国东部沿海经济发达地区社会信息化水平接近和赶上国外发达国家水平，我国开始进入中高级信息化社会

三、教育信息化在教育装备中的地位

1. 教育信息化兴起的背景

首先，教育信息化的兴起是信息时代的必然趋势。在信息时代，以知识和信息的生产、传播和应用为基础的知识经济将主导世界经济的发展。国家综合国力的竞争取决于科学技术的创新，是人才的竞争，从根本上说，是教育的竞争，教育在经济和社会发展中的地位非常重要。

其次，教育信息化的兴起是教育改革内在的必然要求。信息时代的飞速发展，对教育观念、教育和学习方式产生了巨大的影响，极大地拓展了教育的时空界限，随着多媒体教学、远程教育、虚拟大学等应运而生，传统的教学模式取得巨大的突破，为了在国际竞争中占领一席之地，我们必须加快中小学普及信息技术教育的进程，努力实现教育信息化。

再次，政府的宏观调控、基层教育的实际需要，加速了教育信息化的兴起。全国各地正在探索如何通过信息化技术的使用，提高教育发展水平，实现地区教育跨越式发展。一方面，积极提高计算机装备水平，加强信息化基础设施建设；另一方面，寻求资源建设、软件应用的突破，在实际工作中实现信息化管理、教学与学习，这些都使教育信息化的兴起成为必然。

2. 教育信息化是实现教育现代化的重要步骤

教育现代化是用现代的先进教育思想和科学技术武装人，使教育思想、教育观念、教育内容、教育方法与教育手段以及学校的校园环境和设备，逐步提升到世界先进水平，培养能够参与国际竞争的新型劳动者和高素质人才的过程。教育现代化包括教育观念现代化、教育思想现代化、教学内容现代化、教学内容现代化、教学方法现代化、教学手段现代化、教育管理现代化和师资队伍现代化等。它有四个方面的特征：教育国际化、教育终身化、教育个性化、教育多样化。

教育信息化是实现教育现代化的前提，为其发展提供基础和条件。教育信息化表现为多媒体技术、网络技术和通信技术的运用，通过建立新型的具有时代特征、适应时代要求的现代化教育体制，促成教育现代化的实现。

教育信息化带动教育思想、教育理念的现代化。现代信息技术运用于教育领域，带来了教育和教学的形式、手段、方法、环境等方面的变化，促进传统的教育理念、课程结构、师生关系、人才培养模式等不断变革。因此，教育工作者必须要更新教育思想和教育理念，注重培养学生获取知识的能力以及创新精神，帮助学生学会利用各种多媒体资源，主动获取知识，进行创造性学习，改进现有的师生关系，让教师充当学生的引导者，为学生的学习提供各种帮助。

教育信息化带动教育教学的现代化。我们处在信息资源高度网络化、媒体化的环境中，这使得教育工作者必须突破传统的教育内容、教学手段、教学方法、教学模式，促进教学手段和教学方法的更新，提高教师教学和学生学习的效率，真正实现网络化、多媒体、开放式多种形式共存的现代教学模式。

教育信息化有利于培养现代化人才。教育信息化为培养现代化人才创造良好的环境，现代教学通过数字化从多个角度刺激学习者，调动学习者的求知、求学兴趣，激发学习者的积极性、主动性和创造性，加深学习者对新理念、新知识、新观点的理解、记忆、思考和掌握，促进学习者综合素质的全面提高。

教育信息化是教育现代化的重要内容，是实现教育现代化的重要步骤。如果没有教育的信息化，就不可能实现教育的现代化。教育信息化管理能够大大促进教育现代化的进程。

四、教育信息化在教育装备中的作用

1. 教育信息化有利于国民素质的提高

2010年开始，我国高校教育信息化开始迈入新的发展阶段。教育部在《国家中长期教育改革和发展规划纲要(2010—2020年)》中明确做出了“加快教育信息化进程”的战略部署，我国的教育信息化建设即将进入一个加速发展时期。

教育信息化是提高国民素质的重要途径之一，加强教育信息化工作，借

助现代信息技术构建的开放式远程教育网络，使受教育者获得信息不受时间、空间的限制，从而改变以学校教育为中心的教育体系，保障每一个公民接受教育的平等性。这种开放式的教育网络也为人们实现终身信息教育提供了保障。从这一角度来看，教育信息化为全体公民提供了更多接受教育的机会，教育信息化对全体公民素质的提高具有重要的意义。

2. 教育信息化有利于创新人才的培养

我国是人才大国，但还不是人才强国。要充分发挥人才资源的潜在优势，就必须加快教育信息化的建设步伐，学生可以利用教育信息化的环境，通过检索、收集信息、处理信息、创造信息，实现知识的探索和发现，这对创新人才的培养具有重要的意义。

以高等教育的信息化进程为例，目前高等教育面临着前所未有的发展机遇，国际化潮流为中国的高等教育实现跨越式发展提供了充裕的、可借鉴的经验与资源。国外先进的办学理念和管理经验、一流的教材和授课体系、高水平的在线课程与学术资源、经常性的国际会议和学术交流、各种形式的中外合作办学等，都为我国创建世界一流大学，加快培养创新型国际化人才提供了千载难逢的历史机遇。我国的高等教育在人才培养方面正在快速与国际接轨，吸取国外先进的办学理念和管理经验，在全球范围招聘高级管理人才和学者，注重培养面向世界的具有国际化意识和国际竞争力的高级专门人才。在国际化科技交流与合作方面，积极参与国际学术会议和人员交流，努力加强科研合作、科研资源共享，为创新型人才的培养创造了良好的国内外环境。如今，世界各国都十分重视高等教育信息化建设，一些发达国家提出了清晰的发展蓝图，走在了时代的前列。美国教育部教育技术办公室(Office of Educational Technology，OET)于 2010 年 3 月发布了美国教育技术规划草案(National Educational Technology Plan，NETP)，提出了利用以技术推动学习的 21 世纪模式变革美国教育，倡导对教育进行结构性变革，建立灵活高效的教学系统与过程，重视技术特别是信息技术在教育中的运用，并提出了一系列具体实施与保障措施。

3. 教育信息化有利于教育信息产业的发展

教育信息化的过程是一个信息技术、信息设备在教育中广泛应用的过程，这个过程必将极大地推动教育信息产业的发展。目前，已经有许多企业参与到校园网的系统集成、教学资源或教学软件的开发和服务中来。一批企业相继推出了各具特色的校园网解决方案、教育教学支撑平台和管理平台等。目前我国教育信息产业的发展趋势有以下四种：一是企业的产品更趋于专业化；二是企业会走向联合或联盟；三是教育产品会形成几条产品供应链；四是会形成多条教育信息技术服务链。全国有六十多万所学校、上亿名学生，在这些学校全面地实施教育信息化，对我国的信息产业、经济发展来说是一个极大的商机，提供了一个很大的发展机遇。

第2节　教育信息化终端设施的建设

一、教育信息化终端设施的发展

1. 教育信息化终端设施的发展现状

(1)信息化建设关系国家发展全局

信息化是当今世界发展的大趋势，是我国经济加速发展和社会全面进步的重大战略机遇。"以信息化带动工业化，以工业化促进信息化"是全面建设小康社会和构建社会主义和谐社会的重要举措。信息化是未来发展的制高点，关系到科技、经济、社会、文化、政治、军事、国家安全的全局。信息化水平是衡量一个国家现代化程度、综合国力、国际竞争力、经济增长能力的重要标准。

教育信息化是国民经济和社会信息化的重要组成部分，是教育发展全局中的关键环节，是构建现代国民教育体系，形成全民学习、终身学习的学习型社会的内在要求。以教育信息化为龙头，带动教育现代化，实现教育全面发展是我国教育事业发展的战略选择。

(2)基础设施建设

①情况概述

在我国，"天地合一"的现代远程教育传输网络初步形成，中国教育和科研计算机网(CERNET)和中国教育卫星宽带传输网(CEBsat)互联互通，覆盖全国。

在校园网络设施方面，逾90%的高校，约6%的中小学(38000多所)，约35%的中职学校(将近6000所)建成了校园网。

此外，我国第一个下一代互联网CERNET2主干网建成开通，中国教育科研网格(ChinaGrid)取得重大进展，为教育信息化的长远发展打下基础。

②基础设施

1)中国教育和科研计算机网CERNET

中国教育和科研计算机网CERNET被称为中国教育信息化基础设施中的"地网"。它是世界上最大的学术网，也是我国第二大互联网，始建于1994年。

目前，CERNET主干网传输速率达到2.5Gbps～10Gbps，地区网传输速率达到155Mbps～2.5Gbps，覆盖全国200多座城市，联网的大学、教育机构和科研单位超过1800所，用户超过2000万人，成为世界上最大的国家级公益性计算机互联网。

CERNET也是我国下一代互联网研究与建设的先行者。近几年，CERNET承担了中国高速互联研究试验网NSFCNET、863-IPv6综合实验环境、CERNET-IPv6试验网、中日IPv6合作研究等我国下一代互联网的试验和研究项目，推动了我国下一代互联网的研究和技术进步。2004年1月，CERNET与美国Internet2、欧盟G傾NT等全球性学术网共同宣布：开通全球IPv6下一代互联网服务。2004年3月19日，连接北京、上海和广州的拥有自主知识产权的CNGI核心网CERNET2试验网开通并开始提供服务。目前，已有近100所高校接入了纯IPv6技术下一代互联网。

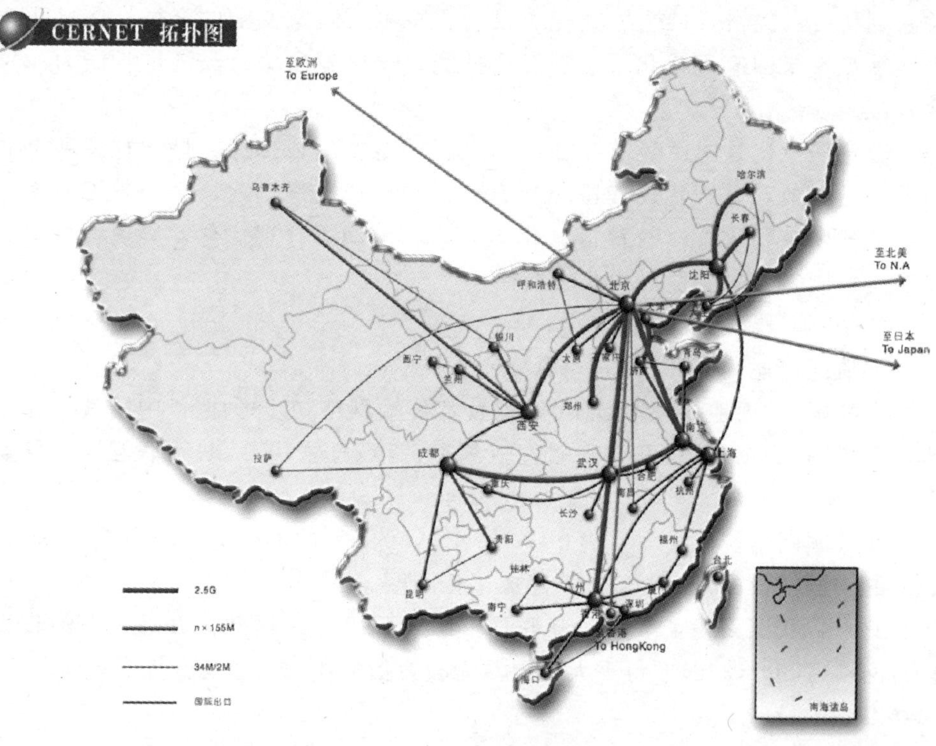

图5.2　教育网络

2)中国教育卫星宽带多媒体传输平台CEBsat

中国教育卫星宽带多媒体传输平台CEBsat被称为“天网”，2000年10月开始正式运行。作为交互式远程教育服务网，CEBsat 目前已经覆盖了全国各省、自治区和直辖市，接收人数逾 200 万。拥有 8 套数字电视、8 套数字音频广播、25 套 IP 广播，正在播出教育政务、西部扶贫、电大远程教育、基础教育同步课堂等各种信息，在教育政务信息化、扶贫基础教育和远程教育等各个方面发挥了重要作用。

“天网”和“地网”的连接形成了无缝的、具有中国特色的现代远程教育传输网络。目前为止，90%以上的高校已经接入我国的“天网”和“地网”。约 6%的中小学校(38000 多所)、约 35%的中职学校(近 6000 所)基本建成校园网，在校园网开展远程教学、数字图书馆、数字博物馆、办公自动化、教学教务管理、后勤管理、网络课程和教学资源开发等应用。

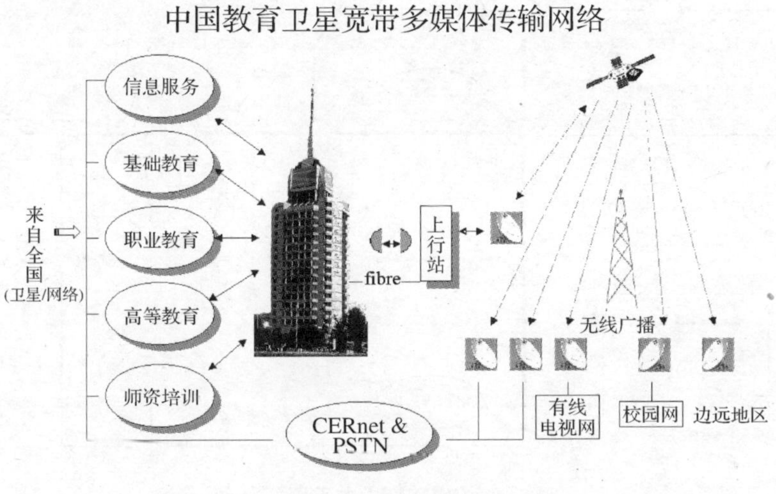

中国教育卫星宽带多媒体传输网络

图 5.3　卫星传输网络

3)下一代互联网建设

CNGI-CERNET2 主干网开通于 2004 年 12 月。2006 年 9 月，通过技术鉴定，为教育信息化创新发展打下基础。它的传输速率为 2.5Gpbs～10Gpbs，是连接中国 20 个主要城市、25 个核心节点的世界规模最大的纯 IPv6 互联网主干网，提供 1Gpbs～10Gpbs 高速 IPv6 接入服务，高速连接全球下一代互联网。目前 CNGI-CERNET2 主干网已接入近百所高校，总体技术水平处于世界领先地位，部分技术属于国际首创，立足于国产设备和自行研发。

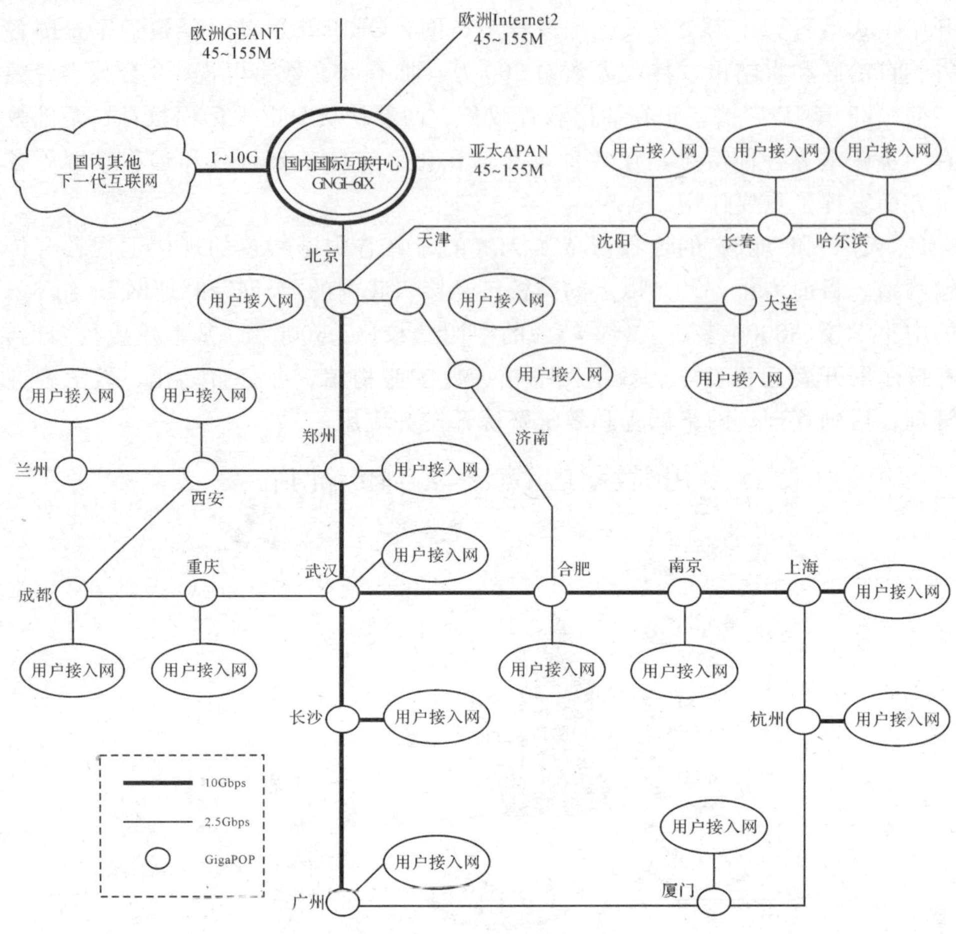

图 5.4 CERNET2 主干网拓扑图

4)中国教育科研网格 ChinaGrid

中国教育科研网格 ChinaGrid 于 2003 年筹建，2006 年 7 月通过技术鉴定，整合了 20 所重点高校的计算、信息、存储等资源，聚合计算能力达到 15 万亿次以上，存储能力达到 150TB 以上，并开发了具有国际影响的网格中间件——ChinaGrid 公共支撑平台(CGSP)，部署了生物信息学等五大特色网格应用，形成了资源共享、配置灵活、跨学科、跨地域的高效网格环境，成为服务于教育、科研的大平台。其系统总体设计和关键技术达到国际先进水平。

ChinaGrid 的长远目标是建设中国乃至世界上“最大、最先进、最实用”的网格系统。从最初的 12 所高校开始，ChinaGrid 的覆盖面正在不断扩展，最终将覆盖全国的大、中、小学和其他科研教育机构，其用户群也会由现在的领域专家和专业用户扩展为包括中小学生在内的普通用户。

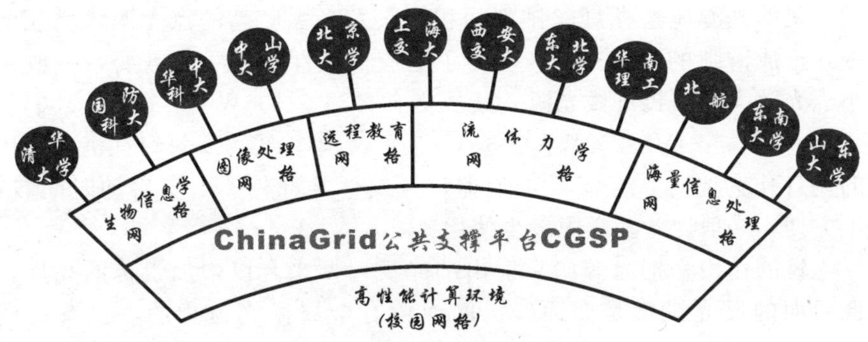

图 5.5　ChinaGrid 总体部署图

2. 教育信息化终端设施的发展趋势

(1)国家重视程度

①发达国家：高度重视，制订国家战略和行动计划，确保经费投入。

②许多发展中国家：作为摆脱贫困、振兴国家的重要举措，加大投入和建设力度。

(2)基础设施

日益完善，融入教育的各个层次和环节。

(3)资源建设

社会组织参与，在线资源丰富，为终身学习服务。

(4)网络教育

发展迅猛，高校间课程交换、学分互认初见端倪，虚拟学校正在形成。

(5)传统课程的信息化改造

信息技术应用于教学的形式多样，信息呈现多媒体化，多种技术扩展人机交互。

(6)人才培养

重视师资培训、信息技术教育普及和初、中级信息化专业技术人才培养，信息技术教育列入正式课程等。

二、视听类终端设施

1. 幻灯机

(1)幻灯机的结构

幻灯机一般由操作系统、换片系统、光学系统、电路系统、传动系统和冷却系统等组成。幻灯机的光学系统主要由反光镜、光源、聚光镜和放映镜头等部分组成。

光源的作用是照亮幻灯片，通过放映镜头将幻灯片画面的影像映在银幕上。幻灯机的光源应选择灯丝排列面积小、发光强度高的点光源，增强图像的反差，形成清晰的影像。现在，为了适应白昼课堂教学的需要，一般采用体积小、光效高的卤钨灯做光源。其规格有“12V　100W”　“15V　150W”　“24V　150W”　“24V　250W”　“30V、400W”等。实物反射幻灯机多采用高亮度的镝灯作为光源，但需要限流器、触发器等部件。由于启动时间较长，操作不方便，一般课堂教学中较少使用。

反光镜的作用是把光源向后射出的光反射回来，以增加银幕的亮度。用在光源后面的反光镜常是凹面镜。四面镜有金属抛光镀亮的，也有玻璃涂银的。

聚光镜一般由两块耐高温的凸透镜组成，两块透镜平面朝外，凸面相对，中间有一厘米左右的间隙，便于通风冷却。为了减少光源的热辐射，中间常放一块平板隔热玻璃，以免烤坏幻灯片。光源被准确地放在聚光镜透镜组的焦点上，这样聚光镜就能将光源发出的散射光聚集成平行光束，均匀地照亮幻灯片。幻灯片作为实物通过放映镜头在银幕上形成清晰的影像。因此，聚光镜的直径要比幻灯片画面稍大些。

放映镜头的作用是将幻灯片的画面放大，在银幕上形成一个清晰明亮的影像。放映镜头一般由三片以上凸透镜和凹透镜组成，能够较好地消除像差、色差和影像畸变等现象，故成像清晰，放映效果好。

(2)幻灯机的基本原理(如图 5-6 所示)

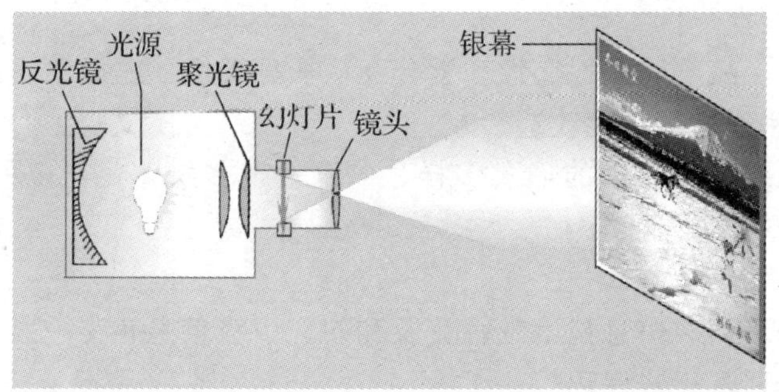

图 5.6　幻灯机原理图

(3)幻灯机的使用

为了使幻灯机在教学中充分发挥作用，不致因准备不足、疏忽而发生故障，影响教学效果，课前教师必须认真准备，熟悉幻灯机的性能，保证幻灯教学的顺利进行。幻灯机的种类较多，这里针对一般常用幻灯机的使用进行综合介绍。

①首先应根据教学内容选择合适的幻灯片，再根据所选用幻灯片的尺寸选择幻灯机。使用者应熟悉产品使用说明书，了解幻灯机的性能与特点，并检查设备、附件等是否齐全。

②幻灯机的放置位置要便于使用。幻灯机与银幕的距离要适当，若用 1.5 米×1 米的银幕，距离约 4～5 米。适当调整高度和仰角，避免学生头部挡住光线。

③幻灯片要装在片夹内。片夹有硬纸板夹与塑料夹两种，将装在片夹内的幻灯片按教学过程的先后顺序插在幻灯机的片夹内，然后把片盒放入片仓(直片盒)或装在幻灯的顶部(圆片盒)，并使片盒上的齿条与幻灯机传动机构的小齿相啮合。无论是直盒式还是圆盘式片盒，幻灯片均应上下倒立，左右反放。

④开机前要注意检查放映地点的供电电压与幻灯机的额定电压是否一致，电压误差一般不要大于 5%。

⑤开机后要检查风扇马达是否运转。若是两个开关，先开风扇马达开关，使风扇马达运转。稍等一会儿，再开灯泡开关，这样可以起到保护和延长灯泡使用寿命的作用(关机时注意先关灯泡开关，再关风扇马达开关)，如风扇马达不运转，严禁使用幻灯机。

⑥幻灯机的型号种类不同，换片方式也不尽相同，但主要有手动、键控、遥控、讯控和自动换片几种。

⑦调节焦距。当第一张幻灯片进入片门映到银幕上后，可能因镜头焦距没有对准造成影像模糊，这时需要较大范围的调节，可用手转动放映镜头，调整它和幻灯片的距离，使幻灯片的画面正好成像于银幕上，直到影像清晰为止。如果因幻灯片不平或片框规格不一不能停留在片门的同一平面上，造成银幕上的影像不实，这时可用机上的调焦键或遥控装置上的调焦按钮进行微调。现在有的幻灯机具有自动调焦的功能，在放映过程中能够自动进行微调，保证放映质量。

(4)注意事项

使用幻灯机时如发现不正常的现象、声响等，一定要停机检查，待排除故障后才能继续放映。幻灯机在放映时，不能移动，以免震坏灯丝和其他元器件。

①幻灯机要经常保持清洁。在擦拭镜头时，应先用吹气球(洗耳球)或软毛刷除去灰尘，然后再用镜头纸或鹿皮等轻轻擦拭，以免划伤镜头的敷膜。难以擦掉的污物，可用镜头纸蘸纯酒精或四氯化碳擦拭。不要用手直接接触玻璃壳，防止镜片上的敷膜被划伤。

②开机时首先查看电扇是否运转，只有电扇运转正常才能接通光源开关

进行放映。放映结束时应先关闭电源，使电扇继续运转几分钟，以延长灯泡的使用寿命。

③放映中如发现卡片现象应立即关机检查原因，排除故障，切不可强行推拉推片杆或片盒等。其原因可能是幻灯片夹变形或开裂，幻灯机安放仰角太大，片夹从片盒中跳出卡住中间隔板或机器有故障等。

④运转传动部分的齿轮每工作 150～200 小时应加注 201 低温润滑脂，轴和轴承每工作 30～40 小时应加 2～3 滴定子油或缝纫机油，以保证幻灯机的正常运转，延长幻灯机的使用寿命。

⑤幻灯机长时间不用，每季度应通电一次，以防机器受潮，零件生锈。存放时不可重压和倒放，避免零件位移或损坏。

2. 投影仪

(1)投影仪的结构

投影仪主要由光学系统、通风设备及电路构成。

投影仪的光学系统主要有光源、辅助聚光镜、螺纹透镜、放映镜头、反射镜和反光镜，其中光源、放映镜头和反光镜的使用要求及作用与幻灯机相似。

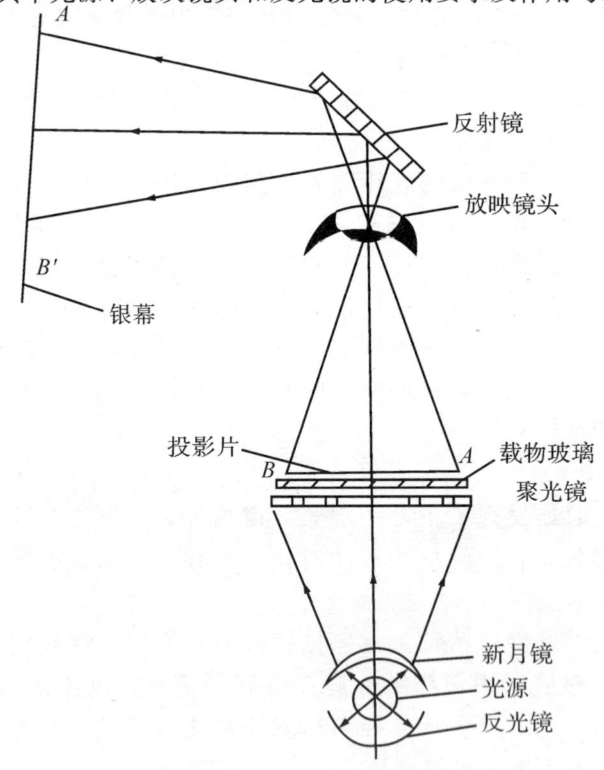

图 5.7　投影仪原理图

(2)投影仪的使用

①投影器的使用极为广泛。可以将透明胶片当作黑板使用，放在载物玻璃上的大面积透明胶片，既可写字又可画图，投影到银幕上，如同在黑板上进行板书或板图一样。教师还可坐着讲课，且不会吸入粉笔尘灰，改善了教师的工作条件。

②可在透明胶片带上写教学提纲。教师在透明胶片带上事先写好教学提纲，在讲课时边讲边拉动，在课程结束时还可将胶片带倒回来，重放一遍，进行复习、小结。

③扩大实物观看范围。投影仪可将某些实物或演示实验放大。例如在投影仪上可进行某些物理和化学的演示实验。

④可在透明胶片上当众批改学生作业。如果教师将透明胶片发给学生当作业纸使用，学生上交后，教师可在投影仪上当众批改学生作业，效果较好。

⑤可放映投影教具。如果在投影仪上放映各种投影教具进行演示，形象逼真，更能吸引学生的注意力。

⑥放映各种投影片。根据不同的教学内容，设计与制作各种各样的教学投影片，以增加感知，加深理解，提高教学质量。

⑦为了使银幕上的图像清晰、大小合适，在使用投影仪时必须进行必要的调节。

1)调节放映距离，这里有两种情况。当投影仪与银幕无固定位置时，可调节投影仪与银幕间的距离(称为投影距离、机幕距或像距)，一般为 1.5～2 米左右，可参考表 5.4。当投影仪和银幕间的位置固定时，可通过旋动调焦旋钮改变投影片与物镜之间的距离(称为片镜距或物距)，从而在银幕上得到清晰的像。调节平面反射镜的倾斜角大小可调节图像在银幕上的位置高低。

表 5.4　放映距离调整

投影距离(m)	放大倍数	银幕面积(cm^2)
1.5	4.1	112×112
2.0	5.75	160×160
2.5	7.4	204×204
3.0	9.75	252×252

2)调节光程，所谓光程，就是光线从光源(这里指投影片)出发到达银幕所经历的路程。在放映时，要求画面上各对称位置处光线的光程相等。投影仪的位置一般较低，而银幕的位置较高，将导致画面上下两部分的光程不等，出现上宽下窄的畸变现象。消除畸变的方法是降低银幕高度，使银幕中心与

平面反射镜处在同一高度，但这样将影响学生观看；如果图像必须在高处，常用的方法是将银幕前倾一个合适的角度，使光线从投影仪到达银幕上下两部分的光程基本相等，减少图像的畸变。

(3)注意事项

①检查电源电压与投影仪的额定电压一致后才能将电源接上。开启电源开关后风扇应立即转动，如果是溴钨灯投影仪，此时灯泡应同时亮。如果是镝灯投影仪，则应在按下触发按钮后，放映灯才逐渐变亮。如果接通电源后灯不亮，应检查灯脚螺丝是否松动，灯丝是否完好，灯脚与电源线是否接紧。如果灯不亮、风扇不转，应打开保险丝盒，检查保险丝是否烧断。如果换新，应换相同规格、型号的保险丝。

②应保持放映镜头、聚光镜、螺纹透镜、投影反射镜和反光镜等不耐磨的光学元件的清洁。这些元件是投影仪中的关键部件，它们的好坏直接影响成像质量。在使用时，切勿用手触摸这些元件，若有污物、尘埃，可用洗耳球吹风去尘或用镜头纸、软质绒布轻擦，忌用硬纸、粗布擦镜。

③如果风扇电机有故障，必须修复后才能使用，否则箱内温度迅速升高，将使螺纹镜变形损坏，为使螺纹透镜不因高温变形，除了在光源与聚光镜间放置一平板隔热玻璃外，还应注意在使用时不要在投影仪周围堆放杂物，以免影响通风、散热，用毕不要马上装箱，待冷却后再装箱。如果是镝灯投影仪，则在灯泡熄灭后，可让风扇继续转动一段时间，待冷却后再将风扇关掉。风扇电机每半年需要擦洗、加油一次。

④放映时不要震动投影仪。溴钨灯丝受热后遇震容易断裂，因此，投影仪开始工作后，尽量不要搬动投影仪，尤其严禁使投影仪剧烈震动。如要搬动，应先行关机，待灯丝冷却后再搬动。

⑤要防止受潮或受腐蚀。投影仪内一般都有一只降压变压器，要防止变压器因受潮而烧毁。若发现变压器受潮，一定要预热烘干，待变压器完全干燥后才可使用。投影仪要尽量与有腐蚀性的物品隔离，如果必须放映有腐蚀性药液的实物，要在投影仪上盖透明胶片或玻璃板。

3. 电影放映机

(1)分类

电影放映机是把影片上记录的影像和声音，配合银幕和扩音器等还原出来的机械设备。电影放映机有各种不同类型，通常可分为固定式和移动式两大类。一般来说固定式放映机由传动、输片、光学、还音、机体和电器等部分组成；移动式放映机还附有扩音器、扬声器等。

(2)结构和工作原理

电影放映机是把电影胶片上的各幅画面连贯而又等速地反映在银幕上的

机器。电影放映机一般由输片、动力传动、光学、还音和电路五大系统组成。其中光学系统又可分为照明光学、放映光学和还音光学三大部分。照明部分主要包括放映灯泡、反光镜、聚光镜等。常用的放映灯泡有弧光灯、氙灯、铟灯等。放映光学部分主要是放映镜头，它是使银幕获得明亮、清晰和放大影像的主要光学部件，一般是由数片性能不同的凸透镜和凹透镜嵌放在内壁涂有防漫反射光黑色涂料的金属圆筒内组成的。放映镜头分为普通电影放映镜头和宽银幕放映镜头两大类。还声光学部分由激励灯和激励镜头组成。激励灯是发出光流激励光电元件使之产生音频电流的光源，是激励镜头的光源。激励镜头由两片柱形平凸透镜排列在镜筒中组成。其主要作用是把激励灯射来的光聚集成一条细长的光刃，投射在移动的影片声带上，影片声带使透过它的光通量发生变化，再由光电元件使变化的光通量转化为变化的电流，将电流放大后通过扬声器还原为声音。

(3)数字电影放映机

数字电影放映机经历了初期的昂贵和笨重，实现了现在的经济和高效。数字电影放映机具有永远清晰(无划伤）的图像、鲜艳的色彩、优异的 3D 效果、高效的放映管理和低廉的发行成本等优势。

数字电影放映机和胶片机的区别：数字电影放映机应用数字微镜开关器件 DMD、数字光开关阵列和数字信号处理技术，采用先进的数字光处理技术 DLP 的数字电影放映新模式，替代了传统电影放映机彩色胶片图像重现模式，实现了无胶片放映。

4. 录音机

录音机是把声音记录下来以便重放的机器，它以硬磁性材料为载体，利用磁性材料的剩磁特性将声音信号记录在载体上，一般具有重放功能。在语言教学中广泛应用的为盒式磁带录音机。

(1)结构

一部最基本的录音机通常将机芯、录放电路、拾取声音的传声器和放出声音的扬声器一起装入机壳后组成。

①机芯：由走带机构，录、放磁头，抹音磁头和各种功能按钮组装成一体。

②录、放电路：由录、放、抹音所必须的前置放大和频率补偿电路，偏磁振荡电路及自动电平控制电路组成。

(2)工作原理

盒式录音机是根据声—电—磁的相互转化记录声音的。由于声音的振动能产生强弱变化的电流，变化的电流又引起周围磁场的变化，设法把相应的磁场变化记录到磁带上，就能达到记录声音的目的。

盒式磁带录音机录音时，说话人发出的声音通过话筒转化为电信号，电信号经过录音放大器放大，然后再进入录音磁头。录音磁头把电信号转化为磁信号，并把磁信号记录在走动的磁带上。可见，录音是把声音转化为电信号，再转化为磁信号的过程。

放音时，录有磁信号的磁带走动，不断在放音磁头上感应出微弱的电信号，经放音放大器放大后，电信号就具有了足够的功率，从而推动喇叭发出声音。可见，放音是磁转化为电，再转化为声的过程。

(3)录音机的维护

①清洁。录音机的清洁包括外部清洁和磁头、主导轴、压带轮的清洁。外部清洁不仅是为了美观，还为了防止灰尘从功能键盘的缝隙落入机内；录音机使用一段时间后，磁头、主导轴、压带轮表面容易沾上磁粉或其他污迹。如不及时清洁会使音质恶化，音量减小，甚至放不出声音。最好用棉花或软布蘸上磁头清洗剂或无水酒精轻轻清洗磁头、主导轴、压带轮等。也可用磁头清洁带清洁磁头等，但要按说明书的指导使用。

②磁带的保养。录音磁带的保养对于保证录放音的质量，延长录音机和录音磁带的寿命都很重要。录音磁带应放在干燥、清洁、阴凉通风的地方，避免高温、低温，不可暴晒，还要远离磁场。

5. 录像机

录像机是一种记录、储存、重视声像信息的装置，它是磁记录技术、电子技术和精密机械制造技术综合发展的产物。磁带录像技术是在磁带录音技术和电视技术的基础上发展起来的，其功能是进行电—磁变换和磁—电变换。它能将电视信号转变成磁信号记录在视频磁带上，从而实现电视节目的记录、存储和播放。

(1)录像机的组成与原理

磁带录像机是利用剩磁的形式在磁带上记录与重放电视信号的设备。记录时，景物的光、声信号由摄像机和话筒分别变换为电信号，电信号由磁头变换为磁带上的磁信号，然后由监视器的屏幕和扬声器重放出图像和声音。

录像机由音频录放和视频录放两部分组成。音频录放部分的原理及组成与录音机相同。视频录放部分主要由视频输入处理系统、电磁转换系统、视频输出处理系统、驱动控制系统、伺服系统、电源等几大部分组成。具有广博电视射频(RF)输入与输出功能的录像机，还要有射频输入解调器与射频输出调制器等组成部分。

(2)使用方法

①认真阅读使用说明书，熟悉各种按键的功能，并掌握其操作方法。

②正确连接录像机与监视器(或电视机)

③播放录像带。有射频(RF)连接法和视频连接法。

(3)使用注意事项

①录像机应远离强磁场、高温、阳光直射、机械振动和潮湿多尘的地方。

②录像机应在水平状态使用，并保持良好的通风散热条件，使用时的环境温度应保持在－10～40℃的范围内。当从温度较低处突然移至温度较高处时，应放置一段时间再使用。

③录像机"暂停"时间不能太长，否则易造成磁头及这一段磁带的磨损。"搜索"时磁头及磁带的磨损也较大，所以必须慎用。

④定期清洁，包括清洗磁头系统、走带通路上的各部件及驱动系统的主要部件。

6. 电视

(1)结构

电视主要由高频调谐器、中频电路、视频电路、伴音电路、扫描电路、电源电路等电路组成。

① 高频调谐器(高频头)

高频调谐器又叫频道选择器，俗称高频头。从结构上来分，高频头可分为两种，一种是机械调谐高频头，它是通过改变电感进行频道选择的(开关式、转盘式)；另一种是电调谐高频头，它是通过直流电压改变回路中的电容(变容二极管)进行频道选择的。

②中频电路

中频电路的主要作用是对中频电视信号进行放大。

③视频电路

视频电路的作用：对视频信号进行放大；对多个信号分量进行分离。视频信号是图像信号、同步信号、彩色信号、第二伴音信号等的统称。

④ 伴音电路

全电视信号经过 6.5MHz 带通滤波器选出第二伴音中频信号，再送入限幅放大器进行放大、限幅，放大后的信号被送入鉴频器进行调频解调，得到音频信号再经低频放大器放大，最后输出给扬声器，扬声器即可发出声音。

⑤ PAL 解码器

彩色电视机比黑白电视机在电路中主要多一个 PAL 解码器，PAL 解码器由亮度通道和色度通道组成。PAL 解码器的输入信号来自前置视频放大电路。

视频电视信号中的彩色信号分量经 4.43MHz 滤波器取出，再由梳状滤波器进一步分离出两个正交色度信号分量 U、V，然后进行同步检波，得到色差信号(B-Y)和(R-Y)。

⑥扫描电路

复合同步信号直接送入行锁相环振荡电路，得到与同步信号同步的行扫描振荡信号，再经行扫描功率放大，输出功率被送给显像管上的水平扫描偏转线圈，在线圈中即可产生行锯齿波电流，并在行偏转线圈中产生偏转磁场，磁场对电子束会产生洛伦兹力，使电子束进行相应偏转，产生电子扫描线，与场扫描及亮度信号、彩色信号配合即可显示电视图像。

⑦电源电路

将 220V 交流电通过整流滤波利用开关电源进行直流/交流转换；通过开关电源变压器的次级输出，再进行整流滤波就可以得到电视机需要的各种直流电压。这种开关电源可以进行冷热隔离，保证人身安全。

(2)使用和维护

电视机是常用的家用电器，在使用前要详细阅读说明书，按规程调试电视机。电视机的维护要注意以下几个方面：

①避免强光和阳光直接照射电视机，以免荧光屏的荧光粉老化，缩短电视机的使用寿命，收看距离大于荧光屏对角线的 4～6 倍，摆放高度略低于人眼的水平面。

②注意通风散热、防尘、防潮。搬运和收看时，不能震动。

③注意防磁。荧光粉极易被磁化，导致彩色失真，严重时产生偏色和图像模糊现象。电视机与其他电器的距离应在 1 米以上。

④不要频繁开关电视机，以延长电视机的使用寿命。雷雨季节要防雷，把天线插头和电源同时拔下来即可。

7. 显示设备

(1)CRT 显示器

CRT 显示器是一种使用阴极射线管(Cathode Ray Tube)的显示器，阴极射线管主要由五部分组成：电子枪(Electron Gun)、偏转线圈(Deflection coils)、荫罩(Shadow mask)、高压石墨电极和荧光粉涂层(Phosphor)及玻璃外壳。它是目前应用最广泛的显示器之一，CRT 纯平显示器具有可视角度大、无坏点、色彩还原度高、色度均匀、采用可调节的多分辨率模式、响应时间极短等 LCD 显示器难以超越的优点，而且现在 CRT 显示器的价格要比 LCD 显示器便宜不少。

(2)LED 显示器

LED 显示器(LED panel)，是一种通过控制半导体发光二极管的显示方式，用来显示文字、图形、图像、动画、行情、视频、录像信号等各种信息的显示屏幕。LED 显示器集微电子技术、计算机技术、信息处理于一体，以其色彩鲜艳、动态范围广、亮度高、清晰度高、工作电压低、功耗小、寿命长、耐冲击、色彩艳丽和工作稳定可靠等优点，成为最具优势的新一代显示媒体。

最初，LED 只是作为微型指示灯，在计算机、音响和录像机等高档设备中应用，随着大规模集成电路和计算机技术的不断进步，LED 显示器正在迅速崛起，近年来逐渐扩展到证券行情股票机、数码相机、PDA 以及手机领域。目前，LED 显示器已广泛应用于商业广告、信息传播、新闻发布、证券交易等，可以满足不同环境的需要。

(3)液晶显示器

液晶显示器(Liquid Crystal Display，简称 LCD)，为平面超薄的显示设备，它由一定数量的彩色或黑白像素组成，放置于光源或者反射面前方。液晶显示器功耗很低，因此备受工程师青睐，适用于使用电池的电子设备。它的主要原理是以电流刺激液晶分子产生点、线、面配合背部灯管构成画面。

液晶显示器采用的新技术主要包括：①采用 TFT 型 Active 素子进行驱动，创造更优质的画面构造，让加入了新技术的 LCD 显示屏上的画面品质更加赏心悦目。②利用色滤光镜制作工艺创造色彩斑斓的画面，在色滤光镜本体制作成型以前，就先把构成其主体的材料染色，之后再进行灌膜制造。用这种方式制造出来的 LCD，无论在解析度、色彩特性还是使用寿命上，都有非常优异的表现。LCD 能在高分辨率环境下创造色彩斑斓的画面。③低反射液晶显示技术，在液晶显示屏的最外层施以反射防止涂装技术(AR coat)，有了这一层涂料，液晶显示屏幕的光泽感、液晶显示屏幕本身的透光率、液晶显示屏幕的分辨率、防止反射这四个方面都得到了更好的改善。(4)先进的“连续料界结晶矽”液晶显示方式。先进的“连续料界结晶矽”技术是利用特殊的制造方式，使原有的非结晶型透明矽电极，以平常速率 600 倍的速率移动，从而大大加快了液晶屏幕的像素反应速度，减少画面的延缓现象。

(4)等离子体显示器

等离子体显示器(与 Plasma Display Panel，简称 PDP)平面上安装有数以十万计的等离子管作为发光体(像素)。等离子体技术与其他显示方式相比存在明显的差别，在结构和组成方面领先一步，图像由各个独立的荧光粉像素发光综合而成。

PDP 的基本原理是在两张玻璃板之间注入电压，产生气体及肉眼看不到的紫外线，使荧光粉发光，利用这个原理呈现画面。由于 PDP 各个发光单元的结构完全相同，因此不会出现显像管常见的图像几何畸变。PDP 屏幕的亮度十分均匀，且不会受磁场的影响，具有更好的环境适应能力，另外，PDP 屏幕不存在聚焦的问题，不会产生显像管的色彩漂移现象，表面平直使大屏幕边角处的失真和色纯度变化得到彻底改善。

PDP 显示有亮度高、色彩还原性好、灰度丰富、对迅速变化的画面响应速度快等优点，可以在明亮的环境下欣赏大画面电视节目。另外，PDP 显示屏的视角高达 160 度，观赏范围大大宽于显示器。不过 PDP 最吸引人的地方还是它的轻薄外形。和目前普通的 CRT 显示器相比，在相同的屏幕尺寸下，PDP 的厚度仅为 CRT 显示器的 1/6，重量为其 1/10，因此非常节省空间，可安装在任何需要安装的地方，甚至可以将它挂在墙上。LCD 采用的是薄膜显示技术，无法将显示面积做得很大，目前 20 英寸左右已是极限。而 PDP 采用的是厚膜技术，它的尺寸可以充分放大，目前基本上达到 40～70 英寸。

8. 视频展示台

(1)结构

视频展示台(Visual Presenter)是国内外通行的一个正式名称，在中国市场，有时也被叫作实物展示台、实物演示仪、实物投影机、实物投影仪等，在国外市场还被称作文本摄像机(Document Camera)。从功能上看可以将视频展示台定义为：通过 CCD 摄像机以光电转换技术为基础，将实物、文稿、图片、过程等信息转换为图像信号输出在投影机、监视器等显示设备上展示出来的一种演示设备。

一台普通的视频展台包括三个主要部分：摄像头、光源和台面。在展台背面还有一系列接口，而一些面向高端市场的展台还包括红外线遥控器、计算机图像捕捉适配器和液晶监视器等附件。摄像头的功能是将展台上放置的物体转换为视频信号，输入到放映设备；光源则用来照亮物体，以保证图像清晰明亮；台板用于放置物品；接口则用来输出各种视频信号和控制信号。计算机图像捕捉适配器与计算机连接，通过相关程序软件，可将视频展台输出的视频信号输入计算机进行各种处理。

(2)使用注意事项

①在使用视频展示台时，为了避免出现不必要的故障，应认真阅读使用说明书，了解视频展示台的安全规则。

②视频展示台用于教学时，要保证它与投影屏幕之间有一个合适的距离，同时调整好焦距，以确保展示系统能有最好的投影效果，其他设备都应放在接线方便又不影响观看的地方。

③在使用遥控器控制视频展示台时，应尽量让遥控器发射口对准视频展台主机的遥控器接收口，这样才能获得更高的操作灵敏度。如果发现遥控器失灵，首先需要检查遥控器中的电池是否有电，然后把遥控器发射口及视频展台主机的遥控器接收口擦拭干净，避免灰尘影响遥控器的工作。

④在刚开始使用视频展示台时，应根据不同的使用环境对视频展示台的工作参数进行必要的调整：对视频展示台进行聚焦和变焦操作并对投影图像

进行定位；根据使用环境的光线情况，调整好视频展示台的投影亮度、对比度和色彩；调整好扫描频率以适应不同的信号源，消除不稳定的图像。只有做好上述准备工作，才能让视频展示台处于最佳工作状态。

⑤对视频展示台调试参数时，如果发现视频展示台无法聚焦，应该首先检查近摄镜是否附在CCD摄像头上；其次看视频展示台的工作模式是否处于自动聚焦模式，如果当前正处于手动聚焦模式状态，必须将它重新调整到自动模式状态下；接着再确保伸缩杆在正确的位置上。如果完成以上操作后，视频展示台仍然不能聚焦，应再认真检查投影材料本身是否清晰，或者检查投影镜片上是否有灰尘和污点覆盖，因为这些原因都有可能引起自动聚焦故障。

⑥如果视频展示台在工作过程中突然发生不显示图像的故障，应该首先检查展示台的插座是否松动或者停电；接着认真检查所有与视频展示台连接的电缆特别是视频信号线是否出现连接松动的现象；然后检查伸缩杆是否处于合适位置，摄像头是否与工作台对象垂直。排除上面的故障后，如果视频展示台还不能正常工作，再看看投影镜片前的镜头盖是否已经移开，或者检查“Input Select”选择开关是否设置为CCD方式。

⑦在工作中，视频展示台出现无法自行解决的故障时，千万不要轻易拆卸视频展示台，应该请专业人员进行检查修理，或者送到专门的维修中心去维修，以免造成不必要的麻烦。

三、交互类终端设施

1. 电子计算机

电子计算机是一种自动、高速地存取信息、处理信息的电子设备，它不仅能高速地进行数字运算，还能模拟人类复杂的思维过程，所以电子计算机又称为电脑。

计算机是依靠硬件和软件的协同工作来执行给定任务的。

(1)计算机系统的硬件

计算机硬件的基本功能是接受计算机程序的控制来实现数据输入、运算、数据输出等一系列根本性的操作。实现这些功能的基本配置包括以下要件：

①运算器

运算器执行数据的算术运算和逻辑运算，即数据的加工处理。它由累加器、加法器和寄存器组成。其中，加法器是核心；累加器用于存放运算数据或操作结果；寄存器用于存放中间结果。

②控制器

控制器对程序规定的指令信息进行译码、分析，根据指令功能发出控制命令，并协调输入、输出操作或内存的访问，控制各部件去执行指令中规定的任务。它由指令译码器和程序计数器等组成。

③存储器

存储器用于存放程序和数据，并按照控制器的命令向其他部件提供程序和数据。它分为主存储器(内存)和辅助存储器(外存)两种。

④输入设备

输入设备把系统软件和用户的信息输入计算机中。常用的输入设备包括键盘、鼠标、光笔、光学扫描仪等。

⑤输出设备

输出设备从计算机中取出信息供用户查看和使用。常用的包括显示器、打印机、绘图仪等。

(2)计算机系统的软件

软件是相对于硬件而言的，它包括机器运行所需的各种程序及有关资料，通常将计算机软件分为系统软件和应用软件两大类。

系统软件是用于管理、控制、运行和维护计算机硬件设备和应用软件的各种通用程序的总称，一般由计算机厂商提供。常用的系统软件有操作系统、程序设计语言和诊断程序等。

应用软件指专门为某一应用目的而编制的计算机软件。常用的应用软件有数据库管理系统、文字处理软件、表处理软件、统计分析软件、辅助设计软件、辅助教学软件、辅助艺术创作软件、家政管理软件、电脑游戏，等等。

除了系统软件和应用软件外，近年来有人提出支撑软件的概念。所谓支撑软件，可以理解为介于系统软件和应用软件之间的系统程序。它提供开发应用程序的作业平台，例如人们在编制计算机辅助教学的软件时所采用的各种写作语言和著作系统。

(3)计算机的教育应用特性

①计算机的优点

1)使用计算机教学有利于激发学生的学习动机。

2)提供的色彩、音响和动画图形能够增加内容的真实性，并能够使练习、实验、模拟等教学活动具有更大的吸引力。

3)能够将学生过去的学习行为记录下来，在设计下一步教学时使用。

4)是实现个别化教学的有效工具。

5)提供的个性化的教学方式，为学生创造了一个积极有效的氛围。

6)更多的信息资源可由教师使用，增大了教师对教学资源的控制范围。

②计算机的局限性

1) 硬件的价格比较昂贵。

2）计算机的种类繁多、规格不一，从而造成使用及保养的困难。

3）缺乏高质量的教学软件，特别是个性化的教学软件。

4）软件开发成本较高。

③计算机的适用范围

计算机的发明是人类文明史上的伟大创举。随着信息社会的到来，计算机技术逐步进入到人类社会的各个领域。近年来，计算机作为一种先进、高效的教育媒体，在教育中的应用正在迅速扩大。其适用范围主要有以下几个方面：

1)作为运算工具。计算机最适于这种用途，因为它能在几秒内实现上万个人才能完成的计算。

2）教授计算机课程。即用计算机教授计算机的知识和技能。

3）辅助其他学科的教学活动。这是计算机对教育做出的巨大贡献。

4）辅助行政管理和学习管理。它可以用来辅助教育系统的全部行政事务。

5）建立数据库。数据库对信息的存储及检索都有重要作用，因此对教育有着深远的影响。

目前，计算机已向多媒体技术和网络技术发展。多媒体技术使计算机由单纯的文字和数字处理系统，发展为能对声音、文字、图形、照片、电影、电视等多种符号进行处理的综合信息处理系统。网络技术能够把分散在各地的学习者联系起来，帮助他们更快、更好地获得教育资源，更方便地进行远程学习和个别化学习。多媒体技术和网络通信技术的发展，及其与其他媒体种类的综合运用，将大大促进计算机技术在教育中的运用。

2. 交互电子白板

交互式电子白板，又称为互动白板或交互白板(Interactive White Board，简称IWB)，是基于PC的一种具有人机交互功能的输入设备，它包括电子白板、电子笔和相应的应用软件，可广泛应用于教学培训、远程教学和会议演示等领域。随着科技的不断发展，交互式电子白板产品伴随多媒体教学形式的兴起逐渐走进高校及中小学教室，尤其是中小学应用电子白板辅助教学的案例已越来越多，电子白板产品已成为沟通传统教学方式与现代化多媒体教学仪器的最佳桥梁。

(1)结构

交互式电子白板由硬件电子感应白板(White Board)和软件白板操作系统(ACTIV studio)交互式电子白板集成。它的核心组件由电子感应白板、感应笔、计算机和投影仪组成。电子感应白板是一块具有正常黑板尺寸、在计算机软硬件支持下工作的大感应屏幕，其作用相当于计算机显示器并代替传统的黑板。电子感应笔承担电子白板书写笔和计算机鼠标的双重功用，其作用是代替传统的粉笔。教师或学生直接用感应笔在白板上操作(相当于传统教学中师生用粉笔在黑板上操作)、写字或调用各种软件，然后通过电磁感应反馈到计算机中并迅速通过投影仪投射到电子白板上。白板操作系统是存在于计算机中的一个软件平台，它不仅支撑人与白板、计算机、投影仪之间的信息交换，还自带一个强大的学科素材库和资源制作工具库，并且是一个兼容操作各种软件的智能操作平台，教师可以在白板上随意调用各种素材或应用软件教学。白板集传统的黑板、计算机、投影仪等多种功能于一身，使教师使用非常方便。

(2)功能

交互式电子白板系统不仅拥有黑板系统和多媒体投影系统的功能，还拥有这两种教学系统缺少的教学信息显示、修改、存储等方面的功能，其优势显而易见。具体可归纳为以下几点：

①灵活创设教学情境，高效实施教学过程。在基于交互式电子白板的教学过程中，教师可以通过预设资源和配套资源创设教学情境，利用形象刺激唤起学生记忆中的相关经验，帮助学生利用已有知识同化新知识，从而实现知识建构。交互式电子白板还有助于灵活地实施教学：具体体现在以下几点：第一，局部放大，用感应笔一画，即可放大该区域内容，解决了大班上课部分学生看不清的问题。第二，回放。可对先前的操作任意回放，便于学生掌握重点、难点。第三，编辑批注。对已制作好的课件，教师可在批注模式下进行控制、批注和修改，更好地引导学生把握重点。

②实时保存教学信息，方便整合教学资源。交互式电子白板可记录下白板上教师教学和学生学习的所有细节，不仅可以将写后的页面资料的电子文件分发给学生，帮助学生节省记笔记的时间，以便让其更多地参与到集体学习中，还可以为教师日后总结与交流教学经验提供便利，促进教师的专业发展。可以说电子白板应用于教学促进了师生间的教学相长。除此之外，白板内置的大量资源可以在课堂上随机调用，对资源的批注功能使教师能自主地应用现有的多媒体教学课件，使数字化资源的呈现更为灵活。当白板系统与网络连接时，就可实现多点异地数据同界面交互式教学。可见，交互式电子白板可以促进丰富多样的教育资源的整合，推动教育信息化进程。

③简单控制教学过程，明显提高教学互动。使用交互式电子白板时，教师不必到主控台操作就可控制演示，这使得课堂中教师的肢体语言得以充分发挥。教师利用白板功能，根据教学目标设计出恰当的教学环节，并营造出和谐的互动情境，让白板成为师生集体学习和平等对话的互动平台。不仅如此，白板教学还为学生提供了更多参与合作学习、探究学习、台前展示的机会，调动了学生的积极性与主动性，也在一定程度上保证了学生在教学中的

主体性地位。

④及时反馈教学效果，有效实现教学目标。反馈是教学过程中的一个重要环节。通过交互式电子白板，教师不仅可以在教学过程中获取实时的学生反馈，还可以及时地将教师的指导意见反馈给学生，从而动态地调整教学方法与教学策略，优化教学效果。感应笔的使用打破了教师在多媒体投影教学时只能坐在电脑前使用鼠标的限制，给了教师更多的发挥空间，利于课堂气氛的渲染，增加教学的生动性，轻松地实现传统教学难以实现的情感教学目标。

交互式电子白板作为信息化教育的基础平台，引起课堂教学的重大变革。在创新常态课堂教学、提高教学质量、促进优质教学资源流通、全面评价教学质量，以至于提升教师的教学水平、开展教研活动等方面，交互式电子白板都会发挥其独有的作用，展示其作为信息化教育基础平台的作用。

3. 平板电脑

平板电脑（Tablet Personal Computer，简称 Tablet PC、Flat PC、Tablet、Slates）是一种小型的、方便携带的个人电脑，以触摸屏作为基本的输入设备。它拥有的触摸屏允许用户通过触控笔或数字笔进行作业，而不是采用传统的键盘或鼠标。用户可以通过内建的手写识别、屏幕上的软键盘、语音识别或者一个真正的键盘（如果该机型配备）进行输入。

（1）主要优势

①平板电脑在外观上具有与众不同的特点。有的就像一个单独的液晶显示屏，只是比一般的显示屏厚一些，在上面配置了硬盘等必要的硬件设备；有的外观和笔记本电脑相似，但显示屏可以随意旋转。

②特有的 Table PC Windows XP 操作系统，不仅具有普通 Windows XP 的功能，使普通 Windows XP 兼容的应用程序都可以在平板电脑上运行，还增加了手写输入，扩展了 Windows XP 的功能。

③扩展使用 PC 的方式，使用专用的“笔”在电脑上操作，使其像纸和笔的使用一样简单。同时也支持键盘和鼠标，可以像操作普通电脑一样操作。

④便携移动。它像笔记本电脑一样，体积小而轻，可以随时变换它的使用场所，具有移动灵活性。

⑤数字化笔记。平板电脑就像掌上电脑一样，可做普通的笔记本，随时记事，创建自己的文本、图表和图片。同时集成电子“墨迹”，可在核心 Office XP 应用中使用墨迹，在 Office 文档中留存自己的笔迹。

⑥个性化使用。使用 Tablet PC 和笔设置控制，可以定制个性的 Tablet PC 操作，校准笔，设置左手或右手操作，设置 Table PC 的按钮来完成特定的工作，例如打开应用程序或者从横向屏幕转到纵向屏幕的方位。

⑦方便的部署和管理。Windows XP Tablet PC Edition 包括 Windows XP

Professional 中的高级部署和策略特性，极大简化了企业环境下 Tablet PC 的部署和管理。

⑧ 全球化的业务解决方案，支持多国家语言。Windows XP Tablet PC Edition 已经拥有英文、德文、法文、日文、中文(简体和繁体)和韩文的本地化版本，不久还将有更多的本地化版本问世。

⑨ 对关键数据最高等级的保护。Windows XP Tablet PC Edition 提供了 Windows XP Professional 的所有安全特性，包括加密文件系统、访问控制等。Tablet PC 还提供了专门的 Ctrl＋Alt＋Del 按钮，方便用户安全登录。

平板电脑的最大特点是数字墨水和手写识别输入功能，以及强大的笔输入识别、语音识别、手势识别能力，且具有移动性。

(2)教育应用

随着校园网络基础设施的完善，运用互联网进行信息化、互动化和移动化的新教学模式已经被越来越多的学校采纳，无线网络的区域性覆盖，也使得互联网教学变得更加方便。在信息终端方面，与笔记本电脑和台式机相比，近几年发展起来的平板电脑更适合教育行业的特殊要求。业内人士认为，目前的国内教育亟须加强师生之间的交流互动、学生与社会信息的交流互动、优质学习资源的交流使用。在现代信息化教学及无线网络覆盖校园的条件下，平板电脑的简单易用、便携轻薄使其在教师和学生之间逐渐受到喜爱和追捧。平板电脑除了可以满足日常文档撰写、教案的储存演示之外，还适合师生之间随时进行交流沟通，学生更容易获取更全面、更丰富的课外知识。

四、综合性终端设施系统

1. 多媒体教室

多媒体教室包括传统的教学设施和多媒体教学设施，能够满足传统教学、电化教学、多媒体教学等多种教学需求。

多媒体教室的多媒体设备由计算机、视频展示台、幻灯机、影碟机、录像机、投影仪、屏幕、扩音机等组成。有四种信号：计算机信号、电化信号、音频信号、网络信号。从安全角度考虑，应该有两路电源：多媒体设备电源和照明、空调电源。

(1)功能

①将视频信号，录像带、VCD 等音像内容播放到大屏幕上。

②利用投影仪视频展示台，可以投影实物和书本资料，进行现场实物讲解。视频展示台可以将书稿、图表、照片、文字资料、实物及教师当时书写的文字传送到投影仪上。由于投影仪具有变焦功能，对被摄物体没有严格的尺寸要求，很容易实现局部特写。

③投影计算机的数字信号。将教学内容以文字、图像、声音、动画等多媒体方式显现出来，利用计算机进行教学、培训和演示。

④可以进行网上联机教学。通过校园网调出自己需要的教学教育教程资料，大大丰富了教学资源。

⑤由于能够使用幻灯机、投影仪等常规电化教学设备，教师可以利用原有的幻灯片、投影片等传统电教软件进行教学。

(2)使用与管理

①合理呈现教学内容

多媒体教学减少了板书时间，使课堂节奏加快，在同样的时间内，教学内容增多，学生接受的课程内容信息量比过去增加近一倍。要使多媒体呈现的教学内容与学生的接受能力同步，在教学中，银幕的内容不要切换得太快，要自然过渡，不要过分激发学生的好奇心，各种信号切换得不要过于频繁，对一些重点、难点和基本概念要做适当的详细讲解。

②注意保护学生的眼睛

教师可以采用讲解、提问、讨论等灵活多样的教学方法，避免学生长时间看屏幕。若采用 Power Point 软件播放电子幻灯片，教师需要提问或引导理解时，可将银幕设定为黑屏，使学生视觉得到暂时放松。在设计教学课件时，应多采用黑色做底色，以降低银幕的亮度。

③注意教学内容的处理

不要简单地把文字教程“软件化”，否则只是书本的再现，无法体现多媒体教学的优势，不能体现多媒体优化课堂和教师个人授课风格。银幕上的文字，一行的字数最好不要超过20个，字不能太小，以教室后排的学生能看清为宜，在选择底色和文字的颜色时，要选择反差大的颜色，如白底黑字或蓝底白字，少用色差小的颜色，如黄色、橙色及灰色等。另外，图形、表格不宜过小或过于复杂。

④科学管理和使用设备

指派专人管理多媒体教室，由专门的技术人员指导教师正确使用多媒体设备，教师在上岗前要经过必要的技术培训，掌握设备的使用方法和维护技术。教育学生爱护各种设备，保持教室的环境卫生，确保多媒体教学的顺利进行。管理人员应及时处理、解决多媒体教室在教学过程中出现的问题，专业人员应参加教学活动，完成传统教学模式和多媒体教学模式的转换，配合教师开展教学软件的编制工作。

2. 班班通

(1)内涵

“班班通”是一个融合了基础设施、软件资源以及教育教学整合等内容的系统工程。目前，在学术界和实践领域对“班班通”还没有一个统一的定义。本书对“班班通”的内涵做出如下界定。

“班班通”是指学校的每个班级具备与外界进行不同层次的信息沟通、信息化资源获取与利用、终端信息显示的软硬件环境，实现信息技术与学科日常教学的有效整合，促进教师教学方式和学生学习方式的变革，最终促进学生的发展。

“班班通”的含义包含以下几个不同层次：

首先，“通”硬件，每个班级须配备适量的信息化设备和网络设施。不同的硬件、网络和软件配置构成了不同类型的“班班通”。第一类也是最基础的“班班通”类型是使最基本的数字资源以及展示设备进入每一个教室，即简易多媒体教室类型。将简易多媒体教室纳入“班班通”，主要是出于与“农远工程”模式兼容的考虑。第二类是以多媒体计算机作为核心设备，并配以各种信息展示与交互设备的多媒体教室类型，这是“班班通”目前最主要的表现形式。第三类是普通的网络教室和移动网络教室，这是一种面向未来的教室配置，现阶段主要表现为“人手一机”，在未来甚至可能会发展到“一人多机”的形式。

其次，“通”资源，在“通”硬件的基础上配备与之相适应的信息化教学资源。硬件建设的目的就是提供信息化的资源。资源是学习内容的数字化表征，是信息化教学及其应用的基础。不同的硬件设备，与之相适应的资源种类不同，资源来源也不尽相同。

最后，“通”方法，即利用信息化资源和设备开展教学活动。每一个班级、每一位教师、每一门学科的每一堂课，尽量做到日常化应用信息化设备与资源，实现信息技术与学科教学的常态化和有效整合，即在合适的时间运用恰当的技术完成教学任务和学习任务，切实变革教师的教学方式和学生的学习方式。“通”方法不仅指课堂信息化有效教学，凡是与教育教学直接相关的信息化有效应用都可以作为其表现形式，比如，网络环境下教师专业发展、集体研究、协作电子备课、数字化学习型学校建设、家校互联等。由此可见，“通”方法才是“班班通”最后的落脚点，其本质是打造教师和学生在信息化环境下的数字化生存方式，其目的是促进教师专业发展和学生成长。

“班班通”不是用信息技术完全取代传统的课堂教育模式，它与“黑板＋粉笔”的教学模式必将在相当长的一段时期内共同存在，相互补充，相得益彰。“班班通”也并不是说不管情况如何，每堂课必须使用信息技术，而是要求应该用时让教师和学生都用得上。如何实现“班班通”，并与教学实践完美结合，做到收放自如，让信息技术最终有一天变成必不可少的“黑板＋粉笔”，需要每一位教育工作者的教学智慧与机智。

(2)解决方案

①标准解决方案

该方案的基本配置包括一台计算机、一块交互式电子白板、一台视频展示台、一台投影仪、组合式黑板、摄像头、网络环境、教学资源(课件、素材库、工具软件等)和扩音系统。交互式电子白板是其核心。交互式电子白板通过USB线与计算机连接进行数据传输，计算机与投影仪连接，通过投影仪把图像投射到电子白板上。该方案基本功能如图5.8所示。

1)操作直观：操作可视化，直观呈现与计算机的交互过程。

2)过程记录：教学活动中的书写内容可以存储下来重复利用。

3)添加标注：可在PPT或Word文档中添加标准并保存。

4)资源丰富：丰富的教学资源，为教学提供了便利。

5)课件导入：支持常用格式的课件播放。

6)课件导出：便于学生课后复习。

7)网络浏览：可以直接进入局域网或外网，查阅资料。

8)声音清晰：通过扩音器设备，将教师或学生的声音清晰自然地再现出来。

另外，还可以扩展配置视频展示台、录课系统(音视频采集设备和录课软件)、中控、组合式黑板等，从而获得不同的效果。

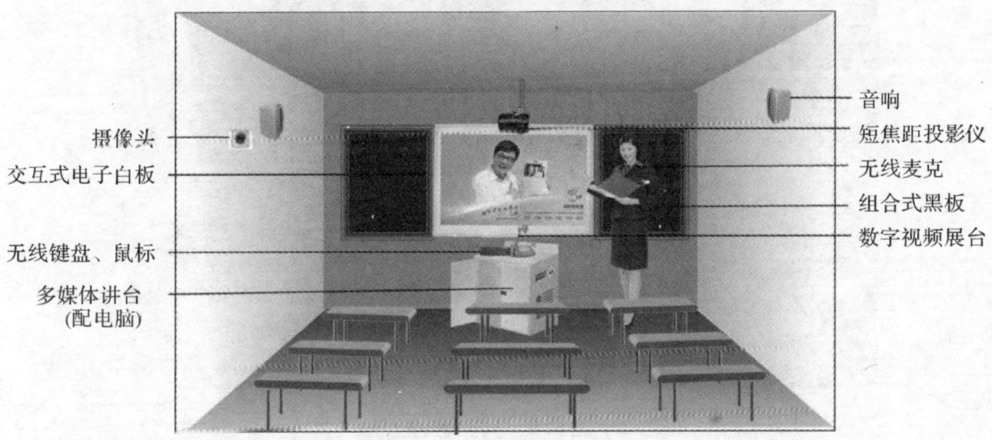

图5.8 多媒体教室

②升级解决方案

该方案的设计思想是依托原有的多媒体教室，对其进行升级改造。基本配置包括一台教师电脑、多台学生电脑、交换机、投影仪、交互式电子白板、多媒体电子教室系统、扩音系统和网络环境。扩展配置包括视频展示台、互动反馈系统、录课系统(音视频采集设备和录课软件)、中控、组合式黑板等。该方案属于人手一机的教学环境，能够充分地支持学生自主学习、合作探究。该方案基本功能如图 5.9 所示。

1)数字教学资源丰富：网络化环境为信息查询提供了便利，支持常见类型的数字化资源浏览。

2)增加师生互动空间：教师可以在白板上直接操作计算机，直观地将思维过程呈现给学生，同时学生可以通过学生机呈现自己的学习过程。

3)个性化学习：人手一机的教学环境为学生创造了自主学习和个性化学习的条件，充分调动了学生学习的主动性。

4)协作学习：学生可以借助网络通信工具参加学科活动，进行学术交流，协商课题方案，培养合作精神。

5)声音清晰：通过扩音器设备，将教师或学生的声音清晰自然地再现出来。

图 5.9　网络教室

3. 语言实验室

(1)语言实验室的类型

语言实验室是一种从单一电声媒体发展成具有多媒体特性的系统，它是供语言教学使用的专用教室。

从媒体配置及教学功能来看，语言实验室可分为听音型、听说型、听说对比型、视听说对比型、多媒体学习型五种类型。

①听音型语言实验室

它是在最简单的语言实验室，仅能提供听觉训练，系统主要由两大部分组成：教师控制台和学生耳机。控制台主要有录音机、扩音器、CD播放机、耳机和话筒等。此类实验室只适用于语言的听力和听写训练。

②听说型语言实验室

它是一种具备听力和对讲两种功能的语言实验室，在听音型语言实验室的基础上，通过在学生座位上增加话筒、呼叫装置和相应的控制电路构成双向通话系统以达到师生间的交互。

③听说对比型语言实验室

它是一种能进行听音对讲训练以及录音比较的双向交互型语言实验室。在听说型语言实验室的基础上，通过在学生座位上增加双声道双轨或双声道四轨的录音机以完成选听、选录教学内容，同时学生可以进行跟读，并录制自己的声音，与原音进行比对。

④视听说对比型语言实验室

它是在听说对比型语言实验室的基础上，增加录像机、影碟机、电视机或多媒体投影机等视觉媒体而构成的语言实验室。在这种语言实验室，学生既能听、说，又能看，可以视听并用地学习。

⑤多媒体学习型语言实验室

它是一种新型的数字化语言实验室，以多媒体与网络技术为基础，采用软件控制与硬件处理相结合的方法，通过教师计算机和语言教学系统，控制学生计算机语音终端的运行，完成语言的教学和训练功能。

(2)语言实验室的功能

①控制功能

语言实验室的教师控制台通过各种控制按键发出信号，对语言实验室设备进行各种功能控制，以保证整个教学过程有序地进行。

②显示功能

在控制台和学生座位上设有工作状态显示灯，如呼叫显示灯、操作指令显示灯以及音量控制显示灯，也可设置监视器显示视频图像。

③复制、编辑功能

此功能可以用于编辑制作，复制需要的教学、训练、考核等录音磁带，以方便教学。

④双向教学功能

个别化教学和集体教学互相结合，在教学过程中教师和学生相互交流，进行小组讨论，教师对教学状况进行有效的控制。

⑤自动检测功能

高级语言室具有自动检测系统，在银幕上能直观显示出整个系统的运行情况，一旦发生故障或操作错误，会在银幕上显示出来。

⑥教学效果分析评定功能

教师在教学时对学生进行教学效果的分级评定；控制台上设置的打印机能迅速地打出学生的学习情况；学生回答问题是否正确可在银幕上显示出来。

4. 微格教室

微格教学(microteaching)通常又被称为“微型教学”，是一种以现代教育理论为基础，利用先进的媒体信息技术，依据反馈原理和教学评价理论，分阶段系统培训教师教学技能的活动。微格教学在微格教室开展，微格教室装有电视摄像、录像系统，借助摄像机、录像机等媒体进行技能训练。一般用于师范院校的学生和在职教师的教学技能训练。

(1)微格教室的组成及系统结构

从技术模式来划分，微格教室可分为视听型和多媒体型。视听型微格教室一般由摄像机、录像机、视频音频切换器、混音器、监视器、云台控制器和话筒等多种视听设备构成，并通过视频技术手段实现教学实况录像、播放、转播、监控和示范教学等功能。多媒体型微格教室是在视听技术基础上引进多媒体技术和通信控制技术，通过多媒体计算机实现对各室的录像、播放、转播和监控，并实现对各室摄像机云台的控制。

不同类型的微格教室，其系统结构稍有不同，最简单的微格教室可由模拟教室(微型教室)和控制室组成，但从系统的组成原理来看，微格教室都是由视频摄像系统，音频系统，切换、转播系统和录像播放系统等部分构成的。

①模拟教室(微型教室)。模拟教室里装有话筒和摄像系统，用来拾取“模拟教师”的声音和教学活动形象。如有条件，还有另一台摄像机用来拾取“模拟学生”的学习反应情况。室内还设置有电视机，用来重放已记录的教学过程录像，供同学们进行评价分析。

②控制室。控制室装有电视特技机(信号混合处理器)、调音台(混音器)、录像机、视频分配器、监视器等设备。从每间模拟教室送来的“模拟教师”、“模拟学生”教学活动的两路视频信号经电视特技台控制，一路送到录像机进行录像，另一路则可经视频分配器把教学实况信号直接送到观摩室，供同步评述分析。

③示范观摩室。这是一个装有电视机的普通视听教室，把控制室中经视频切换器选择后的视频信号送到电视机上，即可实时同步播放教学实习的实况，供指导教师现场评述，使较多的学生观摩分析。

(2)微格教室的功能

①教学功能

1) 教学模拟。微格教室可以同时开展一组或多组微格教学活动，同时对一个或多个学生进行模拟教学(或其他技能)训练。教师课堂教学基本技能包括导入教学技能、应变教学技能、讲解教学技能、板书板画教学技能、媒体演示操作教学技能、提问教学技能、反馈强化教学技能、归纳总结教学技能、课堂组织教学技能等，微格教室都应该具备训练这些技能的功能。

2)示范观摩。利用示范观摩室(也可兼作模拟教室使用)，可以让全班学生集中观摩教师的教学示范。往往在学生模拟教学之前，指导教师通过示范观摩室进行示范讲解，分析典型课例，组织学生观看优秀教师课堂教学录像，给受训学生或教师提供示范，以便仿效。

②管理功能

1)实况录像与播放。微格教室具有实况录像与播放功能，在中心控制室可以对各个模拟教室进行教学实况录像，并重播录像节目供各模拟教室观看，各室可以播放同一节目内容，也可以根据需要，不同室播放不同节目内容。

2)教学转播。微格教室具有转播功能，在中心控制室可以转播任一模拟教学现场供其他模拟教室或示范观摩室的师生观看。

3)监视。微格教室具有全方位的监视功能，在控制室的监视器中，可监视各模拟教室的教学活动实况。

4)控制。在控制室中，利用云台控制器可以控制各模拟教室的摄像头上下、左右移动和摄像头的调焦、变焦及光圈大小；利用矩阵切换器和录像播放系统，可以实现各路视频、音频信号的切换、转播和录像等功能。所有的控制操作均在控制台上完成。

5)对讲。在控制室中，教师可以与任一模拟教室进行双向对讲，以便于学生遇到问题时，教师能提供及时的指导。

③反馈评价功能

1)反馈及时、准确。在微格教室中，教师借助摄像监控系统可以实时掌握每一组学生的训练状况，学生在模拟教学训练后，通过及时重播录像，也可了解自己训练的情况。

2)评价客观、全面。在微格教学训练过程中，具有多种形成性评价方式：可以是“教师”角色扮演者通过重播自己训练的录像，肯定成绩，分析问题，进行自我纠正和评价；也可以是同组训练的“学生”角色扮演者通过听课、一起观看重播录像，对“教师”角色扮演者的模拟教学情况进行讨论、分析和评价；此外，指导老师也要对“教师”角色扮演者的模拟教学情况进行全面的分析、评价，并提出改进意见。这些评价方式，对于帮助“教师”角色扮演者提高教学技能是及时有效的。

第3节　教育资源的开发与利用

一、教育资源的建设

1. 教育资源的分类

广义的教育资源是指与教育活动密切关联的各种教学设备、图书资料、土地、建筑物、教职工数量、专业能力以及各项管理活动等所有人、财、物的总和。狭义的教育资源是指教学设备、教育经费等。

教育资源的分类方法有多种，按其归属性质和管理层次分，可分为国家资源、地方资源和个人资源；按其办学层次分，可分为基础教育资源和高等教育资源；按其构成状态分，可分为固定资源和流动资源；按其知识层次分，可分为品牌资源、师资资源和生源资源；按其政策导向分，可分为计划资源和市场资源，等等。根据不同资源在教育活动中的功能，可将其分为以下九类：人力资源；财力资源；物力资源；学科与专业资源；信息资源；科技资源；社会资源；声誉资源；文化资源。

2. 中国教育资源的建设现状

随着网络计算机软硬件技术以及学习理论的发展，教育信息化建设整体逐步推进，这要求教育教学资源建设同步向前发展。至今，政府、学校或厂商都已在资源建设的实践探索中取得了一定的成绩，同时也暴露出不少问题，如资源建设的投入与产出不成比例、有效资源内容匮乏、资源库互操作缺乏相应规范，等等。正确认识教育资源建设中存在的主要问题，并提出建设性对策，将对教育资源的建设发挥重要的指导作用。

(1)有效资源内容匮乏

资源内容建设模式问题是有效资源内容匮乏涉及的核心问题；在一定区域内，资源内容的建设可以由基层的教育行政机构出面组织，采取以教师建设为主、购买为辅，分布建设、共享使用的模式。

(2)支持教向支持学转变

根据新课程改革的需要，资源内容建设要重点从支持教向支持学的方向努力。研究性学习专题就是典型的以学为中心的教育资源，该项目的主要构成要素是：情境、任务、资料、提示与反馈指导。

(3)资源管理集中与分布的两难

如何解决教育资源集中和分布的两难问题，是目前区域性教育资源关注的焦点。资源分布存储、目录集中管理的分布式资源网(ERNet)可以有效地解决这种大范围内教育资源整合的问题。

(4)从资源数据管理到资源应用环境

在进行资源建设的过程中，不能仅仅关注资源数据库的数据管理，而更应关注基于数据库管理的资源应用环境的建设。当前，国内的资源建设模式已经在某种程度上体现了这种资源服务意识的萌芽。

(5)资源库互操作缺乏规范指导

教育资源库管理系统互操作框架(IFRM)是针对不同教育资源库管理系统之间的互操作存在的问题而提出的一个解决方案。它的制定和实施，构建了不同教育资源库管理系统进行互操作的框架标准，为最大限度地实现数据共享提供了保证。

(6)资源建设的规范标准之争

资源建设规范是教育信息化技术标准体系必不可少的部分。为改善教育资源建设属性标注混乱的现状，教育部于2000年组织专门的研究小组起草制定了《教育资源建设技术规范》，指导我国教育资源建设的技术规范。

(7)资源市场运营模式有待规范完善

教育资源库的建设必须走产业化的道路，只有产业化的机制，才可能实现教育资源建设的可持续发展，并保证教育资源运营的规范化和高效性。理想的资源运营系统是将资源管理系统和电子商务平台合二为一。

(8)资源质量良莠不齐，缺乏质保体系

资源建设评审反馈是教育资源维护与管理的重要环节，如何在宏观层面上建立有效的资源评审机制，在微观层面上确定资源评审的操作指标，是保证资源建设质量的重要措施。

3. 教育资源开发和应用趋势

(1)以学生的“学”为主，体现学生的主体地位

学生是一个个鲜活生动的个体，有各自的思想、观点，有着不同的知识基础，学生的学习应该在不断的交流碰撞中完成新知识、新技能的建构。在建构主义理论的影响下，教育信息资源开发与应用中对环境的建构受到关注，提供情境，激发学生思考，提供交流平台，实现师生交流互动，完成学生的学与教师的教，成为资源建设的指导思想。Blog、Moodle等Web2.0技术成功用于教学，并得到广泛推广，正是体现学生主体地位的需要，也是教育信息资源开发与应用的趋势之一。

(2)信息资源个体积件式、微型化

信息资源个体积件式、微型化正是满足各种不同使用教学对象的需要，它以知识点甚至某一知识点的某一方面为单位，制作出能灵活拼装、可重复使用的小积木，适应不同教材、教学对象、使用者的更新变化，真正做到以不变应万变。

(3)信息资源网络化，借助网络平台实现交流互动

资源网络化是一种必然趋势，借助网络平台实现交流互动也是新课改下信息资源建设的内在要求。网络课程是信息网络化的一种形式，随着网络技术在教育行业的广泛应用，远程教育主体可以借助网络课程进行远程学习、交流、辅导，从而完成学习任务。同时，精细加工理论越来越受到网络课程开发者的重视，在信息化资源建设与应用中受到了高度关注。

(4)Moodle 网络教育平台

Moodle 网络教育平台是世界上最流行的课程管理系统(CMS)之一，基于建构主义和以人为本的设计思想，其开放的理念使得全世界的教师和爱好者都可以参与到系统的设计开发中，其功能愈来愈强大，成为国际上首推的能够替代 Blackboard 的适合中小学基础教育、高等教育、职业技术教育、教师教育、企业培训等的学习环境。

(5)学习者参与到信息资源开发、应用的过程中

教与学是相辅相成的，教师的教与学生的学是互为促进、互为相长的过程。教师通过自己多年实践和对所教学科的系统研究，有着丰富的教学经验积累和教学资源积淀。同样，作为学习主体的学生，个体特性鲜明，富有想象力和创造力，他们的学习体会与经验是宝贵的资源财富，学生参与开发、参与实践是资源建设的重要组成部分。应鼓励学生交流、分享自身的学习体会、经验，将其作为资源内容建设的一部分，促进学与教过程的参与者共进步、同成长。

二、教育资源的开发过程

1. 开发的原则

(1)与学科教材配套

在建设教育教学资源库的过程中，一定要考虑资源的学科性质，根据各学科知识的特点进行资源分类和建设，紧紧以学科知识点为中心组织所需的资源，根据各学科不同版本教材的目录建设资源，形成与当地教材各章节目录相配套的资源体系，最大限度地减少教师查找资源的工作量。

(2)具有教学针对性

提供对教学和学习具有针对性的资源，既要考虑建设的资源是否利于教师突破教学的难点与重点，也要考虑建设的资源对学生的认知促进以及学习兴趣和动机的维持，通过建设符合教学内容要求的辅助情境、实际应用案例、启发性的探究问题以及新旧知识之间的关联探索帮助学生建构当前所学知识的意义。

(3)开放可定制

开放式是指资源要采用比较便于修改的方式组织；可定制是指资源库建设应从产品层次上升到服务层次，在资源体系自身得到不断完善的同时，注重个性化的服务功能，使用户获得深层次的、专业的支持。

2. 开发的技术及工具

(1)图像制作技术

①常见的图像格式：GIF 格式、JEPG 格式、BMP 格式、PSD 格式、PNG 格式。

②位图和矢量图

位图是由放置在网格结构或图案中的许多点(或称为像素)按照从左至右的顺序组成的。这些像素通常很小，所以从远处看，组成位图图案的像素没有间隙地混合在一起。但如果放大图像，细小的方形像素将变得很明显。另外，位图文件在存储时必须记录其组成画面中每一个像素的位置、色彩等数据，因此它的文件信息量较大，可以达到几兆、几十兆甚至上百兆。分辨率越高，图像信息量也就越大。

矢量图像是由数学方程式或包含有关对象的大小、形状、颜色、轮廓和位置等信息的矢量所定义的对象。这种处理图像的方法产生的文件相对较小，即使是复杂的画面也是如此。而且，矢量图像与分辨率无关，这意味着一个针头大小的矢量图像放大到整个屏幕大时也会保持相同的文件大小且不会影响显示质量。

③图形/图像制作途径

第一，运用绘图软件绘制。可以用 CorelDraw、Firework、Freehand、Adobe Photoshop 等图像处理软件进行创作。

第二，从现成的图形/图像素材库中选取，然后再用图像处理软件进行加工处理，使之成为符合课件制作要求和与教学内容联系密切的图形/图像。

第三，从印刷资料中获取。用扫描仪或数码相机等把图形/图像资料录入计算机，扫描网页图像的分辨率不宜太高，一般情况下分辨率为 300dpi、色深为 24bit 左右比较合适，或者在图像处理软件中进行二次处理。

第四，从实物或景物获取中。用数码相机拍摄后再输入计算机。视频或动态图像，可用抓图的方式抓取所需的图像，将图像素材录入计算机后，再用 Adobe Photoshop、Firework 等图像处理软件进行美化或特技处理。用数码相机拍摄图像时，一般将分辨率设置为 640×480 即可满足网页图像要求。

④图形图像编辑是多媒体资源素材的基本处理技术，常用的工具软件有 Adobe Photoshop、CorelDraw、Firework、ACSee 等。

(2)动画制作技术

动画内容通常是用计算机软件制作的用以表达教学内容的连续的动态图像，主要是为了解决教学中的重点和难点问题，把抽象复杂、受时空限制、传统教学媒体难以表现的教学内容动态地表现出来，常用来制作动画的软件有3Dstudio、Animator Studio、Flash等。

①传统动画与矢量动画

传统动画是由一组按顺序播放的图片组成的，如GIF动画。传统的动画技术是用具有颜色的特征像素组成的一个矩阵来描述图像的。每个像素的大小和每个给定图像中像素的总数是固定不变的。

矢量动画是由一组描述几何形状和颜色特征的数学公式和指令组成的。由于这些数学公式和指令是以纯文本的形式存在的，所以要描述一个全屏幕动画过程只需要很小的数据空间。这些由数学公式和指令描述的图像被称为矢量图像，如Flash动画。矢量图像能够保证它的线条图和文字的输出质量是浏览者的计算机能实现的最高输出质量，还可以显示边缘完全平滑的图像。

②动画可分为二维动画和三维动画，二维动画可以表现平面上的一些简单造型、颜色变化等，常用的工具软件有Animator Studio、Flash等。三维动画可以表现三维造型、各种具有三维真实感的物体等，常用的工具软件有3DStudioMAX等。

(3)音频处理技术

①数字音频的技术指标：采样率、压缩率、比特率、量化级。

②常用数字音频格式及其使用

1)WAV格式。WAV是Windows操作系统下的标准音频格式，它的数据是没有经过压缩而直接对声音波形进行采样记录的数据。它的音质最好，但体积非常庞大。获取WAV文件基本上有两种方式：一种是将其他音频格式转为WAV格式；另一种是通过音频输入设备获取声音，利用软件采集制作。

2)MP3格式。MP3格式的全标为MPEG-Audio Layer3。它采用有损压缩的方法，利用心理学编码技术，结合人的听觉原理，在低采样的条件下利用先进的算法减少某些人耳分辨不出的声音元素甚至将其完全剔除，从而达到高压缩比的目的。它具有体积小、音质接近CD、制作简单、便于交换等优点，适合在网络上传播。利用豪杰超级解霸中的数字CD抓轨工具可以将CD压制成MP3。

③目前广泛使用的音频编辑软件有Sound Forge、Wavelab、Cool Edit三种。

(4)视频处理技术

视频处理技术是利用多媒体计算机和网络的数字化、大容量、交互性以及快速处理能力，对视频信号进行采集、处理、传播和存储的技术。

①视频文件的类型

1)AVI格式。AVI格式是微软公司推出的一种视频格式文件，应用广泛，是目前视频文件的主流。视频文件由视频和音频两部分构成，但都没有经过压缩处理，数据量大，适合播放该格式文件的软件是Windows的媒体播放器。

2)MOV格式。MOV格式原是苹果公司产品的视频文件格式。有了QuickTime驱动程序后，在其他系统中也能播放MOV格式文件。

3)RM格式。RM格式是Real Network公司开发的一种用于在低速网上实时传输音频和视频信息的压缩格式。

4)ASF格式。ASF是微软公司和RealMedia公司开发的一种可以直接在线观看视频节目的视频文件的压缩格式，其中视频部分采用MPEG-4压缩算法，音频部分采用WMA压缩格式。

5)DAT格式。DAT格式是VCD影碟中的视频文件格式。

6)SWF格式。SWF是由Macromedia公司的Flash软件生成的矢量动画图形格式，占用空间很小，被广泛用于互联网上。适合播放该格式文件的软件是Flash Player。

②常用的视频处理工具主要有Premiere、Real Producer、Media Encoder。

(5)网页制作技术

①HTML

HTML的全称是HyperText Markup Language，即超文本标记语言，是一种用来制作超文本文档的简单标记语言。用HTML编写的超文本文档称为HTML文档，能独立用于各种操作系统平台。

②动态网页技术

动态网页技术的原理：使用不同技术编写的动态页面保持在Web服务器内，当客户端用户向Web服务器发出访问动态页面的请求时，Web服务器将根据用户所访问页面的后缀名确定该页面使用的网络编程技术，然后把该页面提交给相应的解释引擎；解释引擎扫描整个页面，找到特定的定界符，并执行位于定界符内的脚本代码，以实现不同的功能，如访问数据库、发送电子邮件、执行算术或逻辑运算等，最后把执行结果返回Web服务器；最后，Web服务器把解释引擎的执行结果连同页面上的HTML内容以及各种客户端脚本一同传送到客户端。目前实现动态网页的技术主要有CGI技术、ASP技术、JSP技术、PHP技术。

③常用的网页制作工具主要有FrontPage 、Dreamweaver、Java开发工

具等。

3. 开发成果的测试及评价

(1)开发成果测试

开发成果测试主要运用项目组测试，项目组测试是在教育信息化资源开发完毕后，由资源的设计与开发者，以及学科专家、教育技术专家等，通过演示来测试相关资源，目的是检验资源的教育性、科学性、技术性、艺术性及各项功能，发现缺陷和问题，并根据问题的严重程度确定是否修改或使用。项目组测试主要依据教育信息化资源评价表。

(2)教学资源的评价

①资源的教育性：考虑整合的资源的教育意义，看它是否对学生的身心发展起到正面的促进作用，是否符合教学大纲和课程标准，是否有利于激发学生的学习动机，提高学生的学习兴趣。

②资源的科学性：判断资源的整合是否客观、科学，资源提供的知识性是否比较强，能否为日常的教学活动提供相关参考，是否有错别字以及产生歧义的科学性错误。

③技术性：判断资源画面是否清晰，画面结构以及课件、文本等运行的技术要求是否与现行的浏览器相符。

④艺术性：主要是针对多媒体素材而言，从其表现手法的多样性、情节的生动性、构图的合理性以及画面的灵活性等考虑。

三、多媒体课件的开发与利用

1. 多媒体课件存在的问题

目前，多媒体课件存在的问题主要有以下几点：

(1)课件选材立意不当，开发价值不高。

(2)课件的灵活性、可控性和易用性不强。

(3)课件缺乏严谨的科学性。

(4)课件的内容易过时，缺少前沿性。

(5)课件缺乏艺术性。

(6)课件缺少幽默感和魅力。

(7)课件缺少兼容性和稳定性。

(8)课件中素材匮乏。

2. 多媒体课件的开发过程

(1)开发的原则和步骤

①开发的原则

多媒体课件的开发，应掌握以下几条原则：

1)教学性

多媒体课件需要在现代教育思想和教育理论的指导下，做好教学设计、系统结构设计、界面设计、导航设计等工作，并在教学中反复使用，不断修改，使开发出的多媒体教学软件符合教学规律，取得良好的教学效果。

2)交互性

交互性不仅是指人机之间的友好交互界面，更重要的是要在教师与学生之间、学生与学生之间建立双向的信息交流。

3)集成性

多媒体教学软件必须是文本、图形、动画、声音、视频等多种媒体信息集成在一起，经过加工和处理所形成的教学系统。

4)个性化

学生是学习的认知主体，学习的过程是学生通过主动探索发现问题、意义建构的过程。因此，多媒体课件要体现学生学习的个性化。

5)评价性

多媒体教学软件必须具有诊断评价、反馈强化的功能。

②开发步骤

1)教学设计

教学设计实际上要解决教什么(学什么)、怎样教(怎样学)的问题，包括宏观的教学设计和微观的教学设计。教学设计是课件设计的重要内容，是课件制作的关键。

2)脚本编写

脚本设计确定了软件开发的思想方法，其具体细节要通过脚本加以描述与实现。脚本是教学设计的具体表达形式，是教学设计开发、制作的蓝本，分为文字脚本和制作脚本。

3)制作合成

制作合成包括素材准备和网页制作两部分。网页制作属于网络课件的制作步骤。网络课件是网络化的多媒体教学软件。

4)测试维护

测试维护是课件开发的一个重要环节，通过这一环节可对课件在应用过程中发现的问题进行修正，进一步改善教学效果。

(2)选择制作工具

多媒体课件制作工具是指能够处理文字、图形、图片、视频影像、动画、声音等课件素材，并根据教学的需要集成为结构完整的多媒体教学软件的编辑工具，通常也被称为多媒体开发平台。多媒体课件制作工具在开发多媒体应用软件时具有很多优越性，其主要特点是：操作简便；可大大缩短开发周期；具有交互性的、面向对象的操作环境；具有功能的可扩充性；具有集成性的开发环境等。

目前，多媒体课件制作工具非常多，如 Authorware、PowerPoint、Flash、Director、Dreamweaver、方正奥思、课件大师、几何画板、瑶光、洪图、翰林汇多媒体制作系统等。

3. 多媒体课件的评价

在实际课件评价中，只有根据客观评价和主观评价、教师评价和学生评价、静态评价和动态评价、统一性评价和多样性评价相结合的原则，提高课件评价的可操作性，才可能对课件进行客观公正的评价。

(1)客观评价和主观评价相结合原则

客观评价主要是对课件内容的科学性和课件制作的技术性进行评价。内容的科学性指紧扣教学大纲，内容正确，表述规范，整体上具有系统性和逻辑性，教学重难点突出，案例典型等。制作的技术性指开发软件选择恰当，操作简便快捷，人—机交互界面友好，安装方便，运行稳定，没有错误链接和无效信息，把图形、图像、音频、视频等教学案例、素材与教学内容有机结合，图像、声音清晰，声画同步等。

主观评价主要是对课件制作的教育性和艺术性进行评价。课件制作的教育性是指制作的多媒体课件体现了正确的教学理念和指导思想，符合教育学、心理学的基本客观规律，即：要体现教学目标，把握学生接受的递进性和学生心理特点，符合学生的认识水平和认知规律，能够充分发挥教师对课件的驾驭能力和对课堂的主导，根据不同学科、不同层次的教育对象，设置不同的案例和问题情境，调动学生学习的积极性和主动性，启发学生积极、主动地思考和获取知识等。课件制作的艺术性是指课件的整体布局、色彩、声音、构图、视频等在安排上要协调，符合审美基本原则，同时动画的安排不能喧宾夺主。

(2)教师评价和学生评价相结合原则

教师评价主要包括专家评价、课件开发者评价、课件使用教师评价与同行评价四个方面。四个方面的评价侧重点各有不同。专家评价大多是对课件本身的教育性、技术性、艺术性等进行综合评价，但这种评价方式缺乏课件专业性和课堂教学的实用性评价。因此，专家评价可以结合公开课、下班听课等方式对课件进行综合评价。课件开发者评价主要侧重于课件开发的技术性；课件使用教师评价可以通过教师教学总结的方式进行，也可以通过填写多媒体课件评价表的方式进行，主要侧重于课件的专业性，即课件能否体现教学理念和教学思路，适应教学目标的要求，真正辅助教学等；同行评价一般是在教师进行公开课教学时对课件进行的评价，主要侧重于课件教育性评价，对课件的整体性、技术性和艺术性的评价稍显欠缺。

学生评价主要是从教学效果方面进行评价，如学生在课堂上能否获得充分的信息，课件能否把抽象的理论形象化、枯燥的理论趣味化等。这种评价方式目前仅在每学期学生评教中的“多媒体课件使用效果”一项有所涉及，比较笼统单一，建议单独制作学生用多媒体课件评价表，结合问卷调查、学生座谈会等方式进行综合评价。

(3)静态评价和动态评价相结合原则

静态评价是指上文提到的各种评价，主要是指在某个具体时间点对课件制作和利用水平的评价；动态评价则是对课件二次开发的难度和推广使用的程度进行评价。当教学内容有所改变或者有更新的案例时，多媒体课件应该满足课件使用者实时更新课件内容的需求，这样的课件才具有推广价值。

(4)统一性评价和多样性评价相结合原则

统一性评价是指设定课件的基本标准，即根据多媒体教学特点设定的课件的科学性、教育性、应用性、艺术性等方面的评价标准，并依据此标准进行评价。多样性评价是指考虑到地区差异、学科特点、课程性质等方面的评价。如果过于强调统一标准，看似公平，实则犯了形式主义的错误。如果过于强调多样性，则又会出现标准过多而无法实现客观有效评价的尴尬局面。因此，在制定课件评价标准时，要二者兼顾。

四、网络课程开发与利用

1. 网络课程开发存在的问题

我国教育部高等教育司颁布的《现代远程教育技术标准体系和11项试用标准(简介)V1.0版》中指出，网络课程是“通过网络表现的某门学科的教学内容及实施的教学活动的总和，它包括两个组成部分：按一定的教学目标、教学策略组织起来的教学内容和网络教学支撑环境”。目前，网络课程主要存在以下问题：

(1)课程体系大而全

我国的网络学院和网校开设的课程非常齐全，但缺少规划。高校网络学院的热门专业课程设置过多，中小学网校过多关注中考、高考学科课程，而课外活动类课程较少，且高质量的网络课程比较少。

(2)教学内容的表现形式单一

目前，大部分网络课程都以网页形式呈现，这是符合网络教育特点的，也是我们网络教育课程开发的一个趋势。然而目前大部分网页都以静态方式展现，其组织方式也是线性的，其更新频率也不够快。

(3)缺乏教学活动设计

目前的网络课程仅限于教师在线答疑、师生讨论，缺少教师对讨论活动的组织、指导和对学习者学习活动的关注，没有真正实现小组学习、协作学习。

(4)导航系统不强

导航应该包括软件使用导航和课程内容导航。现有网络课程基本上都能提供不同程度的课程内容导航，而较为系统、完整、规范的软件使用联机帮助系统并不是很多。虽然导航并不是越细越好，对于界面设计清晰、层次结构简洁的网络课程，用户无须费很大功夫就能够熟悉和掌握，但必要的导航是不可或缺的。

(5)评价与反馈系统不完善

评价与反馈是教学中不可或缺的环节。作为一门完整的网络课程，目前网络教学的评价方式仅限于教师对学习者的评价(作业和考试)，很少考虑学习者自身的评价、同伴的评价，而恰恰这两种评价对于学生获得学习成就感非常有效。

2. 网络课程开发的改进

网络课程作为教育资源的核心，在开发过程中应满足一定的要求。《现代远程教育工程教育资源建设规范》明确提出了网络课程开发应满足的基本要求。

(1) 网络课程建设要基于远程教育的特点，能提高学习者的学习兴趣与自觉性。

(2) 网络课程要满足在互联网上运行的基本条件，具备安全、稳定、可靠、下载快等特点。

(3) 网络课程应有完整的文字与制作脚本。

(4) 网络课程文字说明中的有关名词、概念、符号、人名、定理、定律和重要知识点都要与相关的背景资料链接。

(5) 对课程中的重要部分，可适当采用图片、配音或动画来强化学习效果，但要避免与教学内容无关、纯表现式的图片或动画。

在满足上述要求的基础上，考虑网络课程的整个开发流程，其开发流程如图 5.10 所示。

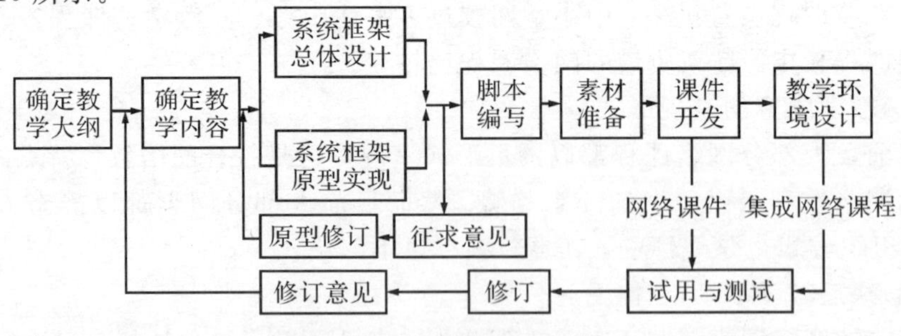

图 5.10　网络课程开发流程

3. 网络课程的应用

从对教学的支持程度这一维度，网络课程的应用可以分为三个层次。

(1)传统课堂教学的补充

这一层次的网络课程主要用于支持全日制学生学习，一般由学校教师个人提供，特别是在高校里，很多教师都提供个人课程教学网站，作为他们教学的补充。开发这类网络课程的目的是丰富和拓展传统的面对面课堂教学，让学习者可以在课堂外继续学习或与教师保持联系。但网络课程并不是课程教学必不可少的组成部分，学生如果没有获取信息、资源或交流的需要，就没有必要访问。从结构上看，这类网络课程一般包括以下栏目：课程说明，如课程目标和要求、教学进度表等；教学资源，如课堂讲稿、课堂作业的参考答案等；其他零星的资料，如与教学中某些知识点相关的课件或与某些主题相关的网页链接、文章、讲座等；通信工具，如公告栏、E-mail、留言板等。

这一层次的网络课程对于辅助学生学习很有好处。课程说明部分可以使学生明确学习任务，为课程学习做好充分准备；课堂讲稿和零星资料有利于学生更好地理解课堂上学到的知识；通过通信工具，学生可以及时获取相关信息，求教问题以及提供反馈。

这一层次网络课程的创建者应注意做到：课程说明要在第一次上课前就发布；课堂讲稿要在每次上课后及时上传，并且按一定的方式有序组织；要及时回复学生在E-mail或留言板上的意见和问题。

(2)与传统课堂教学相结合

这一层次的网络课程主要用于在职人员的岗位培训、职业资格证书培训、专业进修等非学历教育。从结构上看，这类网络课程一般包括以下模块：课程概述，包括课程简介、课程内容介绍等；课程内容学习；课程资源，包括各种案例、各种技能操作过程的演示、专家的专题讲座、素材库等；教学测评，主要用于检查学生掌握知识的情况；特殊服务，如在线答疑、交流中心等。针对性和实用性是该类课程的主要特点，所以设计课程内容时并不需要考虑学科体系的完整性，也没有必要做到面面俱到。

由于选择这些课程的学习者大多是出于工作需要和终身学习的需要，所以该类课程无论是在形式上还是在内容上，都尽量迎合学生的特点和愿望。课程的提供者应注意以下几点：课程概述要清晰，便于学习者判断这门课程是否是他们需要的；课程内容要贴近学习者工作实际，能解决一些实际问题，让学习者学以致用；案例必须具有充分的解说性和示范性，为理论知识具体如何应用提供样板；在线答疑应当能够就工作中的某一课题或经常碰到的疑难问题给出建议或解决方案。

(3)取代传统课堂教学

这一层次的网络课程取代了传统的面对面课堂教学，主要用于远程学历教育。从结构上看，这类网络课程一般包括以下组成部分：课程信息，包括课程简介、课程要求、教学计划、评分标准等；课程学习，包括以章节为单位的知识点内容、教师讲稿、实录视频、实验演示等；练习与评价，包括思考问题、在线考试、成绩显示与评价等；学习资源，包括参考文献、网络链接、案例库、软件下载等；通信工具，包括视频会议、电子公告板、学习论坛、聊天室、电子邮件等；学习工具，包括在线词典、电子笔记本、计算器、术语表等；学习帮助，包括学习导航、站内搜索、常见问答库、课程学习方法介绍、技术支持等。

这一层次的网络课程为学生创造了三大学习环境：课程学习、练习与评价和学习资源为学生提供了个别化学习环境；通讯工具为学生提供了讨论学习环境；课程信息、学习工具和学习帮助为学生提供了辅助学习环境。

作为远程学历教育的载体，这类网络课程特别强调课程内容的完整性、系统性以及教学质量的可靠性，其不仅包括讲课、自学、实验、辅导、答疑、作业、考试等各个教学环节所有的内容，还包括与这些内容相关的各种教学资源和教学过程。另外，在远程教育中，自我管理能力和学习支持服务是制约其质量的两个重要因素，所以教师还要考虑采用什么策略促使学习者参与到学习过程和讨论中来，如何对学生进行监控和管理，如何为学生提供及时的、全方位的学习辅导、答疑和咨询服务等问题。

4. 网络课程的评价

(1)网络课程评价的基本原则

①个性化原则：个性化是网络教育的独特品质。学生可以根据自身的特点选择网络学习，因此，网络课程评价应采用个性化评价。

②双向性原则：网络课程评价既要评价网络教师，又要评价网络学生；既要评价网络课程内容，又要评价网络教学支撑系统；既要评价人，又要评价计算机和网络。

③他评与自评相结合原则：由于网络教育的个性化特点，网络课程评价既要讲究他评(他评中有的以网络教师为评价主体，有的以网络教育管理人员为评价主体，还有社会各界组成的评价主体)，又要讲究自评。也就是说，在评价中，将外部标准(需要与可能)和自我标准(需要与可能)结合起来。

④发展性原则：由于网络课程的基本目标是促进学生的发展，所以，网络课程评价要坚持发展性原则。其一，发展性原则要求注意总结网络课程的不足；其二，发展性原则要求以人的发展和网络课程的完善为本，调适网络课程；其三，发展性原则还要求既重视终结性评价，又重视形成性评价。

⑤定性评价与定量评价相结合原则：网络课程评价既要通过统计资料说明问题，又要利用访谈、问卷调查、录音或录像调查等手段阐述结论。也就是说，要将人本主义评价手段和技术评价手段结合起来。而且既要知识、技能的定量评价，也要注意情感、态度和价值观的定性评价。

⑥目的性原则：网络课程评价关注网络课程的目的性，关注网络课程各内容模块的目的性，关注各个模块的主题性。

⑦易于操作原则：由于网络技术和网络教育的复杂性、特殊性，以及网络学生的分散性，网络课程评价的难度大于传统的学校课程评价，因此网络课程评价尤其要重视操作性。

(2)网络课程评价的建设性指标体系基本要素

①理念：即评价网络课程的总体思想，最主要的是评价网络课程要基于网络文化。

②开放性：网络课程是一个开放的系统，而不是封闭的系统。开放性既表现在网络课程内容便于相关知识的互动、完善，也表现在网络教师和网络学生对知识运用的便利性。开放性还指网络教学支撑系统是开放的，便于人机交互，便于人对于媒介的合理运用。

③交互性：指网络课程的设计、内容体现出的人机交互、人人交互(网络师生之间、网络教师之间和网络学生之间)。这种交互包含着教学反馈的必要性，也就是说，网络课程评价要注意评价反馈，以便通过反馈信息的评价来实现网络课程的改进和完善。

④共享性：指在网络课程的教学过程中，网络教师和网络学生能通过链接等形式共享其他相关网站的丰富教育资源。

⑤协作性：指网络课程的设计、实施便于网络教师之间、网络学生之间和网络师生之间进行讨论、合作、竞争等活动。

⑥自主性：指网络课程的学习是自主的，网络课程内容和网络教学支撑系统要便于学生的组织学习和接受学习。

⑦目的性：指网络课程的设计，尤其是网络课程内容、网络接口的设计应该突出体现课程目标，防止网络学生在海量的网络信息中迷失方向。目的性的一个明显标志是对网络课程内容重点的突出表现。

⑧结构性：指网络课程是一个完整的结构，由一定数量的子结构构成，而且各个独立的子结构之间链接方便、快捷并且内容互补。此外，网络课程结构具有非线性、动态、开放等特征。

⑨时代性：指网络课程要紧随时代、科学的发展，而且网络课程的内容、网络教学支撑系统更新要快。

⑩人性：指网络技术服务能够使网络学生有置身于学校课堂的、仿佛亲

耳聆听、亲眼看见教师的言谈举止的感受。

⑪参与度：指网络学生、网络教师在网络课程设计和实施以及网络评价过程中的参与程度。参与程度的考查涉及网络教师和网络学生对网络教育的态度和情感。

⑫创造性：指网络课程为网络教师和网络学生(以网络学生为主）提供的创造机会和条件。当然，这种机会和条件的提供离不开网络技术的支持。

⑬高情感性：高技术需要高情感。网络教育也需要网络学生情感的投入和培养。网络课程在内容、界面、组织、结构的设计等方面要有助于网络学生积极情感的培养。

⑭主题性：网络课程的页面应该主题突出，切忌以华丽的页面将学生的注意力转移到网络技术上。这一要求既要体现在所有页面上，也应该体现在网页之间的链接上。

五、教育网站的开发与利用

1. 教育网站面临的问题

(1)教育网站的内涵

关于教育网站的内涵，学者们从自己的角度对其做出了诠释。2000 年教育部颁布的《教育网站和网校暂行管理办法》将教育网站定义为：“教育网站是指通过收集、加工、存储教育信息等方式建立信息库或者同时建立网上教育平台与信息获取及搜索等工具，通过互联网服务提供单位(ISP)接入互联网或者教育电视台，向上网用户提供教学和其他有关教育公共信息服务的机构”而彭绍东和周鸿彬等学者认为，教育网站是以提供教育服务为主的网站，这是教育网站区别于商业网站、政府网站等其他类型网站的特征所在。教育网站可从建设者、服务层次、服务对象、服务范围、网站规模和网站管理级别等不同维度进行分类。

(2)教育网站的主要类型

从网站的性质来分，教育网站主要分为三大类：

①教育信息资源类网站。以提供各种各样的教育教学信息和教育资源为主。如 K12 中国中小学教育教学网(www. K12. com. cn)主要提供中小学的各种教育资源和信息，面向对象是中小学教师、学生、家长。

②远程教育类网站。主要提供远程的学历教育或非学历教育。学历教育以高等院校的网上大学为主，对扩大高校招生，满足社会需求，减轻中小学升学压力意义重大。

③政府和教育科研类的非商业网站。包括各级教育行政部门、电教馆、教研室、教科所等教育机构所建的各地教育信息网，各类教育报纸杂志所办的网

络版，各级大中小学校所建的学校网站，甚至教师个人所建的学科类网站等。

2. 教育网站的开发过程

(1)教育网站的定位

教育网站定义时期的任务主要是确定网站开发工程必须完成的总体目标；确定工程的可行性，导出实现工程应采取的策略及网站的功能，并估计完成该项工程所需的资源和成本。这个时期的工作通常又称为系统分析，由系统分析员负责完成。教育网站定义时期通常划分成三个阶段，即问题定义阶段、可行性研究阶段和需求分析阶段。

① 理清思路阶段。这一阶段主要确定的是即将开发的网站将要解决的问题是什么。现今教育网站的开发从总体目标上来讲，主要是为了加快我国教育信息化的进程。但为了更详细地指导后面的开发工作，在这一阶段的工作中，系统分析员应提出关于问题性质、工程目标和规模的书面报告，并通过对系统的实际用户和使用部门负责人的访问调查，写出对问题的理解。书面报告应在与用户和使用部门不断沟通后进行多次修改，改正理解不正确的地方，最后得出一份满意的文字说明。

② 可行性研究阶段。这一阶段主要确定网站开发的可实现性。在可行性研究阶段，系统分析员应在较抽象的层面对网站进行简化的分析与设计，导出系统的高层逻辑模型，并在此基础上准确、具体地确定网站工程的规模和目标，然后再准确地估计系统的成本和效益。在进行可行性分析时，系统分析员应根据网站效益与开发成本的比值确定网站是否值得开发。对于效益性不高但付出的成本较高的网站无须进行开发。

③ 需求分析阶段。这一阶段分析员主要完成的工作就是进行教育需求调查，为获得这方面的相关信息，系统分析员可设计和利用相关的调查表格或工具直接从用户处获取，并根据调查结果确定网站的功能，并设计出完全符合用户需求的系统逻辑模型。

(2)教育网站的设计与编写

网站定位明确后，将进行具体的开发工作，它通常由设计、编写和测试三个阶段组成。

① 设计阶段。这一阶段主要根据网站的定位，确定网站的开发方案并根据方案画出网站开发蓝图，它主要包括总体设计和具体设计两方面。总体设计是根据网站的定义，确定网站开发可能实行的几种方案，并对这几种方案进行分析，优选出符合用户需求的最佳解决方案。详细设计是根据总体设计所得到的网站模块结构设计出程序的详细规格说明，这种规格说明应包括软件开发的必要细节，程序员根据这一规格说明可写出程序的代码。设计人员通常采用 HIPO 图(层次图加输入/处理/输出图)或 PDL 语言(过程设计语

言)，描述详细设计的结果。

② 编写阶段。现今流行于市面上的网络开发软件很多，有网络界面集成可视化工具软件，如 FrontPage、Dreamweaver、Visual J++、Delphi、VB 等，也有纯语言型软件系统，如 Java、Pascal、Perl 等。界面集成工具软件虽能生成灵活、安全性较高的网络系统，但其要求开发人员的技术水平较高，且与工具型软件相比开发效率较低。

③ 测试阶段。一般来讲，软件的测试应包括两个方面，一个为单元测试，另一个为综合测试。单元测试指测试软件的单个模块。编写程序的过程中，程序员应不断进行单元测试，以保证程序中的每一个模块能正常运行。综合测试是通过各种类型的测试及相应的调试，验证软件是否达到预期的目标，其最基本的测试包括集成测试和验收测试两种。

(3)教育网站的更新与维护

网络应能为用户提供最新的信息，这样才能体现网络信息时代的特征，因此，当一个网站正式发布于网上后，网站制作者并非已完成了所有的工作，接下来是网站信息长期的更新与维护工作。网站维护人员应不断地搜集最新的教育信息，并将其及时发送到网上，同时，他们还应根据网络的发展与需求，及时对网络的内容和版本进行升级。

3. 教育网站的应用

(1)教育学规律的体现。这个方面主要侧重于分析在教育网站中占很大比例的教学网站。教学网站的基本要求是：应该体现目前普遍被接受的一些教育学规律，甚至基于 Web 技术的崭新特点，能产生一种新型的更高层次的教育模式。

(2)资源内容的表现与组织。资源内容的多媒体化，即用静态图像、图标、声音、动画、影视剪辑来表现知识是数字时代的明显特征。

(3)交流与协同。在对教育网站的访问过程中，访问者与访问者、访问者与专家、访问者与资源之间的交流与协同是教育的精华所在，但目前教育网站对这种交流与协同的支持还远远不够。

总之，从教育学规律的体现、知识的表现与组织、访问者的交流与协同等方面来看，教育网站的发展正处于一个不太成熟的过渡时期。

4. 教育网站的评价

(1)内容评价

全面性。学科领域指涵盖哪些学科或主题领域，收录学科主题范围内容广泛程度如何，是否遗漏；所收信息是否具有一定的广度和深度，既有文字信息又有图像信息，既有本国、本民族语言文字信息，又包括世界范围内主要语言文字的信息；是否提供原始文献、资源链接，相关书目索引是否既提供一次文献又提供二次文献，既含有印刷型材料又含有电子文献；是否包含多种形式的电子文献等。

准确性。信息是否正确、真实、客观，严格符合事实标准或真实情况；语法及拼写的正确度如何，正文是否采用了标准的字体、字号、编排结构以及文件格式是否规范；信息是由网站权威人士自己撰写的还是转引其他权威性机构、组织或个人的，出处是否清楚标出。

权威性。信息是否可靠、可信，著者能否清晰识别，作者或信息提供者在本专业领域是否具有声望或权威，信息是否被其他权威站点摘引、链接与推荐过。

艺术性。有独具个性的整体风格，在主题确立、站标制作、版面布局、色彩搭配、文字设计、表格应用、内容加工上，追求形式与内容的统一性、新颖性与个性化。

便捷性。便捷性主要指整体设计是否以人为本、用户至上，包括用户界面的友好性，是否有使用指南、导言等帮助信息。

(2)技术性评价

导航设计。内部链接是否丰富，链接的资源是否丰富并新颖，不仅有文本还有图像、声音信息等，链接的资源是否与主体、学科相关；框架是否清晰，信息组织方式单一还是多样，是否按主题、学科、形式、读者对象分类。

信息组织。信息分类是否科学、合理，各屏幕所含信息是否适中、平衡，有无过多或过少现象；信息服务效率是指信息的加工处理、传递是否富有实效性，可以通过信息的更新频率或信息分布的日期或信息的有效期来判定。

管理技术。管理规范表现为管理方式和手段科学化、标准化、合法化。

检索功能。检索方式单一还是多样，是否既可分类浏览查找又可直接输入检索词查找，能否按题目、著者、关键词等多种途径检索，是否提供高级查询方式(如布尔逻辑等)，对所查信息是否有选择与限定自由，如对文献类型、出版时间、形式等进行选择、限定。响应速度是体现检索功能效率的重要指标，主要体现在是否联通迅速、等待时间短、下载速度快。

其他。数据库技术使用指是否采用 ASP、SQL 、PowerBuilder、Access 等工具开发网上数据库，采用 CGI、API、ODBC 等途径实现用户与数据库的访问连接，申请使用 ISP 提供的 BBS、讨论组、技术器、留言簿使网站信息数据库的类型和功能丰富；综合技术使用指是否充分地使用流媒体技术、虚拟现实技术、网上视频点播技术等，不断提高网站技术含量，拓展网站功能和容错能力。

(3)效用评价

交互性。网站交互设备完备性是指网站是否提供了交流的手段(如 E-mail

地址、Mailing List 、讨论区）以及手段是否丰富；用户参与度是指用户与网站利用以上手段发生交流的实际情况，如利用这些交流手段的用户比例、总使用量等；网站是否为用户提供了丰富便利的交互场所，对用户的影响力、回应力如何可以从用户停留时间及用户注册数量中体现出来，而后者是将来给网站带来经济效益的潜在用户。

效益性。教育效益体现在有一定规模的固定用户、数量加大的浏览者及潜在用户，用户的参与度高、学习效率高、满意度高，能使学习者真正学到有价值的知识与技能；经济效益体现在合理的“投入产出比”，体现在网站安全、可靠、故障少；信息流量大、节省用户时间；通过收取资源使用费、广告费及其他合理费用，获得一定的经济回报；网站知名度高，社会影响大、信誉好，与用户、员工、投资者、政府部门及竞争对手等社会关系融洽，这是网站要追求的社会效益。

(4)发展性评价

影响度。网站首页点击次数也可以理解成用户访问量，用来反映网站被用户重视的程度和网站的地位，同时，用户访问量随时间的变化还可以很好地反映网站的管理运行状况，访问量可通过网站技术器或其他技术途径获取；被其他网站链接情况，包括被链接的网站、网页和涉及的数量等。

六、数字图书馆的开发与利用

1. 数字图书馆建设面临的挑战

(1)概念与特点

数字图书馆即一个数字化的信息系统，它将分散于不同载体、不同地理位置的信息资源以数字化方式储存，以网络化方式互相连接，提供即时利用，实现资源共享。

数字图书馆应包括三个基本要素：信息材料、制成信息材料和相关技术、用户的科研工作与图书馆员的服务工作。

与传统图书馆相比，数字图书馆具有以下特点。

①信息存储方式由纸张上的文字变成了磁性介质上的电磁信号，这为压缩存储空间，改进组织方式，提高检索速度，方便用户远程检索，加快更新维护，降低维护费用等提供了基础。

②信息组织形式从纸张上顺序的、线性的方式转变为电子计算机的直接的、网状的方式。索引文件、超文本技术等使得信息可以按本身的逻辑关系组织成相互联系的网状结构，这为方便用户检索、提高检索效率奠定了基础。

③“馆藏”不仅包括纸质的、非数字化的文献，还将扩展到不能以印制品形式记录和传播的数字式人工制品；不仅能收集和处理大量永久的、固定的文字

材料，还能收集和处理大量临时的、流动的文字材料，如网络化的文本、图形、地图、音频、视频、商品目录及多媒体、超文本、超媒体等。多种信息可以通过多媒体技术有机地结合在一起，并进行统一的存储与管理。

④用户对"馆藏"的利用不再受时间和地理位置的限制，而是通过数字图书馆提供的广泛的用户接口、良好的检索功能、直观易用的人机界面，访问网络上数字图书馆的所有信息资源。这将大大提高信息共享程度，缩短信息传递与反馈的速度。从全社会来说，能够减少信息处理的费用，降低信息与信息服务的成本。

数字图书馆给图书馆界以至于出版界带来的冲击与影响非常大，它将使传统的情报检索工作发生巨大的、根本性的变化，使人类在知识的存储、传播与共享方面大大向前迈进一步。

(2)面临的问题

①技术上的问题。数字图书馆建设的关键是文献资源数字化，涉及数字化技术、超大规模数据库技术、网络技术、多媒体信息处理技术、信息压缩与传送技术、分布式处理技术、安全保密技术、可靠性技术、数据库与联机分析处理技术、信息抽取技术、数据挖掘技术、检索技术、自然语言理解技术等。

②经费问题。数字图书馆建设需要大量经费，首先，将现有的非数字馆藏数字化需要大量的经费；其次，还要购买文献信息和网上数字化信息使用权，而且要支付数字化信息的保存、系统升级、数据的转换费用等。数字图书馆的建设离不开大量的数据，要把现有的印刷本书籍转化成数字信息，成本非常高，工作量非常大。解决这个问题的办法是组织图书馆间的协作，根据书刊联合目录协同作战，避免造成巨大的人力、物力和财力的浪费。

③网络传输速度慢，费用高。数字图书馆的建立是以网络为基础的，网络传输速度慢，上网费用高，直接影响和制约了我国数字图书馆的发展。

④知识产权问题。数字图书馆目前面临的问题主要是版权问题。要将数字图书馆建成一个以内容为主的 ICP ，解决在公益服务和商业运作中的作品使用权及支付合理的使用费是关键所在。而在我国著作权管理机构尚不健全的情况下，版权许可困难很多。这不仅是数字图书馆建设遇到的问题，也是所有信息资源开发上网的实施中遇到的问题。而数字图书馆初步建成后，信息版权保护变得非常困难。在目前的法律框架下，对数字图书馆的知识产权保护问题还没有完善的解决办法。

⑤网络安全问题。图书馆实现数字化后，要通过网络向其用户提供信息，这就为网络黑客提供了非法盗取、复制、破坏图书馆数字信息资源的机会。一旦黑客进入，会使整个数字图书馆瘫痪；计算机病毒也是数字图书馆的大

敌，因此数字图书馆网络安全问题也变得愈来愈重要。

⑥图书馆员的素质问题。数字图书馆时代，图书馆员应成为“信息专家”。就目前的情况来看，部分图书馆员离这个要求相差甚远。

2. 数字图书馆开发策略研究

(1)加快信息基础设施的建设与改造。现在，美国已经开始建设第二代互联网。我国也应加快行动，改造原有的中低速网络，并开始建设适合多媒体传输的高速宽带的第二代互联网，加速网络的传输速度。

(2)加强网络安全措施。要想防止黑客的入侵和病毒的感染，传统的防病毒软件已远远不能满足要求。为了防止病毒的传播和扩散，防病毒软件必须能够对病毒可能攻击的传播途径加以保护。要保证不被黑客入侵，在利用防火墙的同时，必须注意尽量减少网络中存在的漏洞。通过网络传出重要信息时，必须使用有效的加密手段。

(3)加快信息资源建设。一方面，要分期分批地将现有的馆藏资源数字化。需要从全局高度制订整体规划，一些数字信息和数据库要施行国家图书馆集中购买，采用现代的信息技术，加强馆际协作，实现信息资源的共享。另一方面，要加大经费投入，逐步增加网上数字化信息的收藏。

(4)降低互联网的使用费用，大力推广和普及计算机及因特网的使用。加强对图书馆员的技术培训和信息能力的培养。定期开展用户教育和培训，提高利用图书馆的能力。

(5)加强国际间的信息交流与合作。出台一些有关信息资源使用的法律、法规，规范信息流通。在版权问题上，各国应达成一些保护知识产权的协议。

(6)加强图书馆人才的培养。数字图书馆管理人员除了应具备图书馆学的专业知识和外语技能外，还应具备使用计算机的能力和掌握信息处理技术。因此，应培养自己的复合型人才；在有条件的情况下也可以吸收和引进国内外人才。

3. 数字图书馆的应用

数字图书馆是由现代高新技术支撑的数字信息资源系统，是没有时空限制的、便于使用的超大规模信息中心。通过数字图书馆的建设，可以增大互联网上中文信息的数量，形成中华文化在互联网上的优势。通过互联网向世界展示中华民族悠久的历史和灿烂的文化，特别是新中国成立以来的成就，让世界进一步了解中国，让中国进一步走向世界。因此，数字图书馆作为网络环境下知识、信息的提供者，在知识、经济时代有着广阔的发展前景。

(1)数字图书馆是以高新技术为支撑的，它的建设将促进我国信息技术的发展，同时带动与之相关的计算机技术、网络技术、通信技术和多媒体技术等各项高新技术的快速发展，而这些高新技术转化为现实生产力时，将对我国知识创新体系的建立起到积极的促进作用。

(2)数字图书馆建设是“人才强国”的战略源泉和动力，数字图书馆大量丰富的信息资源是实现全民终身教育的大课堂，可以突破时空的限制，随时随地为全民学习提供最便捷、最有效的途径，对发展先进文化，服务社会，提高全民素质，构建和谐社会将起到积极的作用。

(3)数字图书馆的应用范围将扩大到知识经济时代的各个领域。获取信息知识已成为每个组织和个人的迫切需求，借助网络的延伸，数字图书馆会不断地深入到社会生活的每个角落，向更多的用户提供个性、高效、快捷的服务。

(4)数字图书馆应用领域将会增加数字图书馆的项目研究和工作建设，最初主要由图书馆界、情报界和计算机界合作完成。因此，研究成果的使用也多限于各个科研机构、高校内部和少数的大公司，项目收益不明显。随着认识的加深和实践工作的继续展开，越来越多具有不同学科背景的专家和专业机构被吸纳进来，可以提供更加宽领域、深层次专业信息增值服务，其收益也将有所增加。

总之，数字图书馆是利用先进的计算机技术、数字技术、信息技术、流媒体技术和网络传输技术等多种技术对各种文献数字化，并将其组织起来在网上传递和服务，具有收集、保存人类文化遗产，进行社会教育，传递科学情报，开发智力资源，提供文化娱乐等功能，给人们的学习、工作、生活、研究等方面带来了巨大变化。从某种意义上说，数字图书馆已成为目前国际经济、文化、科技竞争中新的制高点，同时也成为一个国家信息基础建设的重要标志。所以，数字图书馆的建设与应用，对我国经济发展、政治稳定、社会进步、国家富强起着重要的作用。

七、虚拟实验室的开发与利用

1. 虚拟实验室开发面临的问题

(1)概念

虚拟实验室是一种基于计算机虚拟原型系统的全新的科学研究与工程设计方法，是除理论与实物实验之外的第三种研究设计手段和形式。从教学应用角度来看，虚拟实验室是教师和相关设计者将日益发展的计算机技术与传统的仪器仪表技术结合起来，使得学生可以通过操作计算机来操作自定义的仪器，对被测试量进行采集、分析、判断、显示、数据存储等，充分利用最新的计算机技术来实现模块重组配置，异地实时操作，扩展传统实验仪器的功能，促进教学平台的适用性和实验内容的先进性。

(2)特点及面临的问题

① 虚拟实验室的发展在一定程度上受到传统实验教学模式的局限，未能充分发挥效益。诚然，传统实验在培养学习者的动手能力、学习兴趣和科学精神方面有其独到的地方，但信息化的虚拟实验室和实验教学模式的特点也是明显的，信息化的虚拟实验室在信息数据的采样、收集，实验过程的控制以及将收集的数据进行处理等方面都有其不可比拟的优越性。比如，它可以使过程控制、数据采集更精确、更理想、更智能化，还解除了实验者的繁重劳动；可以详细记录实验过程、重现实验现象等。因此，必须更新对信息化实验手段和实验教学模式的认识，以实现信息化虚拟实验与"传统"实验的整合。

② 开始与现代远程教育结合，并显示出良好的前景。远程教育中的实验一直是远程教育实施过程中的难点问题，利用基于网络的虚拟实验室可以弥补这方面的不足。学生足不出户便可以做各种各样的实验，获得与真实实验一样的体会，从而丰富感性认识，加深对教学内容的理解。

③ 虚拟实验室在一些特定学科的应用相对集中这一特点主要是由这些学科的性质决定的。这些学科的许多内容和科研课题都是以实验为基础的，而其中的许多实验都经常受到实验设备、实验场地和实验经费等条件的限制，有些实验的危险性也较大，因此这些学科理所当然地率先选择了虚拟实验室。

④需要进一步加强虚拟实验的配套服务。实验的目的是通过操作仪器，产生实验现象并记录实验现象，从而认识现象背后的自然规律，虚拟实验也不例外。目前，教学型虚拟实验室的建设对实验的配套服务这一模块并未给予足够的重视。首先，由于对模拟和重现实验过程和实验现象的关注，人们往往对实验数据的配套记录工具有所忽视，从而对数据分析、现象解释、实验报告等实验后续工作产生影响。其次，教学型虚拟实验室应提供相对完整的学习环节和学习环境，对学生的交流讨论、实验报告的完成等学习环节给予支持。

⑤ 软件开发应成为虚拟实验室建设和开发的重点，应予以高度重视。与传统的实验室建设有所不同，虚拟实验室的建设对实验室软件的要求非常高，如果不注意在软件开发方面的投入，而仅仅靠购买国外的软件，不但要为日后的软件升级投入更多的资金，而且自身的实验室水平和科研水平的提高也会受到限制。

⑥虚拟实验室的分布式和协作实验的功能尚需完善。大多数虚拟实验室只是局限于一个学院、一个小型的局域网或一个学校的校园网，可以实现不同科研单位之间协作研究的实验室并不多见。

2. 虚拟实验室的开发过程

(1)虚拟实验室体系结构

①数据处理服务器；

②数据存储系统；

③实验处理软件；

④连接于网络的实验仪器及合作工具。

网上虚拟实验室基本模式为基于 Web 的浏览器/服务器(B/S) 计算模式，如图 5.11 所示。

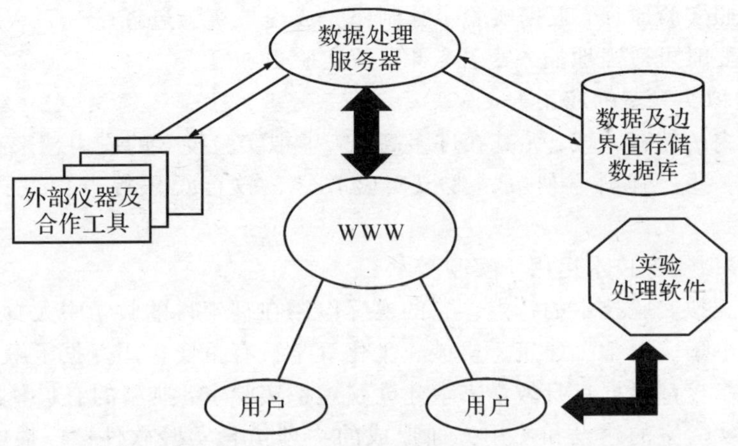

图 5.11　网上虚拟实验室基本模式

(2)虚拟实验室的开发思路

①实验对象都应用可视化的三维物体表示，对象应是实际物体的仿真。

②学生与虚拟实验环境之间的交互通过这些可视化的实验对象来完成。

③实验对象的设计应有效地突出实验目标，相关的场景应详细描绘，对于实验目标以外的场景以抽象描绘为主。这样，虚拟实验对象和学生之间可以通过鼠标的点击或者拖拽、调节操作来模拟真实的实验过程，能够观察到更加直观的与实际相符的实验现象，从而达到形象、直观、快捷的教学目的。真正地实现电脑教学，进一步向网上教学迈进。

(3)虚拟实验室的具体制作

①虚拟一个“身临其境”的操作环境制作背景。

②制作一些有交互功能的仪表、器材。

③制作一些逼真的元器件。

④智能化仪表，即可以进行调节、合理显示，并可进行适时的“自我介绍”。

⑤对实验设备进行合理逼真的布置，让学生感觉进入“真实”的实验室。

⑥要使整个实验过程客观上合理、过渡自然，主观上能按学生的意愿进行。

⑦对实验原理及关键现象进行特别说明或显示，使学生一目了然、记忆深刻。

⑧尽可能地实现交互功能，让学生感觉到虚拟得实实在在。

⑨每一步实验之前都应有提示行为。

⑩调节过程要具有动感，同步显示真实，符合客观实际。

⑪按照实验原理，根据实验步骤制作完成虚拟实验过程。

⑫必要时可适当地插入声音效果，使实验更加真实。

3. 虚拟实验室的应用

在国内的教育领域，尤其在许多高校，虚拟实验技术的应用越来越受到人们的重视，并已在科学研究、虚拟实验教学、教育娱乐等方面发挥着重要作用。

(1)虚拟实验技术运用于实验教学

由于虚拟实验技术的特点，它的实际应用在理工科的教学中大有作为，尤其在电工电子、医学、建筑、机械、生化等学科有重要作用。据了解，目前国内的多数高校都根据自身教学需求建立了虚拟实验室，典型的有：中国科技大学在虚拟实验室的建设和使用方面形成的物理仿真实验软件；广播电视大学的物理虚拟实验、几何光学设计实验平台、大学物理虚拟实验远程教学系统；同济大学建筑学院建成的可以对建筑景观、结构进行仿真的虚拟现实实验室，西南交通大学开发的 TDS- JD 机车驾驶模拟装置等。

综观近年来虚拟实验室在国内高校的发展和应用，可以看出虚拟实验室已经实实在在地改变了人们对实验室的看法。由于它不但能有效地降低实验成本，提高实验效率，而且可以实现异地协作和实验资源共享，因此这种实验方式也越来越受到国内高校和科研机构的重视和青睐，成为强化实验室建设、改革实验教学手段的一个重要发展方向。

(2)虚拟实验技术应用于校园模拟和仿真

众所周知，学习氛围、校园文化对学习者有巨大的影响，虚拟实验技术的发展使虚拟校园的产生成为可能。

早在 1996 年，天津大学就在 SGI 硬件平台上基于 VRML 国际标准开发了虚拟校园。随着信息技术的发展，尤其是宽带网络将大规模应用的今天，国内一些高校已经开始逐步推广和使用虚拟校园模式，先后有浙江大学、上海交通大学、北京大学、西南交通大学等多所院校采用虚拟实验技术建设了虚拟校园，但这些虚拟校园的功能仍以实现浏览功能为主。教育部在一系列相关的文件中，多次涉及虚拟校园，阐明了虚拟校园的地位和作用。随着网络教育的深入，人们已经不仅仅满足于对校园环境的浏览，基于教学、教务、校园生活的三维可视化虚拟校园呼之欲出，真实、互动、情节化的特点才是虚拟校园独特的魅力所在，虚拟实验技术在构建虚拟校园方面的前景还十分广阔。

目前，中央广播电视大学远程教育学院建设的虚拟校园采用基于Internet的类游戏图形引擎，在此基础上，将网络学院的诸多具体功能整合在图形引擎中，突破了目前对虚拟校园的应用仅仅停留在校园一般性浏览的应用上，并作为基础平台进行大规模应用，取得了较好的效果。研究者使用这种基于虚拟校园的思想搭建远程教育基础平台，并以学员为中心，构想一些实际的教学功能的方式，在虚拟校园的应用方面进行了有益的尝试。

(3)虚拟实验技术应用于科研

科学研究是虚拟实验室在国内高校的一个重要用途。目前许多高校都根据需求建立了虚拟实验室，并努力应用这种先进的实验工具辅助科学研究。这方面比较典型的有：清华大学的“电力系统及大型发电设备安全控制和仿真”国家重点实验室，清华大学和北京邮电大学、北京工业大学等共同建设的网络虚拟实验室，中国农业大学的网上虚拟土壤作物系统实验室，中科院上海有机化学研究所建立的虚拟化学实验室，北京航空航天大学与浙江省病理质控中心合作开设的虚拟免疫组化实验室等。

八、教育游戏软件的开发与利用

1. 教育游戏软件的现状

《中国远程教育》市场研究室提供的《教育游戏产业研究报告》将教育游戏定义为能够培养游戏使用者的知识、技能、智力、情感、态度、价值观，并具有一定教育意义的计算机游戏类软件。

在教育信息化市场中，硬件投资的比重约占80%～90%。但是北京、长三角、珠三角等基础设施建设基本完成的地区，对教育软件表现出了强劲的需求态势。2004年9月上海市教委公开对教育游戏进行招标，更是明确表达了对教育游戏的需求。

教育游戏提倡的“游戏化学习”“快乐学习”理念符合基础教育课程改革的要求，国内著名的未来教育专家桑新民教授也大力提倡发展教育游戏，因此教育游戏有广阔的发展空间。在深圳南山区，已经开展了对教育游戏的试用活动，试用学校达20多所，达到了3000人次以上，受到了教育局和学校领导、教师、学生的欢迎。

那么，面向教育行业的教育游戏又是一块多大的“奶酪”？

根据教育部公布的《2003年全国教育事业发展统计公报》，全国小学、初中、高中的总数约为52.23万所。但是目前并不是所有的中小学都具备教育游戏运行的基础设施条件。我国教育行业计算机和网络装备速度增长非常迅速。

经计算，教师认为学校能够接受的教育游戏授权价格(按年计)平均为1.15万元。如果以全国约16万个学生机房为目标市场，以41%为市场饱和度比率，则教育游戏在基础教育行业约有7.5亿元的市场空间。但是随着时间的推移，学校对教育游戏的认可度会不断升高，市场饱和度比率亦会发生变化。而且学生机房的数量也会迅速增长。因此教育行业的教育游戏市场很可能会不断增大，7.5亿元是最保守的估计，比较乐观的预计市场容量将在15亿元左右。

由此可见，教育行业的教育游戏也有非常广阔的市场空间。但是与家庭教育游戏市场一样，这是潜在的市场规模预测，并不等于现实的市场。而且这两种教育游戏市场在用户接受度、产品需求、营销模式上存在显著的差异，需要具体分析，不能由数字简单地判断哪类市场更有前途。

2. 教育游戏软件的设计与开发

在教育游戏软件的设计与开发过程中，必须考虑其自身特点，以教学设计为核心，综合借鉴娱乐性电子游戏的做法。以教育游戏软件设计与开发过程中各要素之间的依赖关系为依据，对整个过程进行细化分解，得出阶段性子过程，各子过程和它们之间的关系如图5.12所示，整个流程以时间贯穿。

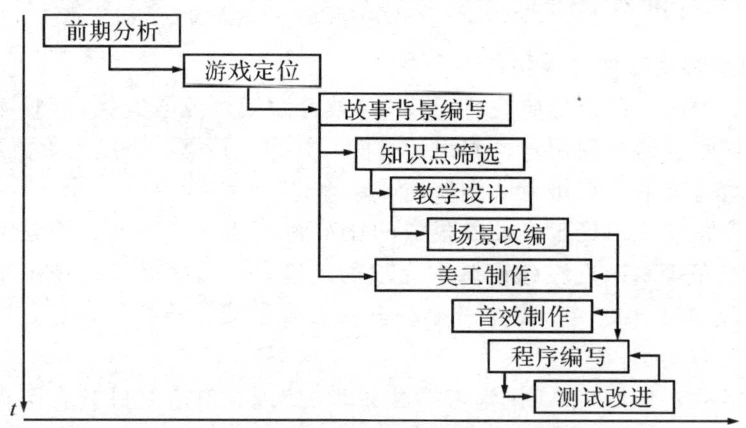

图5.12 教育游戏软件设计与开发流程示意图

(1)前期分析

主要是以当前学校教育为对象，综合考察学校教育中存在的问题与不足。以文献、问卷、访谈、调研、咨询等方式，广泛收集教师、家长、学生和教育主管部门的意见，明确当前课堂教育中迫切需要解决的问题及他们对教育游戏的态度与倾向，并结合游戏的特点，对这些问题和意见进行深入分析，判断出哪些问题是适合用教育游戏的方式去解决的，何种形式的教育游戏更容易被接受，为教育游戏的内容和形式定位提供依据。这项工作主要由教学设计人员完成，游戏设计人员进行协助。

(2)游戏定位

游戏定位是以前期分析为基础，综合评估各种客观情况，对教育游戏的目标、功能、内容、形式所做的总体考虑。一般来说，游戏定位要解决以下几个问题。

①用户定位

即决定用户群。用户群可能是一个年级的学生，也可能是几个年级的学生。此外还需考虑游戏中是否有家长和教师的参与或控制。

②学习定位

教育游戏软件主要是定位于知识的学习和建构，还是定位于知识的巩固和应用，或者是这两方面兼顾，以及教育游戏主要是面向课堂教学的还是课堂教学的补充等都是学习定位要解决的。就目前的情况来说，开发面向课堂教学的、以知识的学习和建构为目标的教学型教育游戏还不是很现实，绝大多数游戏都是作为课堂教学的补充，以知识的巩固和灵活应用为目的的应用型游戏。当然，前者应该作为我们追求的一个目标。

③内容定位

教育游戏软件主要是面向某门具体学科的，还是学科综合的，或者还包含课本以外的其他内容等都是内容定位要解决的。这项工作主要由教学设计人员完成，游戏设计人员进行协助。游戏定位决定了教育游戏软件的总体面貌，为设计和开发指明了宏观方向。

(3)故事背景编写

编写故事背景是指根据游戏的定位，自主创作或根据现有题材进行改编，形成教育游戏的整体轮廓。这里的故事背景是概括地、宏观地交代游戏故事在什么情况下发生，主要的故事梗概是什么，整个故事将如何发展，包含哪些主要角色，有哪些宏观规则与机制，主要场景、核心事件和任务是什么，以及如何实现这些场景、事件、任务对学习的隐喻等。这项工作主要由游戏策划人员完成，教学设计人员进行协助。应该说，当一个游戏故事背景编写完成后，我们的脑海里应该对整个游戏有了一个比较清晰的轮廓，并在此基础上开展逐步细化的设计工作。

(4)教学设计

①知识点筛选

知识点有其本身的特点与性质，有些知识点不适合用游戏表现，或者说用游戏的形式表现效果不明显，而有些知识点比较适合用游戏的形式表现，或者说用游戏的形式表现有其独特的优势。所以我们有必要对知识点进行筛选，把适合用游戏形式表现的知识改编成游戏场景。例如，数学中的一些原则性、基础性的定理、公式等一般就不适合用游戏的形式表现，因式分解、整数的幂与乘方运算等改编成游戏其价值就不是很大。而对于某些实践性、应用性很强的知识，在课堂教学中无法很好地实现实践体验的知识，我们就可以把它们改编成游戏的形式，让学习者在游戏中体验知识的实践应用。这项工作主要由教学设计人员完成，游戏设计人员进行协助。

②教学设计

将知识点变成游戏还要经历教学设计和场景改编两个过程。其中知识点的教学设计主要由教学设计人员完成，主要任务是依据一定的教育理论和教学设计理论，为知识点设计一定的情境，使知识的被动学习转变成特定情境中的主动探究。知识点的教学设计是游戏开发中的关键一环，它直接决定了教育游戏能否以恰当的形式体现学习，教学设计的优劣也直接影响后续场景改编的难易。

(5)场景改编

场景改编是结合游戏的特点和需要，兼顾可行性考虑，对教学设计中的学习情境进行重新改编，使之转变成可以在游戏场景中实现的游戏关卡或任务。这一环节保留的是教学设计一环的理念，创新的是体现理念的具体形式。场景改编的成果就是游戏的单元脚本，或者称为关卡或任务的脚本。后续的游戏开发就是依据这些脚本进行的。这项工作主要由游戏设计人员完成，教学设计人员进行协助和最后的把关。

(6)美工制作

美工制作在游戏故事背景编写完成以后开始，它可以先将故事场景中必要的元素制作成型。在场景改编开始后，它可以伴随着场景改编同时进行，也可以适当延后。美工制作主要是完成场景改编过程中出现的新增游戏场景元素、工具、NPC 等的制作。这部分工作主要由美工制作人员完成。美工制作人员必须和场景改编人员进行密切的沟通，场景改编要考虑到美工制作的难度与工作量，尽量减少新增场景元素的数量，提高场景元素的重复利用率，美工制作也要尽量满足场景改编的需要，提供丰富的场景元素。

(7)音效制作

音效制作可以在前面各环节都已经完成以后再开始，它主要是为游戏制作背景音乐，并根据游戏情节的发展，利用特定音效来烘托气氛、激发动机等。它还包括游戏中一些 NPC 的声效设计以及玩家在成功或失败时的配乐设计。

(8)程序编写

程序编写是真正意义上的教育游戏软件开发阶段，它是对前述各环节的设计成果进行技术实现。这项工作由程序员来完成。经过程序的编写、调试，最终的游戏产品将会呈现在我们面前。

(9)测试改进

程序编写完成并不是教育游戏软件设计与开发的终结阶段，我们还需对游戏产品进行测试和试用，一是为了检测出程序本身隐含的一些错误，二是为了在一定范围内收集使用反馈意见，以便进一步改进，然后才能进行大范围的推广和应用。在应用的过程中还要不断收集反馈意见，对教育游戏产品不断地改进和升级。所以，教育游戏软件应该是一个不断改进、不断优化的循环往复的过程。

3. 教育游戏软件的应用

将游戏融入教学的途径有以下几种。

(1) 将游戏作为教学工具应用于传统学校教学。为了解决“教育性”与“游戏性”的平衡问题，有关学者提出了“轻游戏”的概念，认为“轻游戏＝教育软件＋主流游戏的内在动机”，并且提出，在游戏教学中，教师的作用非常重要，教师应努力推动学生进行协作学习、探究学习以及总结、反思等活动。也有学者提倡在某一门课程中使用游戏，例如在活动课程中引入游戏，形成网络游戏式活动课程，认为“特定的教学内容＋网络游戏＝寓教于乐的网络游戏式活动课程”，并认为网络游戏式活动课程将适度的教育信息与网络游戏相结合，实现了教育性与游戏性的平衡。

(2)将游戏作为学习环境。利用数字化虚拟手段为学习者提供一种游戏式的带有会话协作性、竞争挑战性的学习环境。虚拟学习环境是一个支持合作学习的可视化的多用户系统，各种游戏情境实际上就是一个虚拟的学习环境，游戏者进入游戏实际上就是进入了一个设计周到的学习环境。

(3)将游戏作为一种教育课程资源，包括将游戏作为校本课程资源和网络课程资源。相关学者认为：将游戏作为一种教育资源，特别是融入校本课程具有深刻的现实意义，它拓宽了课程资源领域，拓宽了学习方式和教学方式，是一种可行的操作性很强的校本课程开发的新思路。在远程教育中，资源匮乏一直是远程教育发展面临的瓶颈。因此，相关学者认为应将游戏作为一种资源引入网络课程，以此弥补远程教育中资源匮乏的问题。

4. 教育游戏软件的评价

科学的教育游戏软件评价标准对企业开发教育游戏软件、学校和家庭采购教育游戏软件以及教师和学生使用教育游戏软件具有指导作用。国际上比较著名的评价标准主要有 TEEM(Teacher's Evaluating Educational Multimedia)、IHMC (Institute for Human and Machine Cognition)等组织发布的评价标准，而目前我国尚未有规范、系统的教育游戏软件的标准。TEEM，即教师评价教育媒体组织，成立于1997年，是英国的一个从事教育软件、教育网站和教育工具评价的独立于政府的非营利的服务性组织。

TEEM评价标准对我国教育游戏软件评价标准的确定有如下启示：

(1)组织上

从上述分析可知，中立且专业的评价机构才能发布良好的评价标准，促进教育游戏软件的良性发展。我国政府及某些民间资本的大力支持是建立与发展良好的教育游戏评价机构的前提条件。

(2)科学性上

科学的教育游戏评价标准应具有合理科学的评价内容，在技术性方面要评价教育游戏软件是否具有真实直观性、可靠性等。

(3)功能上

分析TEEM发布的评价标准可知，科学的教育游戏软件评价应具有以下功能：一是反馈调节功能；二是诊断指导功能；三是目标导向功能，帮助教师按照目的要求学习和研究，并促进学生在实现学习目标的同时发展反思学习能力。

第4节　教育信息化的管理

一、教育信息化管理的研究对象、任务和方法

1. 教育信息化管理的研究对象

教育信息化管理是一门相对独立的新的教育分支学科，它的权力主体是国家教育行政组织。一切教育信息化管理活动都是靠国家教育行政组织机构及其人员来推行的。能否有效地进行教育信息化管理，教育行政组织是否合理，是决定教育信息化管理效率的最主要因素。

教育信息化管理的功能是有效地运用国家赋予的权力，通过组织、领导、计划、指挥、控制、协调、监督等方式，合理利用人力、物力和财力等资源，实现国家任务的某项目标(教育信息化)，达到应有的社会效果。教育信息化管理的全过程，都需要充分发挥教育信息化管理人员的创造能力，以求提高教育信息化管理的效能和效率。

因此，教育信息化管理的研究对象可以概括为：以国家教育信息化事业的系统管理为对象，从宏观方面研究国家和地方教育信息化管理和教育信息化事业发展的规律，以及在行使国家权力对教育信息化事物进行管理的活动

中，如何有效组织和协调各种管理要素，其宗旨是提高教育信息化管理的效率。

2. 教育信息化管理的研究任务

美国著名管理学家彼德·F. 杜拉克说：“管理是促进社会经济发展的最基本的关键因素”“所谓发展中国家，并非是发展落后，而是管理落后”。另一位管理学家 W.G. 莫纳汉指出：“现代社会的每个主要问题，分析到最后，总是一个管理的问题。每个社会问题，最后都能通过管理职能的某种方式求得解决。”纵观我国教育信息化的发展历程不难发现，我国教育信息化事业之所以长期落后，管理理论落后是一个重要的因素。教育信息化事业要健康发展，必须加强教育信息化管理的研究工作，这样才能为教育信息化管理的实践提供理论上的指导和帮助。

教育信息化管理的研究在推进我国教育信息化管理科学化、现代化的进程中，负有不可推卸的责任。教育信息化管理的研究任务之一，就是要研究教育信息化管理理论，发现管理的规律，为制定教育信息化事业方针、政策和法令提供科学依据，以提高教育信息化管理的效率和效能，更有效地做好教育和管理工作。

3. 教育信息化管理的研究方法

教育信息化管理理论是指导社会主义国家教育信息化管理活动的科学，研究教育信息化管理方法必须遵循以下原则：从科学角度出发，理论与实践相结合，以史为鉴、洋为中用，客观地研究教育信息化管理理论。

(1)行政法学研究法

该方法以解释法规及研究法制理论为特征，运用在教育信息化管理的研究中，主要是把教育信息化管理理解为按照法规实施教育信息化政策。这是一种静态的研究方法。它不是发现真理，而是对已发现和有定论的真理做出解释。

(2)经验总结法

该方法是在不受控制的自然状态下，依据教育信息化管理实践所提供的事实，分析和概括教育信息化管理现象，使之上升到教育信息化管理理论高度的一种普遍采用的有效方法。这种方法在总结研究教育信息化管理实践中的成功经验和失败教训的基础上，反映了一定的规律性。在研究工作中运用此方法要遵循以下程序：①确定研究课题和研究对象；②掌握有关资料；③收集事实和实践经验材料；④进行总结；⑤组织论证。

(3)比较研究法

比较研究法是根据一定的标准，对某类教育管理现象在不同时期、不同地点、不同社会制度、不同情况下的不同表现进行对照研究，从中找出这类现象的本质、特点，或现象之间差异的研究方法。比较研究法是人们认识客观事物的重要方法，也是从事教育管理学研究的一种基本方法。采用此种方法必须注意：相互比较的事物必须具有可比性；选定合理的比较标准。

(4)历史研究法

它是从历史上考察教育信息化管理的起源、教育信息化管理的历史类型、教育信息化管理的历史演进，从中找出规律性的东西，寻找现实和未来具有实际意义的行政原则和方法。这种方法的特点是在广泛收集和阅读文献资料的基础上，进行认真细致的分析研究和考证，引用确凿的材料证明研究课题的规律性，从而得出科学的结论。

(5)实验研究法

实验研究法使研究者按照研究目的，运用一定手段，干预或控制研究对象的发生、发展过程，以获取科学事实，探索、研究其因果关系和规律的科学方法。它主要是为了解决某一教育信息化管理问题而根据一定的教育信息化管理理论和设想，确定某一区域或学校，加以有意识的控制，采用科学的方法、程序和步骤，组织有计划的教育信息化方案实践，并根据实践结果，对原先的设想和方案进行系统的比较分析和统计检验，从而得出相应的结论。它具有探索性和验证性，因此，在运用此种方法，必须从实际出发确定实验的目的和对象看病有周密的设计和实验方案，在实验过程中，还必须注意积累相关的实验资料。

(6)案例研究法

案例研究法是指在广泛调查和多方收集资料的基础上，如实把教育信息化管理的实际事例编写成描述性的文字材料，然后进行分析，得出解决问题的方法、措施或评论性意见的一种方法。这种方法从具体到一般，具有生动形象的特点，因此，有助于拓宽研究者的思路和发挥研究集体的智慧，有利于生动、具体地掌握教育信息化管理的理论和方法。

以上各种教育信息化研究方法不是彼此独立、互不关联的，而是相互联系，相互补充的。除此之外，还有诸多方法，例如观察法、访谈法、问卷法、测量法、统计法、归纳法、演绎法等。在实际研究中，我们应该根据具体的研究内容，选择相适应的研究方法。

二、教育信息化管理的性质、特点、职能与原则

1. 教育信息化管理的性质与特点

(1)教育信息化管理的性质

教育信息化管理的性质是指教育信息化管理自身内在的必然规定性，即区别于其他事物或活动的根本属性。教育信息化管理的性质主要表现为二重

性，即教育信息化管理的自然属性和社会属性(如图5.13所示)。

教育信息化管理的二重性 { 自然属性：普遍性、规律性、技术依存性；社会属性：社会依存性、服务性 }

图5.13　教育信息化管理的二重性

①自然属性

随着现代信息技术在教育领域的广泛应用，国际教育界出现了以信息技术的广泛应用为特征的教育信息化发展趋向。在国际范围内，教育信息化管理是普遍共有的，是时代的产物，是信息化时代教育管理在领域上的新拓展和形式上的新发展。由于各个国家在政治、经济、科技、文化上有许多背景差异，教育信息化管理在各个国家呈现出不同的特色。但是它们都必须遵循教育信息化管理主体、客体发展所具有的规律。例如，学生身心发展的规律、教师教育教学的规律等都制约着教育信息化管理活动。另外，信息技术的手段和方式是进行一切教育信息化管理工作、贯穿教育信息化管理过程的物质基础和基本前提。因此在实际情况下，要在遵循这些规律的基础上，在一定原则的指导下，创造性、灵活性地开展教育信息化管理的具体活动。

②社会属性

教育信息化管理作为一种顺应时代要求而产生的新型管理活动，涉及面广、因素复杂，与其他各种社会活动以及产生和制约这些活动的社会历史条件相互联系、相互依存。它体现的是统治阶级的意志和目的，总是为一定国家占统治地位的政治路线和阶级政策服务的。在我国，教育的权力为无产阶级和劳动人民所掌握，教育要为社会主义现代化建设服务。因此，在我国，教育信息化管理的出发点和落脚点就是服务于社会主义现代化建设，服务于教育事业的发展，服务于每个学生的个性和谐发展。

(2)教育信息化管理的特点

教育信息化管理是为了适应教育信息化发展而产生的新型教育管理活动。它既是人类改造社会的实践活动的一个特定领域，又具有适应教育信息化而区别于其他教育管理活动的内在的特殊规律性。它具有网络化与自动化、开放性与国际性、交互性与协作性的特点。

信息化背景下的教育呈现出教材多媒体化、资源全球化、教学个性化、学习自主化、活动合作化、管理自动化和环境虚拟化等一系列显著特征。教育信息化管理以信息技术为依托，建立网络化、自动化的管理系统，为教育信息化提供良好的运作环境和发展平台。管理系统的网络化和自动化使得沟通效率大大提高，它是教育信息化得以顺利进行的保障和必要条件。

教育信息化管理具有开放性和国际性。由于教育信息化管理依托于当今的网络，而网络是当今最为开放的系统，具有公开性、快速性、广泛性等诸多特点，因此教育信息化管理能够突破时空的限制，减少管理运作过程中的诸多限制，实现教育信息交流的无国界性，使得教育管理跨国界化。由于网络的普及，人们在网络环境下可以突破时空限制，进行教育信息化管理活动，实现主客体的交互与协作活动。

2. 教育信息化管理的职能与原则

(1)教育信息化管理的职能

职能是人、事物、机构应有的作用和功能。教育信息化管理的职能是指在教育信息化管理过程中各项活动的基本功能，它是教育信息化管理机构应该承担和必须完成的基本任务。教育信息化管理职能展示着各种管理行为，体现着教育信息化管理实践的基本程序。研究教育信息化管理职能，有助于科学组织教育信息化管理过程，有助于辨别教育信息化管理的职、责、权三者之间的关系，使教育信息化管理主题明确、适度地履行工作职责。

教育信息化管理的职能如表 5.5 所示。

表 5.5　教育信息化管理的职能类型

职能类型	定义
规划职能	国家各级教育信息化管理机构根据国家和地区经济等方面的实际情况和本国社会发展战略的需要，在一定时期内，对教育信息化建设事业的发展方向、速度、规模做出统一规划，以保证教育信息化建设稳步协调发展。
立法职能	国家通过各级立法机关和政府部门制定各项教育信息化法令和法规，并依法对教育信息化建设进行管理。
决策职能	国家各级教育信息化管理机构从教育信息化管理的目标出发，针对教育信息化管理过程中的工作任务和存在问题，通过分析、综合、归纳和推理，对教育信息化管理未来实践的方向、原则和方法做出决定。
评价职能	教育信息化管理主体根据党和国家的方针、政策以及教育信息化的目标，对自身或其他教育信息化管理主体的管理实践进行价值判断。
预测职能	教育信息化管理主体根据收集整理的信息资料，对教育信息化建设未来的发展变化和趋势以及可能出现的问题，预先进行研究、推测和判断。
组织职能	教育信息化管理主体把拟定的规划和决策，化为具体的执行活动，指导计划的落实。

续表

职能类型	定义
协调职能	改善和调整教育信息化管理的各个机关、各种人员、各项活动的关系，使各项教育信息化管理活动分工协作、密切配合、步调一致，以实现教育信息化管理的目标。
控制职能	教育信息化管理部门根据教育信息化建设内外部因素的各种变化，对教育信息化管理活动的进程和结果进行调节，克服教育信息化管理工作中的不确定性，纠正其对于目标的偏差，保证教育信息化管理活动顺利进行，并取得预期效果。
服务职能	上级教育信息化管理机关对下级教育信息化管理机关和学校提供诸如信息、咨询、资助等项目，以此作为教育信息化宏观控制的重要手段。

(2)教育信息化管理的原则

原则，是指说话或行事所依据的法则或标准。教育信息化管理原则是依据教育信息化管理的规律和一定的教育信息化管理目标，对教育信息化管理主题所提出的、在教育信息化管理过程中必须遵循的指导思想和行为准则，是进行教育信息化管理的基本要求。教育信息化管理是否具有良好的效果与效率，与是否坚持正确的教育信息化管理原则直接相关。要实现教育信息化管理的目标，提高教育信息化管理的效率，教育信息化管理活动必须有正确原则的指导。

所谓正确的原则，是对客观规律的真实反映，以党的社会主义初级阶段的基本路线、国家的教育法令和方针政策为直接依据，以我国教育事业改革与发展的需要为依据。在这些依据的基础上的原则主要包含以下内容(如表5.6所示)。

表5.6　教育信息化管理的原则及具体内容

原则	具体内容
方向性原则	坚持党的领导；坚持社会主义方向；坚持为教育现代化建设服务；坚持扬与弃的统一
有效性原则	要提高用人的效益；要提高对财务的利用率；要有效利用时间
人本化原则	注重激发管理主客体的积极性、主动性和创造性； 坚持以学生的发展为本；个别学习与群体学习相结合
科学化原则	注重运用现代科学理论和技术；管理组织网络化，机构精简，人员精干；职责分工明确，建立岗位责任制；常规事务制度化；树立科学的管理态度

续表

原则	具体内容
法制化原则	重视和加强教育信息化立法；加强教育信息化法制宣传教育，提高法制观念；建立健全教育信息化法律监督机构
民主性原则	建立健全民主管理的机构和制度；拓宽开展多种民主沟通的渠道
系统化原则	重视"一把手"的关键作用；统筹规划，分步实施；硬件、软件、潜件"三件"兼施；建立一套完善的管理政策、法规环境和标准体系
权变性原则	根据地区的不同情况进行管理；依据各级各类的特点采取不同的要求和做法；随着客观环境和教育事业自身的发展变化不断进行改革

三、教育信息化具体管理内容

教育信息化是一项综合的、长期的、复杂的庞大工程。教育信息化管理的主体分为集体主体和个人主体。个人主体是具有教育科学、管理科学和信息技术知识、技能，拥有相应职位和权力的专门从事教育信息化管理活动的人。而集体主体指许多人组成的以集体形式存在并集体发挥主体性作用的一个综合体，是一种集团型的教育信息化管理主体系统。

1. 教育信息化管理中的基础设施建设

(1)中国教育和科研计算机网

CERNET(如图 5.14 所示)始建于 1994 年，由国家投资建设，教育部负责管理，清华大学等高等学校承担建设和管理运行工作的全国性学术计算机互联网络。CERNET 分四级管理，分别是全国网络中心、地区网络中心和地区主节点、省教育科研网及校园网。CERNET 全国网络中心设在清华大学，负责全国主干网的运行管理。CERNET 省级节点设在 36 个城市的 38 所大学，并有 28 条国际和地区性信道，与美国、加拿大、英国、德国、日本和中国香港联网，已建成了总容量达 800GB 的全世界主要大学和著名国际学术组织的 10 个信息资源镜像系统和 12 个重点学科的信息资源镜像系统，以及一批国内知名的学术网站。它是我国开展现代远程教育的重要平台。CERNET2 则采用具有我国自主知识产权的核心网络技术及产品，是世界规模最大的纯 IPv6 互联网。

ChinaGrid(如图 5.15 所示) 于 2003 年开始建设，并在 2005 年年初成功发布了世界上第一个基于 OGSA 架构、参照 WSRF 规范的网格中间件系统。

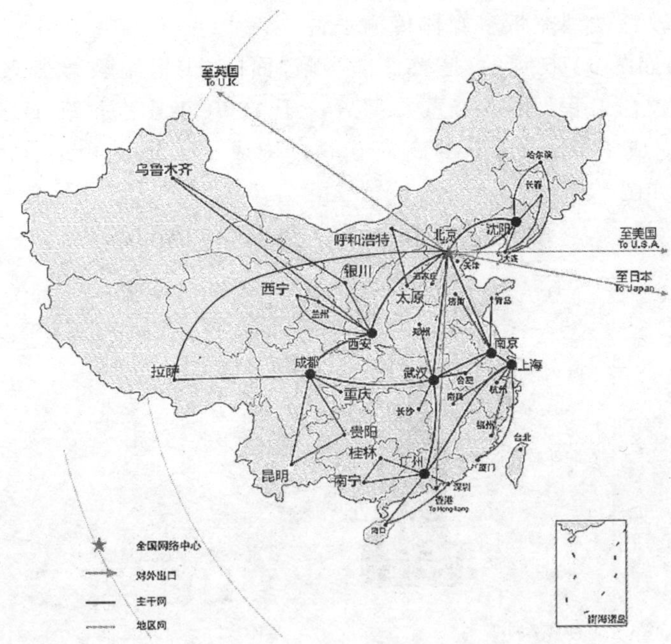

图 5.14　CERNET 拓扑图

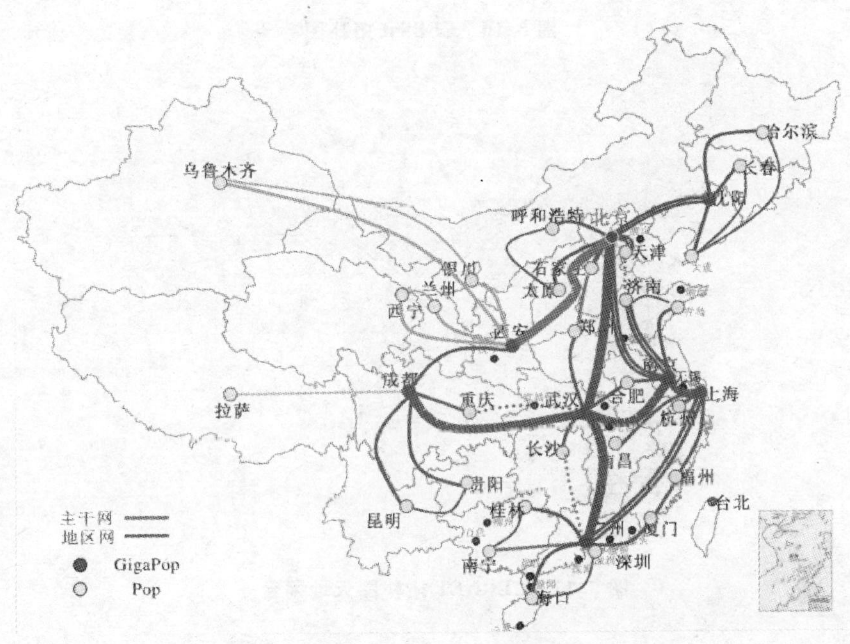

图 5.15　ChinaGrid 拓扑图

(2)中国教育微型宽带多媒体传输平台

CEBSat(如图 5.16 所示)是教育部实施“面向 21 世纪教育振兴计划”、建设“现代远程教育工程”的一个重要部署，于 2000 年 10 月 31 日实现正式运行。2000 年完成了 CERNET 的高速互联，构成了天地网相结合的远程教育专业服务网(如图 5.17 所示)。

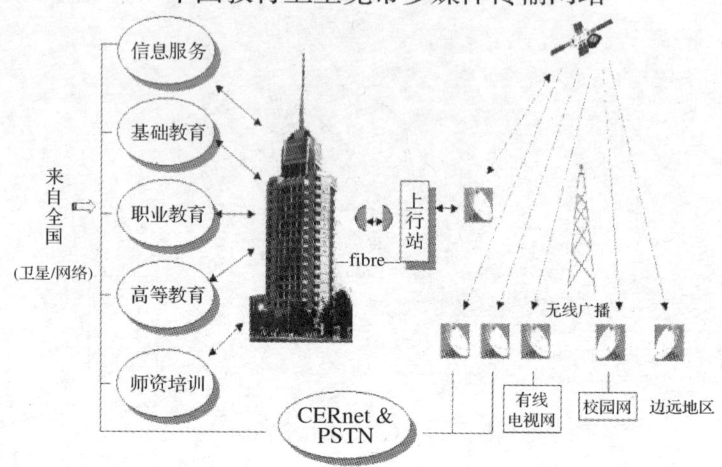

图 5.16　CEBSat 拓扑图

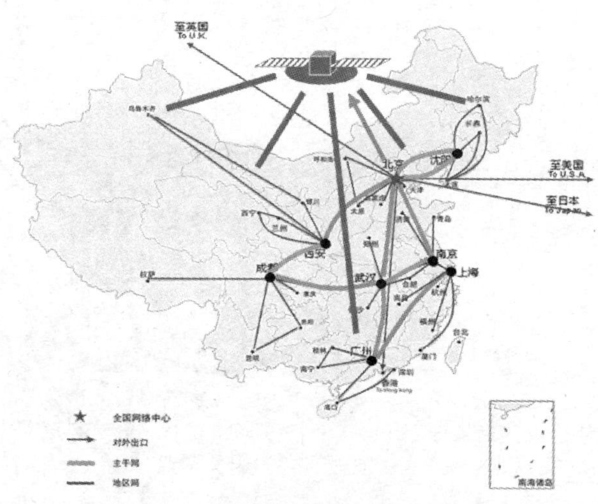

图 5.17　CERNET 拓扑图天地网合一

2. 教育信息化管理中的应用系统管理

教育信息化管理的应用系统主要包括决策系统、执行系统、反馈系统和咨询系统。具体的内容如表5.7所示。

表5.7　教育信息化管理的应用系统分类及其简介

系统类型	内容简介
决策系统	由肩负着决策任务的主要领导者组成，是整个教育信息化管理主体系统的核心部分。 任何比较复杂的管理活动的决策，都需要从教育发展与社会、政治、经济、科技发展的全局出发，依据大量来自教育和社会各方的有关信息、情报以及咨询系统提供的各种备选方案，在其基础上通过开展教育信息化预测等一系列活动对所有信息、方案做全面的分析和比较，并以指示、规划、要求、政策、法律法规等形式作用于教育信息化管理客体。
执行系统	是教育信息化管理主体系统的关键。 通过行动计划制订、人员组织、财务配置和具体的指导工作，将教育信息化管理决策系统的各项指令、方案、方针、政策等付诸贯彻落实。
反馈系统	又称为监督系统，是一个旨在沟通教育信息化管理决策系统与教育信息化管理执行系统以保障决策目标最终实现的重要中间环节。 旨在根据教育信息化管理决策系统的指令，对教育信息化管理执行系统所实施的各项教育信息化管理工作以及教育信息化管理客体系统的一些活动与状况进行监督。
咨询系统	又称为智囊系统，是现代教育信息化管理主体系统的一个重要组成部分。 会集了一批教育科学、管理科学、信息技术等方面的专家、学者，他们受教育信息化管理决策系统的委托，运用专家集体的智慧，通过大量的调查研究，广泛收集各种资料、数据、情报等信息，为教育信息化管理决策系统提供先进的理论、策略和方法，或者提出可供教育信息化管理决策系统选择的可行性方案，或者对教育信息化管理决策系统提出的重大问题进行科学的论证。

3. 教育信息化管理中的教育信息化资源管理

教育信息化资源是保证教育信息化良性发展的基本条件，但有效的教育信息化资源依旧短缺，教育信息化资源依然是影响教育信息化发展战略的关键性课题。所谓教育信息化资源，从广义上说，是能用来为教育信息化和教育现代化目的服务的各种资源，包括教育信息化环境资源、教育信息化人力资源和教育信息化信息资源；从狭义上说，指师生在教与学的双边活动中，能以数字信号在Internet上进行传输的教育资源，如各种视听资源、数字化教学资源、网络信息资源等。

目前，教育信息化资源利用并不理想，从投入看，重视环境建设，轻视教学应用；从运作模式看，信息资源共享方面做得不足，孤岛现象严重；从技术上看，数字化、网络化程度低；从教学应用看，软件量少质低。然而，教育信息化资源具有超前性、潜在性、应用性和创造性等特点。因此，社会要加速向信息化迈进，就要加强资源建设的迫切性意识，从教育信息化资源特点入手，遵循需求观、系统观、规范观、开放观、动态平衡观，实现教育信息化资源建设的“主题综合化”“标准化”“产业化”“数字化”“网络化”及“多元化”。

4. 教育信息化管理中的相关人员管理

教育信息化管理人员是指在国家和地方教育行政部门以及学校中专门从事教育信息化管理的工作人员。他们属于教育管理人员的一部分。

中外教育信息化建设的实践表明，哪个地方教育信息化管理人员的素质比较高，哪里的教育信息化建设工作开展得就更好，教育信息化管理人员的威信就更高。因此，大力加强对教育信息化管理人员队伍素质的培养，才能提高教育信息化建设的实效。

“应用之道，培训先行。”培训是教育信息化管理人员提高自身素质的客观要求，是教育信息化建设与发展的客观需要，是新时代对教育信息化提出的必然要求，同时也有利于教育信息化管理人员职业生涯的设计与发展。

教育信息化管理人员培训的指导思想是：以马克思主义为指导，以提高教育信息化管理人员的政治素质、业务素质和信息素质为目的，学习党和国家有关教育的方针、政策和法规，学习有关信息技术的基础知识和基本技能，通过理论与实践相结合，培养一支先进的、具有教育信息化管理工作专业知识和管理能力的干部队伍。

教育信息化管理人员培训的主要内容包括以下几个方面(如表 5.8 所示)。教育信息化管理人员的培训要从实际出发，根据一定的需求进行培训。

表 5.8 教育信息化管理人员的培训内容

培训方向	主要内容
政治理论	政治思想以及有关法规条例
信息道德	教育信息化管理人员在信息的获取、使用、制造和传播过程中应遵守一定的伦理规范

续表

培训方向	主要内容
信息知识	在了解信息技术基础理论的前提下掌握有关教育信息技术的基础知识和基本技能
信息能力	信息获取能力、信息分析处理能力和信息运用能力等方面
信息文化修养	对计算机文化、网络文化的理解、判断、传承与创新能力
教育科学知识	教育学、心理学、教学论、课程论等
管理科学知识	教育行政学、学校管理学、政治学、法学、决策理论、现代领导学、预测规划理论与技术等

第6章　教育装备研究及标准化建设

教育装备的标准化一直是这个领域内的一个重要问题，同时也是教育装备理论、实践、生产、发展的一个研究课题，它不仅决定着产品的质量，还影响着教育现代化的进程。本章从标准与标准化的概念出发，论述教育装备标准化的重要意义，并通过实例说明教育装备标准的建立方法与过程。

第1节　教育装备的研究

一、马尔可夫分析在教育装备达标评价预测上的应用

教育装备学的研究内容包括教育装备的开发设计技术、管理科学、人机学、心理学、传播学、统计学、史学等。其中教育装备管理科学在这些内容中占有比较大的比重，因为它是装备发挥作用的基本条件。而教育装备管理学又涉及管理科学、统计学、运筹学等学科内容。在这里不可能将所有相关学科知识全部详细介绍，仅以案例的方式对教育装备管理中的相关问题做一阐述。其中涉及马尔可夫分析在教育装备达标评价预测上的应用、用网络技术求解教育装备用户周期费用的最小值问题、数据包络分析在教育装备成本—效益研究上的应用、教育装备管理中主成分分析前的数据预处理、主成分分析在教育装备管理评价指标体系建立中的应用。这些问题引用的数据都是教育装备管理中的真实数据，但是隐去了数据的出处。

1. 分析方法综述

科学建立评价指标体系的工作流程如图6.1所示。建立评价指标体系之前的分析主要依赖专家分析(简称 Delphi 法)和原始数据的主成分分析(简称 PCA)。其中 Delphi 法为主观分析，具有一定的局限性；而 PCA 为客观统计方法分析，对原始数据的依赖性较强。

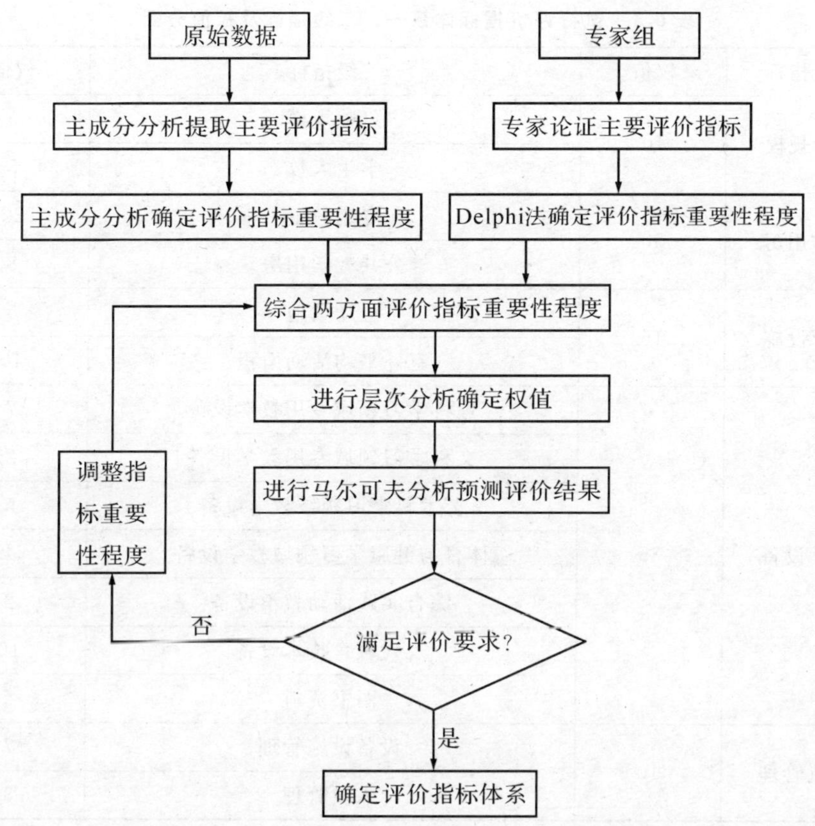

图6.1 科学建立评价指标体系的工作流程

对用于评估达标情况的评价指标体系，除了要进行专家论证、主成分分析、层次分析之外，还应对该评价指标进行达标预测。若预测结果反映不能在规定时间内达到预先设定的标准，一般应认为该评价指标体系的项目权值分配存在问题，要进行适当调整。而对评价指标体系的权值分配合理性进行预测，可以通过对使用该评价指标进行测试的结果实施马尔可夫分析。

本书针对国内某地区基础教育，在初步确定了达标评价指标体系后，对该地区1675所中小学校进行办学条件试评估，然后预测到2010年是否能够实现全部达标。使用的预测分析为马尔可夫分析。在分析之前，先根据这1675所学校的实际硬件条件，应用初步确定的评价指标体系对2006年和2007年提供的数据进行评估打分，并规定分数在60分(含)以上的学校为达标学校。该试行评价指标体系一、二级指标及权值分配见表6.1。

表 6.1　试行评价指标体系一、二级指标及权值分配

一级指标	权值	二级指标	权值
学校规模	10	班数规模	5
		学生人数	5
教学用房	30	专用教室	22
		公共教学用房	8
体育设施	15	运动场地	5
		室外平均活动面积	10
教学设备	35	理科学习领域专用教学设备	7
		文科学习领域专用教学设备	2
		艺术科学习领域教学设备	5
		体育与健康学习领域教学设备	4
		综合实践活动教学设备	2
		现代教育技术设备	10
		图书资料	5
规范管理	10	设备设施管理	7
		人员管理	3

2. 马尔可夫分析的原理与方法

本书进行马尔可夫分析的目的是执行试行评价指标体系后，对 2010 年全地区中小学校达标情况进行预测。

应用马尔可夫分析的条件是被分析对象应满足马尔可夫链，即过程在每一时刻的状态仅仅取决于该过程中前一时刻的状态，而与这之前的状态无关。各个学校在达标评价中的硬件条件，仅仅与前一年设备申报预算和购置有关，而与此前学校硬件条件无关，基本符合马尔可夫分析条件。

马尔可夫分析的方法是先对 2006 年和 2007 年全地区达标学校情况进行统计分析，形成迁移矩阵，将该矩阵归一化后成为概率矩阵，最后根据概率矩阵计算出 2010 年全地区中小学校达标的概率。

首先，对 1675 所学校 2006 年和 2007 年的情况进行评估打分。然后，根据两年的分数分布按 5 个分数段(注：60 分以上为达标)进行统计，结果见表 6.2。表中数据具体解释如下。

第 2 行第 2 列数据 38，表示在 2006 年得分为 30 分以下，在 2007 年得分

仍然为 30 分以下的学校共有 38 所。第 2 行第 3 列数据 22，表示在 2006 年得分为 30 分以下，而在 2007 年得分上升为 30～40 分的学校有 22 所。第 3 行第 2 列数据 6，表示在 2006 年得分为 30～40 分，而在 2007 年得分下降为 30 分以下的学校有 6 所。其他数据以此类推。

表 6.2 2006～2007 年达标学校数量迁移表

2007 年 / 2006 年	30 分以下	30～40 分	40～50 分	50～60 分	60 分以上
30 分以下	38	22	8	1	0
30～40 分	6	155	113	21	0
40～50 分	3	27	400	211	24
50～60 分	2	0	33	364	143
60 分以上	0	0	0	10	94

3. 马尔可夫分析的过程与结论

将表 6.2 中的数据进行行归一化处理后得到表 6.3 所示的归一化迁移表。所谓行归一化，就是计算出每个数字在本行全部数字之和中所占比例，使每行比例数字之和等于 1。

表 6.3 归一化后的 2006～2007 年达标学校数量迁移表

2007 年 / 2006 年	30 分以下	30～40 分	40～50 分	50～60 分	60 分以上
30 分以下	0.5507	0.3188	0.1159	0.0145	0
30～40 分	0.0203	0.5254	0.3831	0.0712	0
40～50 分	0.0045	0.0406	0.6015	0.3173	0.0361
50～60 分	0.0037	0	0.0609	0.6716	0.2638
60 分以上	0	0	0	0.0962	0.9038

由归一化后的 2006～2007 年达标学校数量迁移表可得迁移矩阵 A，因为该矩阵的每行之和为 1，所以被称为概率矩阵。概率矩阵的特点是其 n 次幂仍然是一个概率矩阵。概率矩阵 A 为：

$$A=\begin{pmatrix}0.5507 & 0.3188 & 0.1159 & 0.0145 & 0.0000\\ 0.0203 & 0.5254 & 0.3831 & 0.0712 & 0.0000\\ 0.0045 & 0.0406 & 0.6015 & 0.3173 & 0.0361\\ 0.0037 & 0.0000 & 0.0609 & 0.6716 & 0.2638\\ 0.0000 & 0.0000 & 0.0000 & 0.0962 & 0.9038\end{pmatrix}$$

从2006年到2010年共经历了4年。根据马尔可夫分析的方法，计算出概率矩阵A的4次幂矩阵$A^{[4]}$，然后对$A^{[4]}$提供的数据进行分析，即可预测达标情况。使用MATLAB软件计算概率矩阵A的4次幂矩阵如下：

$$A^{[4]}=A\cdot A\cdot A\cdot A=\begin{pmatrix}0.1068 & 0.2240 & 0.3400 & 0.2407 & 0.0882\\ 0.0187 & 0.1186 & 0.2761 & 0.3273 & 0.1844\\ 0.0082 & 0.0368 & 0.2131 & 0.3977 & 0.3441\\ 0.0047 & 0.0082 & 0.0749 & 0.3423 & 0.5699\\ 0.0012 & 0.0010 & 0.0192 & 0.2052 & 0.7735\end{pmatrix}$$

$A^{[4]}$矩阵中的第5列的5个元素表达出的信息为：0.0882表示在2006年30分以下的学校到2010年达标(60分以上)的概率为0.0882；0.1844表示在2006年30～40分的学校到2010年达标的概率为0.1844；0.3441表示在2006年40～50分的学校到2010年达标的概率为0.3441；0.5699表示在2006年50～60分的学校到2010年达标的概率为0.5699；0.7735表示在2006年50～60分的学校到2010年达标的概率为0.7735。

由表6.2可见，2006年30分以下、30～40分、40～50分、50～60分、60分以上5个分数段学校的数量分别为69、295、665、542、104，学校总数为1675。于是可以计算出各分数段的学校比例分别为0.0412、0.1761、0.3970、0.3236、0.0621（即：69/1675、295/1675、665/1675、542/1675、104/1675)。最后计算出2010年全部学校达标(60分以上)的平均概率为：

$$\begin{aligned}&(0.0412\quad 0.1761\quad 0.3970\quad 0.3236\quad 0.0621)\cdot\begin{pmatrix}0.0882\\ 0.1844\\ 0.3441\\ 0.5699\\ 0.7735\end{pmatrix}\\ &=0.0412\times 0.0882+0.1761\times 0.1844+0.3970\times 0.3441\\ &\quad+0.3236\times 0.5699+0.0621\times 0.7735\\ &\approx 0.4052\end{aligned}$$

这个数据也可以解释为：按试行的评价指标体系进行评估，到2010年应有40.52%的学校可以达标，即不能实现2010年全部学校达标。

问题解决的途径：调整改变试行评价指标体系中的权值。如果不改变权值而继续使用试行评价指标体系进行评估，2010 年要实现本地区全部学校达标就必须加大学校硬件建设，应该在现在的基础上再增加 1.5 倍的经费投入。

二、数据包络分析在教育装备成本—效益研究上的应用

在教育装备的研究与管理工作中，对其成本—效益进行评价应该限定在一定的历史时期、局部的地区范围、适当的办学类型以及教育的中观层面。同时，由于反映教育装备效益的产出变量不是唯一的，而影响产出的成本投入也是多变量的，所以针对这一评价的最佳测量工具应首推数据包络分析(Data Envelopment Analysis，DEA)。

1. DEA 的基本原理

DEA 一般用来解决多变量问题(如表 6.4 所示)，是对 n 个单元，每个单元的 m 个投入变量值和 s 个产出变量值反映出来的成本—效益进行相对评估测量。

表 6.4　DEA 的变量与取值

决策单元 评价指标		DMU_1	DMU_2	…	DMU_n
投入变量	X_1	2	3	…	3.5
	X_2	3	1	…	3.5
	…	…	…	…	…
	X_m	5	4.5	…	3.6
产出变量	Y_1	1	2	…	4.3
	Y_2	1.2	3.2	…	2.7
	…	…	…	…	…
	Y_s	1.5	2.2	…	2.7

为了能够更好地理解 DEA 测量的基本原理，我们先将问题简化：设有 5 个单元(A、B、C、D、E)，每个单元各有一个投入变量 X 的取值和一个产出变量 Y 的取值。如果用横坐标表示 X，用纵坐标表示 Y，则如图 6.2 所示，反映 5 个单元成本—效益的点分布在这个平面上。将这 5 个点分别与原点连接形成 5 条线段。按照我们通常的理解，显然认为斜率越大的线段上的点应该是产出/投入比越大的单元，即 B 点的效益最好。但是我们在做数据包络分析时是判断这些点是否 DEA 有效。A 点与 E 点比，有相同的产出值，但是 A 点比 E 点的投入小，所以称 E 点非 DEA 有效。C 点与 E 点比，有相同的投

入值，但是 C 点比 E 点的产出大，所以仍称 E 点非 DEA 有效。而 A、B 两点相比，有相同的投入，不同的产出，但是从整个分布图上看，它们的投入已经是最小投入(基本投入)，所以认为它们都是 DEA 有效，但由于 A 点产出低，称 A 点为 DEA 投入弱有效。C、D 两点相比，有相同的产出，不同的投入，但是从整个分布图上看，它们的产出已经是最大产出(极限产出)，所以也认为它们都是 DEA 有效，但由于 D 点投入大，称 D 点为 DEA 产出弱有效。点 P、A、B、C、D 连接的虚线为数据包络线，在该包络线上的点都是 DEA 有效的，而包络线右下方的所有点为 DEA 非有效。当然，数据包络线上的点还存在 DEA 有效和 DEA 弱有效的区别。所以，DEA 问题的本质是寻找那条数据包络线，也可以认为是数学上的求极值问题。

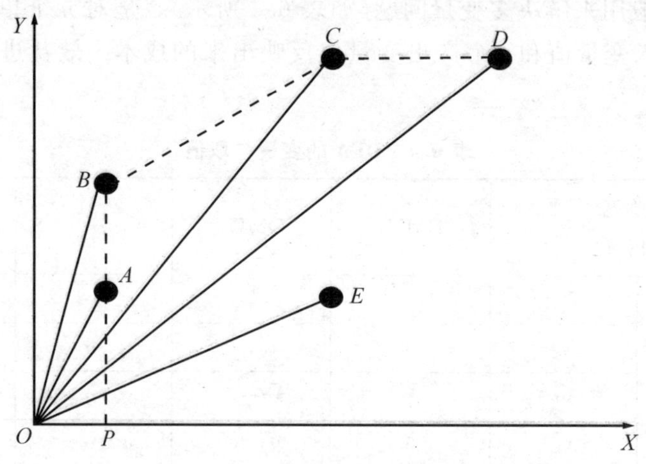

图 6.2　单变量投入—产出分布

2. DEA 的数学表述

DEA 方法，是以相对效率概念为基础发展起来的一种崭新的效率评价方法，可以对任何决策单元(Decision Making Units，简称 DMU)做出评价，尤其适用于多输入、多输出的复杂系统。一个决策单元 DMU 可以是一个学校，也可以是一个地区，通过对 DMU 的输入输出数据进行 DEA 处理，从而分析出有效的 DMU 和非有效的 DMU，并指出非有效的原因，用于向主管部门提出合理的建议。运筹学家 A. Charnes、W. W. Cooper 和 E. Rhodes 于 1978 年提出 DEA 的数学实现，并建立了第一个 DEA 数学模型。该数学模型以三人的姓氏命名，称为 CCR 或 C^2R 模型。按照前面“DEA 问题的本质是寻找那条数据包络线，也可以认为是数学上的求极值问题”的观点，C^2R 模型就应该符合这个要求。

设某个决策单元 DMU 在一项活动中的输入向量为 $X =$

$(x_1, x_2, \cdots, x_m)^T$，输出向量为 $Y = (y_1, y_2, \cdots, y_s)^T$，于是我们可以简单地用 (X,Y) 表示这个DMU的整个活动。n 个DMU中第 j（$j = 1, \cdots, n$）个决策单元 DMU_j 的输入向量为 $X_j = (x_{1j}, x_{2j}, \cdots, x_{mj})^T > 0$，输出向量为 $Y_j = (y_{1j}, y_{2j}, \cdots, y_{sj})^T > 0$，于是对固定的 j_0（$1 \leqslant j_0 \leqslant n$），构造出两个线性规划模型。其中，基于输入的 C^2R 模型(CCR-I)的出发点是“产出不变，投入最小”，它的数学表述为：

$$\begin{cases} \min & [\theta - \varepsilon([e^-]^T S^- + [e^+]^T S^+)] = V_D \\ \text{s. t.} & \sum_{j=1}^{n} X_j \lambda_j + S^- = \theta X_0 \\ & \sum_{j=1}^{n} Y_j \lambda_j - S^+ = Y_0 \\ & \lambda_j \geqslant 0 \quad (j = 1, 2, \cdots, n); S^+ \geqslant 0; S^- \geqslant 0 \end{cases}$$

基于输出的 C^2R 模型(CCR-O)的出发点是“投入不变，产出最大”，它的数学表述为：

$$\begin{cases} \max & [\alpha + \varepsilon([e^-]^T S^- + [e^+]^T S^+)] = V_D \\ \text{s. t.} & \sum_{j=1}^{n} X_j \lambda_j + S^- = X_0 \\ & \sum_{j=1}^{n} Y_j \lambda_j - S^+ = \alpha Y_0 \\ & \lambda_j \geqslant 0 \quad (j = 1, 2, \cdots, n); S^+ \geqslant 0; S^- \geqslant 0 \end{cases}$$

式中的min表示求极小值，max表示求极大值，s. t. 表示条件；ε 称为非阿基米德无穷小量，实际应用中一般取 $\varepsilon = 10^{-6}$；λ_j 为决策单元 DMU_j 的组合权重；S^+ 和 S^- 为松弛向量。判断决策单元 DMU_{j_0} 是否DEA有效，要根据以下计算结果：

①若 $\theta = 1$（或 $\alpha = 1$），且 $s^+ = s^- = 0$，则称 DMU_{j_0} 为DEA有效；

②若 $\theta - 1$（或 $\alpha = 1$），则称 DMU_{j_0} 为DEA弱有效；

③其他为DEA非有效。

3. 应用实例与结果分析

在DEA的实际应用中，并不需要我们用上面所述的两个数学表达式进行计算。目前有许多计算机DEA软件可用来处理数据，典型的有DEAP、DEA-Solver、MyDEA、xlDEA等。下面用DEA-Solver软件对国内某城市7个区县初中的教育装备成本—效益进行评价和分析。我们隐去了这7个区县的名称，而以 $DMU_1 \sim DMU_7$ 来表示。表6.5列出了7个区县初中的教育装备投入(输入)、产出(输出)的具体情况。其中，输入变量有理科设备、文科设备、艺术设备、健康设备、教育技术设备以及图书资料，图书资料的单位为册，其他变量的单位为件(或台)；输出变量有中考平均成绩、高中入学人数和重点高中入学人数。

表 6.5 7个区县初中的教育装备投入、产出具体情况

区县	(I)理科设备	(I)文科设备	(I)艺术设备	(I)健康设备	(I)教育技术设备	(I)图书资料	(O)中考平均成绩	(O)高中入学人数	(O)重点高中入学人数
DMU_1	8721	427	380	725	7492	2045490	471.91	5239	920
DMU_2	11156	444	1086	1072	11300	3260887	483.35	5931	1657
DMU_3	3325	112	137	422	4013	1198626	434.83	2919	254
DMU_4	5792	131	134	600	4497	1529728	389.22	2607	250
DMU_5	20915	1650	818	2168	19922	3979055	380.76	6398	555
DMU_6	10805	373	417	1688	28254	4193674	460.25	13639	1869
DMU_7	9957	384	409	989	7056	1331864	378.72	4068	245

启动 DEA-Solver 软件，载入表 6.5 所示的数据，选择 CCR-I 分析模式(产出不变，投入最小)，运行后得到表 6.6 所示评价结果。输出结果显示：编号为 1、2、3、6、7 的 5 个区县为教育装备成本—效益分析 DEA 有效，而 4 和 5 两个区县为 DEA 非有效。进一步观察还可以看出，DMU_4 区县的理科

表 6.6 表 6.5 所示数据评价结果

No.	DMU	Score	Excess 理科设备	Excess 文科设备	Excess 艺术设备	Excess 健康设备	Excess 教育技术设备	Excess 图书资料	Shortage 中考平均成绩	Shortage 高中入学人数	Shortage 重点高中入学人数
			S_1^-	S_2^-	S_3^-	S_4^-	S_5^-	S_6^-	S_1^+	S_2^+	S_3^+
1	DMU_1	1	0	0	0	0	0	0	0	0	0
2	DMU_2	1	0	0	0	0	0	0	0	0	0
3	DMU_3	1	0	0	0	0	0	0	0	0	0
4	DMU_4	0.94387	2387.5666	19.794274	0	171.02119	312.81798	329575.15	0	155.097	0
5	DMU_5	0.5529613	522.27197	492.49968	0	0	0	0	197.87716	0	28.200407
6	DMU_6	1	0	0	0	0	0	0	0	0	0
7	DMU_7	1	0	0	0	0	0	0	0	0	0

设备（S_1^- ＝2387.5666）与图书资料（S_6^- ＝329575.15）的投入相对大一些，DMU$_5$ 区县的理科设备（S_1^- ＝522.27179）和文科设备（S_2^- ＝492.49968）的投入也相对大一些，这些因素是造成这两个区县教育装备效益相对较低的主要原因，提醒我们在今后的教育装备投入上应该做适当的调整。

三、主成分分析在教育装备评价指标体系建立中的应用

1. 主成分分析在评价指标建立中的地位

科学建立教育装备管理的评价指标体系涉及主成分分析（简称 PCA 法）、专家分析（简称 Delphi 法）、层次分析（简称 AHP 法）和马尔可夫分析。其中 Delphi 法、AHP 法和马尔可夫分析都在相应的文章中有论述，这里仅对 PCA 法进行讨论。

PCA 法与 Delphi 法都是在建立评价指标体系之前对指标项的确定和指标项之间重要性程度关系进行的分析。Delphi 法为主观分析，受专家经验和水平的制约而有一定的局限性。PCA 法则依靠大量的原始数据，是一种客观的统计分析方法。科学建立评价指标体系应该将 PCA 法与 Delphi 法有机地结合起来，共同发挥作用。

2. PCA 法的数据分析过程

作为教育装备管理机构，国内各地区的教育技术装备中心掌握着大量本地区学校设备设施配备情况的统计数据。利用这些数据通过 PCA 法建立教育装备管理的评价指标体系是十分便捷而有效的。为了叙述方便，我们将数据划分为 13 个变量，它们是能够反映学校规模与教育装备配备水平的 13 个影响因子。表 6.7 列出了这 13 个影响因子的名称和它们被赋予的变量名（X_{01}～X_{13}）。

表 6.7　影响因子变量名对照表

变量名	X_{01}	X_{02}	X_{03}	X_{04}	X_{05}	X_{06}	X_{07}
影响因子	学生人数	班数规模	专用教室	公共用房	运动场地	活动面积	理科设备
变量名	X_{08}	X_{09}	X_{10}	X_{11}	X_{12}	X_{13}	—
影响因子	文科设备	艺术设备	健康设备	实践设备	信息设备	图书资料	—

在做 PCA 之前，应对这些变量下的各个学校的数据进行预处理。数据预处理工作包括数据的可靠性、一致性和规范性分析与处理。经预处理后的数据可以载入 SPSS 软件进行 PCA：选“Analyze”→“Data Reduction”→“Factor”进入主对话框；把 X_{01}～X_{13} 选入“Variables”；单击“Extraction”，在“Method”中选择“Principal Components”（主成分），单击“Continue”回到主对话框；

单击"Rotation"，在"Method"中选择"None"；单击"Continue"回到主对话框后单击"OK"。将某地区小学数据载入后的输出结果见图 6.3 和图 6.4。

Total Variance Explained

Component	Initial Eigenvalues			Extraction Sums of Squared Loadings		
	Total	% of Variance	Cumulative %	Total	% of Variance	Cumulative %
1	7.036	54.125	54.125	7.036	54.125	54.125
2	2.346	18.043	72.168	2.346	18.043	72.168
3	1.385	10.656	82.824	1.385	10.656	82.824
4	.645	4.695	87.789			
5	.451	3.468	91.257			
6	.320	2.461	93.717			
7	.238	1.829	95.547			
8	.206	1.588	97.134			
9	.150	1.157	98.291			
10	.121	.928	99.219			
11	8.422E-02	.648	99.867			
12	1.599E-02	.123	99.990			
13	1.353E-03	1.040E-02	100.00			

Extraction Method: Principal Component Analysis.

图 6.3　各主成分的最大特征值与对系统的贡献率

Component Matrix[a]

	Component		
	1	2	3
X01	.939	−.149	.122
X02	.876	5.710E-02	.294
X03	−154	.893	.228
X04	.144	.702	.482
X05	.359	.612	−.542
X06	.307	.707	−.506
X07	.859	−.165	−.107
X08	.935	−.247	−6.89E-02
X09	.866	5.067E-02	−.245
X10	.897	.129	8.084E-02
X11	.881	−9.99E-02	−5.60E-02
X12	.865	8.462E-02	3.917E-02
X13	.655	.179	.601

Extraction Method: Principal Component Analysis.

a. 3　components extracted.

图 6.4　各主成分与各变量的关系

图 6.3 中的"Total"一栏为各主成分对应的最大特征值,"Cumulative"为主成分累计贡献率百分比,最大特征值大于 1 的主成分有 3 个,它们的累计贡献率已经达到 82%以上。图 6.4 则是各主成分与各变量($X_{01} \sim X_{13}$)的关系。

3. PCA 数据的进一步分析与处理

根据图 6.4 提供的数据可列写出 3 个主成分(F_1、F_2、F_3)的解析式:

$$F_1 = 0.939X_{01} + 0.876X_{02} - 0.152X_{03} - 0.144X_{04} + 0.359X_{05} + 0.307X_{06} + 0.859X_{07} + 0.935X_{08} + 0.866X_{09} + 0.897X_{10} + 0.881X_{11} + 0.865X_{12} + 0.655X_{13}$$

$$F_2 = -0.149X_{01} + 0.0571X_{02} + 0.893X_{03} + 0.702X_{04} + 0.612X_{05} + 0.707X_{06} - 0.165X_{07} - 0.247X_{08} + 0.0507X_{09} + 0.129X_{10} - 0.0999X_{11} + 0.0846X_{12} + 0.179X_{13}$$

$$F_3 = 0.122X_{01} + 0.294X_{02} + 0.228X_{03} + 0.482X_{04} - 0.542X_{05} - 0.506X_{06} - 0.107X_{07} - 0.0689X_{08} - 0.245X_{09} + 0.0808X_{10} - 0.0560X_{11} + 0.0392X_{12} + 0.601X_{13}$$

从图 6.3 的表中可见主成分 F_1 的最大特征值 $\lambda_1 = 7.036$,主成分 F_2 的最大特征值 $\lambda_2 = 2.346$,主成分 F_3 的最大特征值 $\lambda_3 = 1.385$。根据以下公式计算综合评价函数。

$$F = \frac{\lambda_1}{\lambda_1 + \lambda_2 + \lambda_3} F_1 + \frac{\lambda_2}{\lambda_1 + \lambda_2 + \lambda_3} F_2 + \frac{\lambda_3}{\lambda_1 + \lambda_2 + \lambda_3} F_3 \approx 0.653F_1 + 0.218F_2 + 0.129F_3$$

计算出综合评价函数各影响因子的系数并列在表 6.8 中。表 6.9 为归一化后的系数(即每个系数在全部系数之和中所占比例,归一化系数之和为 1)。最后,该地区小学校教育装备配备与学校规模的评价指标体系权值分配就是将归一化系数写成百分数的值,如表 6.10 所示。

表 6.8 综合评价函数各影响因子的系数

影响因子	X_{01}	X_{02}	X_{03}	X_{04}	X_{05}	X_{06}	X_{07}
系数	6.426	6.705	1.341	1.301	3.211	3.670	5.561
影响因子	X_{08}	X_{09}	X_{10}	X_{11}	X_{12}	X_{13}	—
系数	5.660	6.324	6.529	5.887	6.339	5.931	—

表 6.9 综合评价函数各影响因子的归一化系数

影响因子	X_{01}	X_{02}	X_{03}	X_{04}	X_{05}	X_{06}	X_{07}
系数	0.0990	0.1033	0.0207	0.0201	0.0495	0.0566	0.857

续表

影响因子	X_{08}	X_{09}	X_{10}	X_{11}	X_{12}	X_{13}	—
系数	0.0872	0.0975	0.1006	0.0907	0.0977	0.0914	—

表 6.10　各项指标归一化系数百分数权值

影响因子	X_{01}	X_{02}	X_{03}	X_{04}	X_{05}	X_{06}	X_{07}
系数	9.90	10.33	2.07	2.01	4.95	5.66	8.57
影响因子	X_{08}	X_{09}	X_{10}	X_{11}	X_{12}	X_{13}	—
系数	8.72	9.75	10.06	9.07	9.77	9.14	—

从图 6.4 表中可以看出，与主成分 F_1 呈高度正相关的变量有 X_{01}、X_{02}、X_{07}、X_{08}、X_{09}、X_{10}、X_{11}、X_{12}，与主成分 F_2 呈高度正相关的变量有 X_{03}、X_{04}、X_{05}、X_{06}，而与主成分 F_3 呈高度正相关的变量只有 X_{13}。对照各变量所代表的含义可知，主成分 F_1 为学生与设备变量，主成分 F_2 为设施变量，而主成分 F_3 为图书资料变量。如果我们将 $X_{01} \sim X_{13}$ 定为评价指标体系中的二级指标，则 $F_1 \sim F_3$ 就是一级指标。进一步可将主成分 F_1 的学生变量和设备变量分成两个一级指标，即学生规模和设备规模。最后得到的评价指标体系见表 6.11。

表 6.11　评价指标体系加权表

一级指标	一级指标权值	二级指标	二级指标权值
学生规模	20.23	学生人数	9.90
		班数规模	10.33
设施场所	14.69	专用教室	2.07
		公共用房	2.01
		运动场地	4.95
		活动面积	5.66
设备规模	55.94	理科设备	8.57
		文科设备	8.72
		艺术设备	9.75
		健康设备	10.06
		实践设备	9.07
		信息设备	9.77
图书资料	9.14	图书资料	9.14

四、教育装备投入均衡性的基尼系数表示法

1. 基尼系数与经济均衡性

在经济学上，人们用基尼系数反映社会分配不平等程度。基尼系数被称为平均差指数，是由意大利统计学家 C. 基尼于 1912 年首次提出的，1920 年英国收入分配专家 H. 达尔顿在其著作《收入不均等的测量》中对比进行了详细说明，且认为该指数可以用来研究收入分配问题。

一个国家或地区，其经济均衡性也就是收入分配的平等或不平等程度，可以用该国家或地区的基尼系数来表示。如果该国家或地区的全部资产都集中在一个人(如国王)手中，则它的基尼系数为 1；而如果全部资产平均分配到每个人手中，则它的基尼系数为 0；其他情况，基尼系数在 0 到 1 之间。联合国有关组织规定：基尼系数低于 0.2，属于收入绝对平均；基尼系数为 0.2～0.3，收入比较平均；0.3～0.4，收入相对合理；0.4～0.5，收入差距较大；达到 0.5 以上则属于收入差距悬殊。

2. 用基尼系数反映教育装备投入的均衡性

一般认为，基础教育阶段，教育装备投入的均衡化可以改善教育的均衡性，而且人们一直希望通过一个指数来反映教育装备投入的均衡化情况。基尼系数就是这样一个指数，它能够很好地反映一个国家或地区在教育装备投入方面的均衡情况。通过对基尼系数的计算，人们可以客观地掌握教育装备投入和配备的分配状况，进行科学控制，使投入合理化。

3. 教育装备投入的基尼系数计算方法

计算基尼系数的方法很多，有几何法(又分为离散求和法、拟合曲线法和弓形面积法)、基尼平均差法、协方差法、矩阵法等。这些方法的缺点是计算过程复杂、烦琐，且不易掌握。故本书选用陈传波、丁士军介绍的方法。这个方法计算过程相对比较简单，并可以在计算机上使用 Excel 自动计算出结果。求基尼系数 G 的表达式如下：

$$G = 1 - \sum_{i=1}^{n} p_i (2Q_i - w_i)$$

其中：

$$Q_i = \sum_{k=1}^{i} w_k$$

式中的 n 为参与计算的学校总数；p_i 为第 i 个学校学生数占全部参与计算学生总数的比例；w_i 为第 i 个学校教育装备投入占全部参与学校投入总数的比例；Q_i 为从 1 到 i 的累积投入比重。同时还需要特别注意，必须将全部样本按人均

投入由小到大排列后进行计算，才能使求得的基尼系数是有效的。按照上述算法，建立 Excel 电子表格文件，并填入相关数据，就可以自动求得相应的基尼系数。

我们利用建立的计算基尼系数的 Excel 电子表格文件，填入国内某省级市 2008 年 1192 所小学的教育装备现有资产和当年投入的相关数据(应数据提供者要求，这里隐去城市名称)，得到基尼系数 $G = 0.3014$。为了对计算结果有进一步的认识，我们又对全国 32 个省、直辖市、自治区 2006 年至 2011 年反映小学校教育装备投入情况(数据来源：教育部教育信息咨询中心)的基尼系数进行了计算，并列在表 6.12 中。

表 6.12　全国各地小学教育装备投入历年基尼系数

年份	2006 年	2007 年	2008 年	2009 年	2010 年	2011 年
总投入基尼系数 G 值	0.4209	0.4176	0.4334	0.4291	0.4571	0.3832
中央财政投入 G 值	0.4886	0.4215	0.4713	0.4514	0.5061	0.3939
地方财政投入 G 值	0.3817	0.4919	0.4194	0.4190	0.3482	0.3741

为了更加直观，我们同时将上述数据制成变化趋势图(见图 6.5 和图 6.6)。其中，图 6.5 是各年教育装备总投入的基尼系数变化趋势，图 6.6 则是总投入(系列 1)、中央财政投入(系列 2)和地方财政投入(系列 3)基尼系数变化趋势。

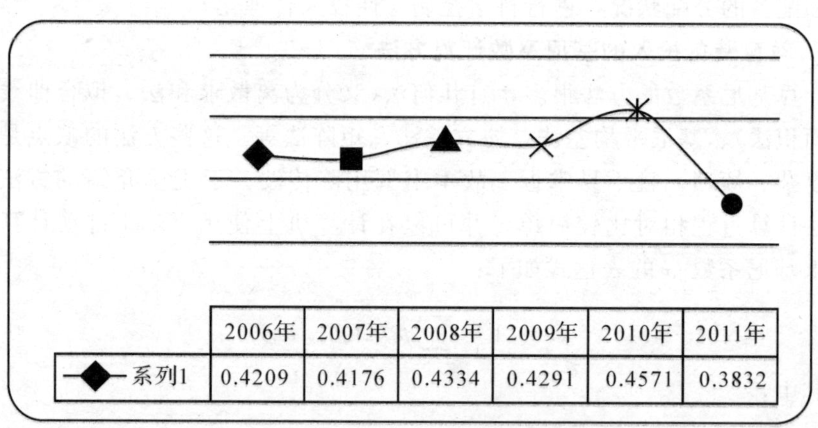

图 6.5　总投入基尼系数变化趋势

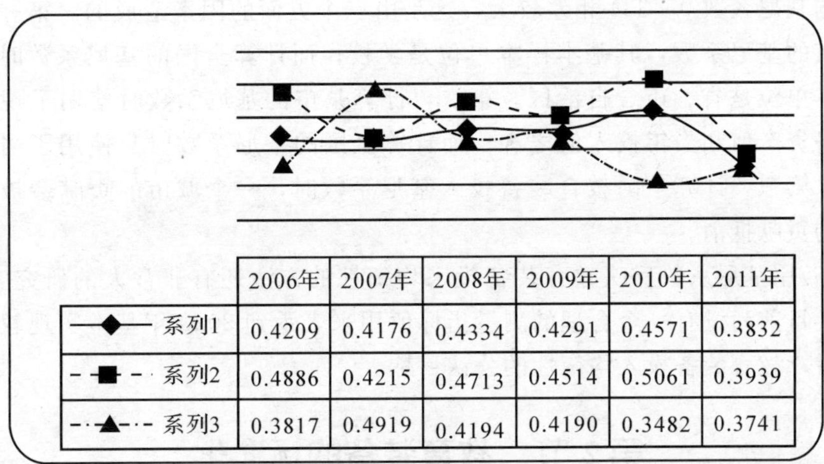

	2006年	2007年	2008年	2009年	2010年	2011年
系列1	0.4209	0.4176	0.4334	0.4291	0.4571	0.3832
系列2	0.4886	0.4215	0.4713	0.4514	0.5061	0.3939
系列3	0.3817	0.4919	0.4194	0.4190	0.3482	0.3741

图 6.6　三项投入基尼系数变化趋势

4. 存在的问题与进一步研究思路

在这里，我们认为有必要将数据处理时的一些条件、采取的措施、数据的局限性以及进一步研究的问题进行说明，以利于有意者做更加深入的研究。

(1)求社会分配均等性的基尼系数时，基本样本单位是各个社会家庭，要根据家庭成员数和家庭总收入求得人均收入。而在计算教育装备均衡性的基尼系数时，基本单位就变成了各个学校(这已经是最小单位)，要根据学校的学生数和对学校的投入求得人均教育装备投入。

(2)由于对小学生、中学生、大学生在教育装备投入上存在必需的差异，所以不能将各个学段的投入放在一起进行计算，否则求得的基尼系数除了反映地域的均衡性外，还包含了不同学段的均衡性，这显然是不够合理的。

(3)本书只计算了小学教育装备投入的基尼系数，这是因为小学校的情况比较简单、单一。中学则包括初中校、高中校、完中校和九年一贯制学校，情况复杂，必须分别加以分析。而高校情况更加复杂，有部属院校与地方院校之分，有理科院校和工科院校之分，有普通高校和高等职业学校之分，有本科学校和专科学校之分，等等。

(4)有些图表显示的数据其基本样本单位是省、市、自治区，这样处理显然是不合理的。但是，因为目前尚不具有全国各省、市、自治区每个学校投入的详细数据，且本书只是提供一种用于测量教育装备投入均衡性的可能方法，所以仍然使用现有数据进行计算。该数据虽然不能真实反映全国小学教育装备投入均衡情况，但是却能够反映全国各个地区的不均衡情况。

(5)分析 2008 年的情况，可以看出，其中某市的基尼系数 0.3014 与当年全国的基尼系数 0.4334 相差较大，这是由三个方面的因素造成的。第一，计算某市的基尼系数，其基本样本单位是学校；而计算全国的基尼系数时，基本样本单位是省、市、自治区。第二，计算某市的基尼系数时使用了现有教育装备资产值和当年投入值之和；而计算全国的基尼系数时只使用了当年投入值。第三，计算全国教育装备投入基尼系数时，一个城市的贡献会被其他地区的贡献抵消。

(6)用基尼系数反映教育装备投入均衡性的方法还有非常大的研究空间，例如：目前尚没有一个合理的测量指标值用来表示到 2020 年基本实现教育现代化时，教育装备投入均衡性的公认目标。

第 2 节　教育装备的标准化

一、标准化基础知识

1. 标准的产生与发展

标准问题起源于人类生产生活的实际需要，它具有悠久的历史。几十万年前的旧石器时代，早期人类在制作切削、砍伐工具和盛物的土罐时，就开始让同类的物品具有基本相同的形状，其性质就是一种标准化工作。另外，语言和文字的统一，冶金技术中合金成分比例的标准控制，建筑用砖瓦尺寸的一致性要求等，都是人类早先标准化的具体体现。在古代中国，秦始皇统一度量衡、货币和文字，要求“车同辙，书同文”，北宋时毕昇发明的活字印刷术等也都反映了人类对标准化的追求。

近代标准化始于 18 世纪的西方，以蒸汽机和纺织机为代表的第一次工业革命促成了标准化发展的明确目标。1798 年，被称为“美国现代工业标准化之父”的艾利·惠特尼接受美国政府的委托，要在 1800 年前为美军供应10000～15000 支步枪。惠特尼按照枪支零件的尺寸设计出一套专门的器械和流程，让一般工人使用它们分工生产不同的零件，同时制定了相应的公差与配合标准，用这种工艺流程生产出来的零件尺寸及公差均一，任何零件皆能适用于任意一把同型号的步枪，只要将它们组装起来便可成为一支完整的步枪。该事件被认为是惠特尼首先进行了产品零部件标准化的生产方式，他是近代标准化的先驱。

1834 年，英国制定了惠物沃思“螺纹型标准”，并于 1904 年以英国标准 BS84 颁布。1865 年，法、德、俄等 20 个国家在巴黎成立的国际电报联盟

(ITU)被认为是世界第一个国际标准化组织(1932年更名为国际电信联盟)。1901年，英国成立了英国工程标准委员会，这是第一个国家标准化组织。此后，不断有国际和国家标准化组织诞生。1947年2月23日，中、英、美、法等25个国家在伦敦发起并成立著名的国际标准化组织ISO。

2. 标准与标准化基本概念

国家《标准化工作指南 第1部分：标准化和相关活动的通用词汇》(GB/T 20000.1—2002)中规定了标准和标准化的概念，叙述如下。

标准的定义：为了在一定的范围内获得最佳秩序，经协商一致制定并由公认机构批准，共同使用和重复使用的一种规范性文件。

标准化的定义：为了在一定范围内获得最佳秩序，对现实问题或潜在问题制定共同使用和重复使用的条款的活动。

标准化工作的任务为制定标准、组织实施标准和对标准的实施进行监督，标准化工作应当纳入国民经济和社会发展计划。标准化的目的是改进产品、过程和服务的适用性，防止贸易壁垒，促进技术进步。

3. 标准的分类

(1)按照适用范围划分

①国际标准：如国际标准化组织(ISO)、国际电工委员会(IEC)和国际电信联盟(ITU)以及ISO确认并公布的其他国际组织制定的标准。

②国家标准：由国家标准机构通过并公开发布的标准。国家标准由全国专业标准化技术委员会负责起草、审查，由国务院标准化行政主管部门审批、编号和发布。国家标准代号有两种：强制性国家标准(GB ×××××—××××—批准年号)和推荐性国家标准(GB/T ×××××—××××—批准年号)。

③行业标准：在国家的某个行业通过并公开发布的标准。对没有国家标准而又需要在全国某个行业范围内统一的技术要求，可以制定行业标准。在中国，行业标准由国务院有关行政主管部门制定，并报国务院标准化行政主管部门备案。国内的主要行业标准有：教育行业标准(代号JY)，机械行业标准(代号JB)，电子行业标准(代号SJ)，通信行业标准(代号YD)，轻工行业标准(代号QB)，医药行业标准(代号YY)，建材行业标准(代号JC)，卫生行业标准(代号WS)，公安行业标准(代号GA)，计量检定规程(代号JJG)，计量技术规范(代号JJF)，环境保护行业标准(代号HJ)。

④地方标准：在国家的某个地区通过并公开发布的标准。对没有国家标准和行业标准而又需要在省、自治区、直辖市范围内统一的工业产品的安全、

卫生要求，可以制定地方标准。地方标准由省、自治区、直辖市标准化行政主管部门制定，并报国务院标准化行政主管部门和国务院有关行政主管部门备案。

⑤企业标准：针对企业范围内需要协调、统一的技术要求、管理要求和工作要求所制定的标准。企业标准是企业组织生产、经营活动的依据，由企业制定，企业法人代表(或授权人)批准发布，并报当地政府标准化行政主管部门和有关行政主管部门备案。

(2)按照标准涉及的对象类型划分

①术语标准：与术语有关的标准，通常带有定义，有时还附有注、图、示例等。术语标准界定的是术语，术语不统一，人们无法正常交流。

②符号标准：与符号有关的标准。符号通常分为文字符号和图形符号。

③试验标准：与试验方法有关的标准，有时附有与测试有关的其他条款，例如抽样、统计方法的应用、试验步骤。

④产品标准：规定产品应满足的要求以确保其适用性的标准。

⑤过程标准：规定过程应满足的要求以确保其适用性的标准。

⑥服务标准：规定服务应满足的要求以确保其适用性的标准。

⑦接口标准：规定产品或系统在其互连部位与兼容性有关的要求的标准。

(3)按照标准的要求程度划分

①规范：规定产品、过程或服务需要满足的要求的文件。

②规程：为设备、构件或产品的设计、制造、安装、维护或使用而推荐惯例或程序的文件。

③指南：给出某主题的一般性、原则性、方向性的信息、指导或建议的文件。

二、有关标准化的法律法规

1.《中华人民共和国标准化法》

1988 年 12 月 29 日，《中华人民共和国标准化法》正式发布(生效日期为 1989 年 4 月 1 日)。该法律规定了制定标准的范围：①工业产品的品种、规格、质量、等级或者安全、卫生要求。②工业产品的设计、生产、检验、包装、储存、运输、使用的方法或者生产、储存、运输过程中的安全、卫生要求。③有关环境保护的各项技术要求和检验方法。④建设工程的设计、施工方法和安全要求。⑤有关工业生产、工程建设和环境保护的技术术语、符号、代号和制图方法。同时指出：重要农产品和其他需要制定标准的项目，由国务院规定。

该法律规定：国家标准、行业标准分为强制性标准和推荐性标准。保障人体健康，人身、财产安全的标准和法律、行政法规规定强制执行的标准是强制性标准，其他标准是推荐性标准。省、自治区、直辖市标准化行政主管部门制定的工业产品的安全、卫生要求的地方标准，在本行政区域内是强制性标准。强制性标准必须执行。从事科研、生产、经营的单位和个人，必须严格执行强制性标准。不符合强制性标准的产品，禁止生产、销售和进口。在国内销售的一切产品(包括配套设备)不符合强制性标准要求的，不准生产和销售；专为出口而生产的产品(包括配套设备)不符合强制性标准要求的，不准在国内销售；不符合强制性标准要求的产品(包括配套设备)，不准进口。该法律规定：推荐性标准，国家鼓励企业自愿采用。国家将采取优惠措施，鼓励企业采用推荐性标准。推荐性标准一旦纳入指令性文件，将具有相应的行政约束力。

2.《关于加强强制性标准管理的若干规定》

2002年3月7日，为了适应社会主义市场经济发展和促进国际贸易的需要，加强强制性标准的管理，根据《中华人民共和国标准化法》《中华人民共和国标准化法实施条例》和有关标准化规章的规定，国家标准化管理委员会制定并颁布了《关于加强强制性标准管理的若干规定》。

强制性标准或强制条文的内容限制在下列范围：①有关国家安全的技术要求；②保护人体健康和人身财产安全的要求；③产品及产品生产、储运和使用中的安全、卫生、环境保护等技术要求；④工程建设的质量、安全、卫生、环境保护要求及国家需要控制的工程建设的其他要求；⑤污染物排放限值和环境质量要求；⑥保护动植物生命安全和健康的要求；⑦防止欺骗、保护消费者利益的要求；⑧维护国家经济秩序的重要产品的技术要求。

3.《企业产品标准管理规定》

2009年3月12日，根据《中华人民共和国标准化法》与《中华人民共和国标准化法实施条例》等法律法规，为了进一步加强企业产品标准管理，提高企业产品标准水平，保障产品质量安全，国家质量监督检验检疫总局和国家标准化管理委员会共同颁布了《企业产品标准管理规定》。该规定适用于在中华人民共和国境内企业用于生产、加工或销售的产品标准的制定、修订、复审、备案等活动，但药品及农业种植、养殖产品等除外。

《企业产品标准管理规定》中规定：①企业生产的产品没有国家标准、行业标准或者地方标准的，应当制定企业产品标准，作为生产和贸易的依据。

②对已有国家标准、行业标准或者地方标准的，鼓励企业制定严于国家标准、行业标准或者地方标准的企业产品标准。③企业是企业产品标准的制定和实施主体，应当对其产品标准的内容及实施后果承担责任。

三、标准的制定

2009 年 6 月 17 日发布了《标准化工作导则 第一部分：标准的结构和编写(GB/T 1.1—2009)》(2010 年 1 月 1 日正式实施)。该标准由中华人民共和国国家质量监督检验检疫总局和中国国家标准化管理委员会联合发布。

该标准详细地描述了各类标准编写的体例、内容、格式、尺寸等规定。以下部分介绍其对标准外形尺寸和格式的要求。

图 6.7 至图 6.18 是标准文件制定的格式，表 6.13 是标准文件中字号和字体的规定。

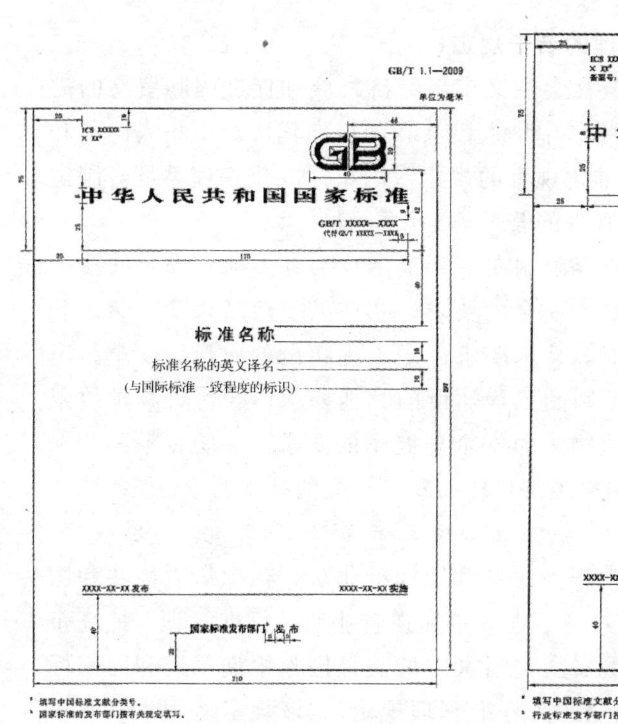

图 6.7 国家标准封面

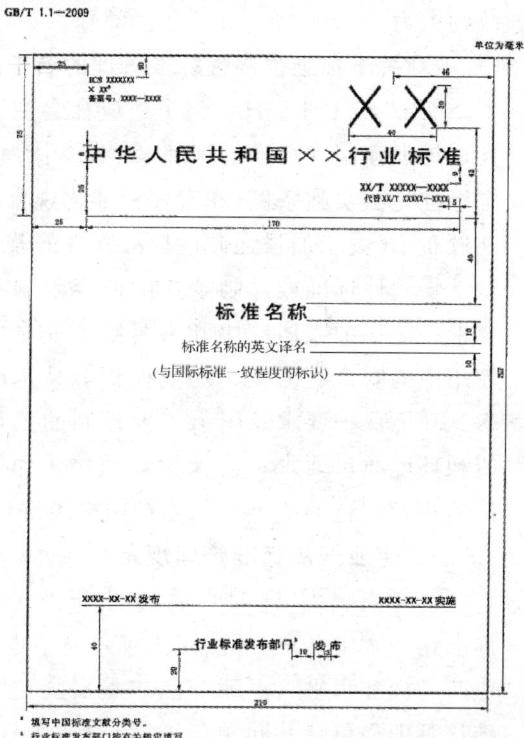

图 6.8 行业标准封面

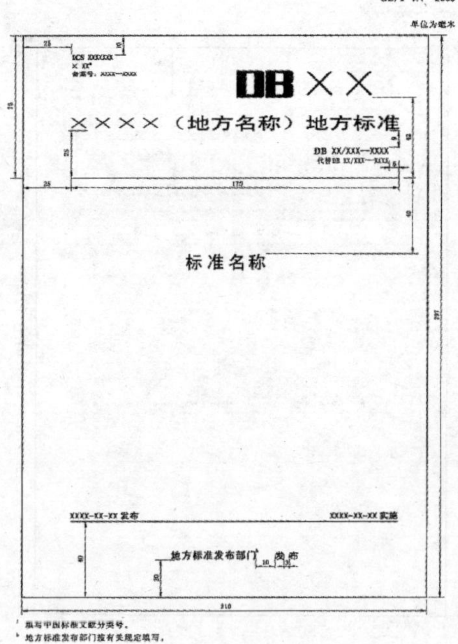

图 6.9 地方标准封面图

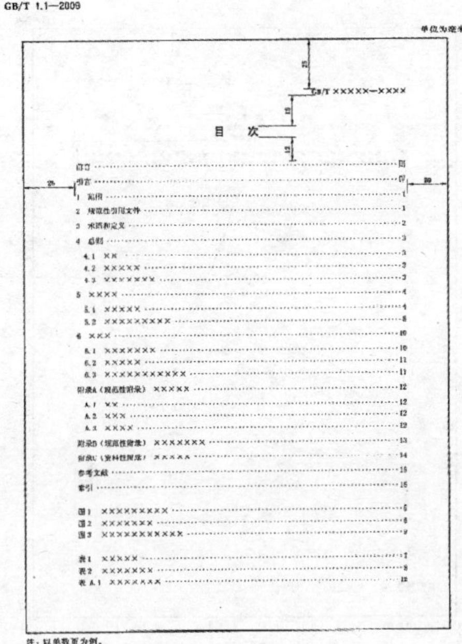

6.10 标准目录

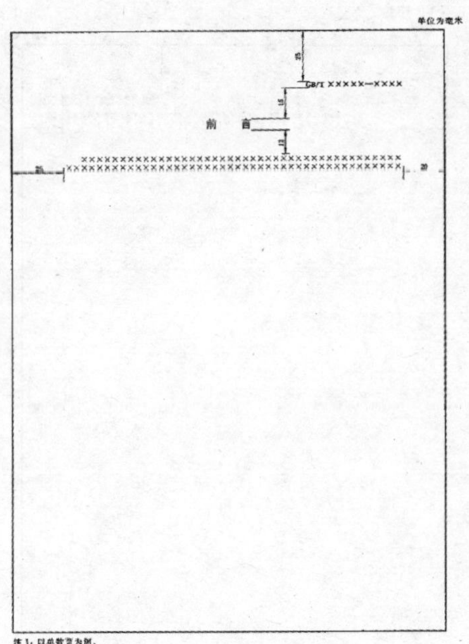

图 6.11 前言格式

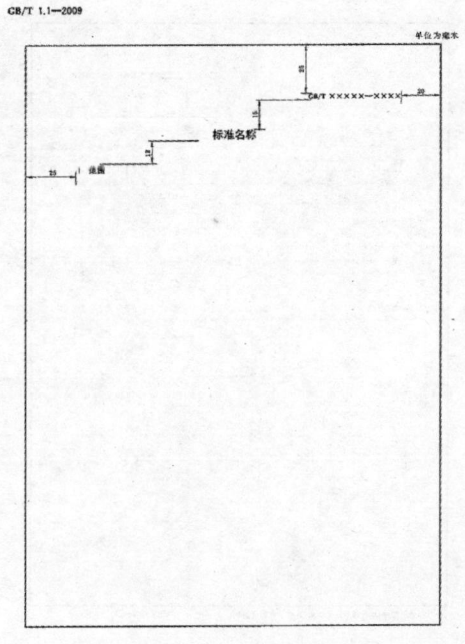

图 6.12 正文首页

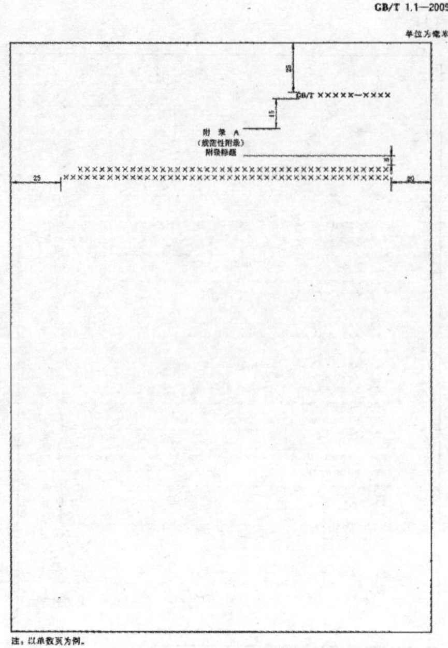

图 6.13 附录格式

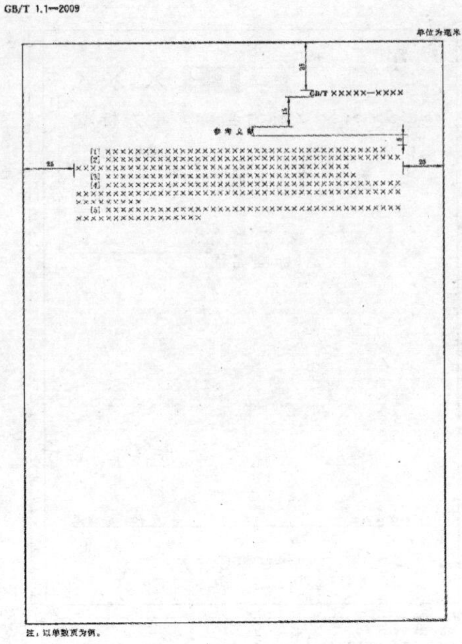

图 6.14 参考文献格式

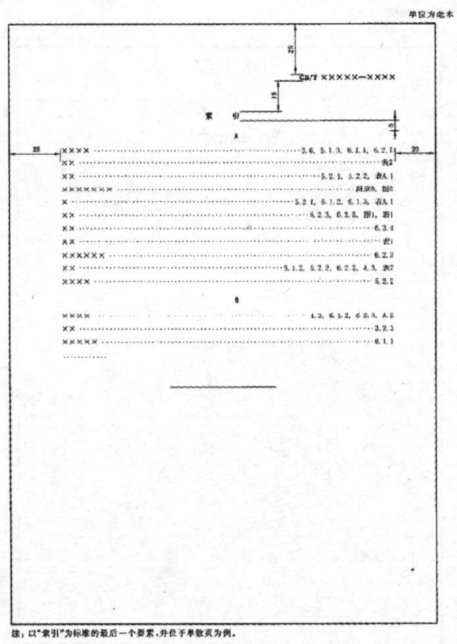

图 6.15 索引格式

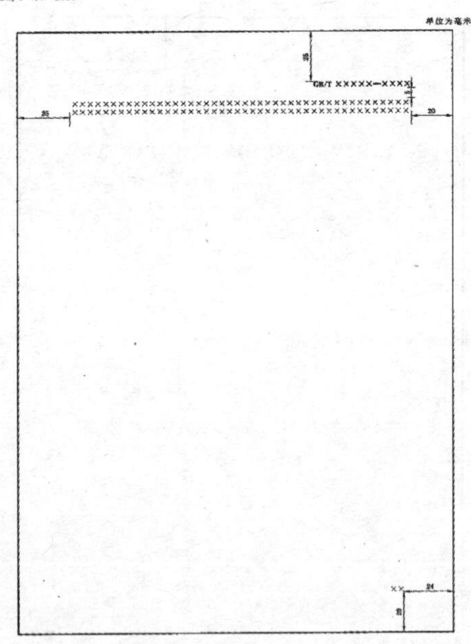

图 6.16 单数页格式

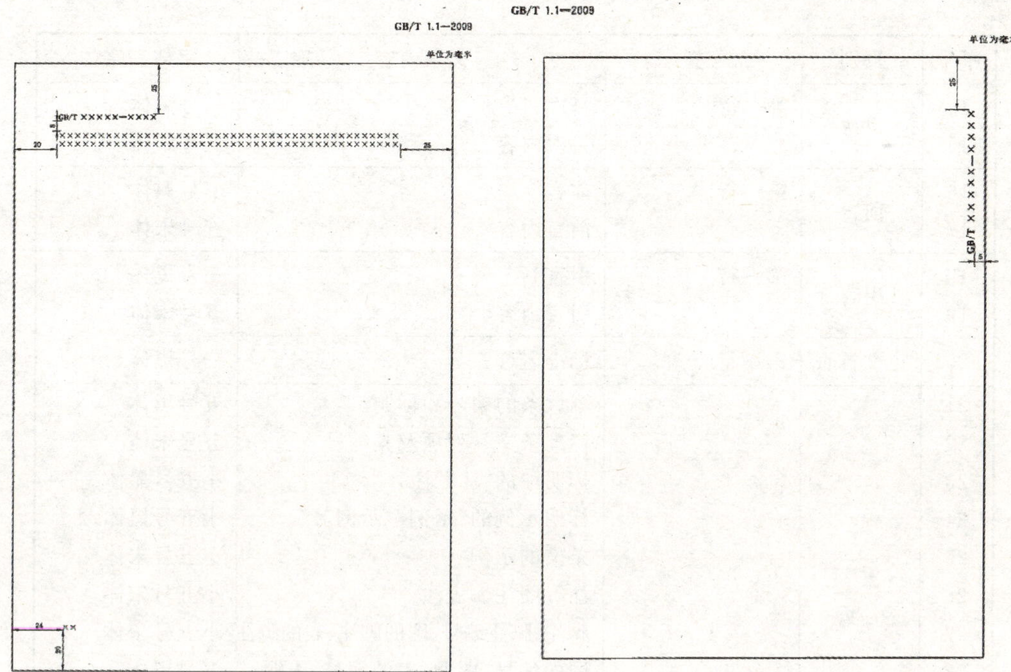

图 6.17　双数页格式　　　　图 6.18　封底格式

表 6.13　标准文件中字号和字体的规定

序号	页别	位置	文字内容	字体和字体
01	封面	左上第一、二行	ICS 号、中国标准文献分类号	五号黑体
02		左上第三行	备案号	五号黑体
03		右上第一行	标准的标志	专用美术体字
04		右上第二行	标准编号	四号黑体
05		右上第三行	代替标准编号	五号宋体
06		第一行	中华人民共和国国家标准	专用字
07		第一行	中华人民共和国××行业标准	专用字
08		第一行	标准名称	一号黑体
09		第三行	标准名称的英文译名	四号黑体
10		第四行	与国际标准的一致性程度标识	四号宋体
11		倒数第二行	发布日期、实施日期	四号黑体
12		倒数第一行	标准发布部门	专用字
13		右下	发布	四号黑体

续表

序号	页别	位置	文字内容	字体和字体
14	目次	第一行	目次	三号黑体
15			目次内容	五号宋体
16	前言	第一行	前言	三号黑体
17			前言内容	五号宋体
18	引言	第一行	引言	三号黑体
19			引言内容	五号宋体
20	正文首页	第一行	标准名称	三号黑体
21	各页		章、条的编号和标题	五号黑体
22			标准条文、列项及其编号	五号宋体
23			标明注的“注”“注×”	小五号黑体
24			标明示例的“示例”“示例×”	小五号黑体
25			条文的示例	小五号宋体
26			注、图注、表注	小五号宋体
27			脚注、脚注编号、图的脚注、表的脚注	小五号宋体
28			图的编号、图题；表的编号、表题	五号黑体
29			编图、编表的“（续）”	五号宋体
30			图、表右上方关于单位的陈述	小五号宋体
31			图中的数字和文字	六号宋体
32			表中的数字和文字[a]	小五号宋体
33	附录	第一行	附录编号	五号黑体
34		第二行	（规范性附录，资料性附录）	五号黑体
35		第三行	附录标题	五号黑体
36			附录内容	五号宋体
37	参考文献	第一行	参考文献	五号黑体
38			参考文献内容	五号宋体
39	索引	第一行	索引	五号黑体
40			索引内容[b]	五号宋体
41	封底	右上角	标准编号	四号黑体
42	单双数页	书眉右、左侧	标准编号	五号黑体
43		版心右、左下角	页码	小五号宋体

a 以表的形式编写的术语标准，表中的文字使用五号宋体。

b 术语标准索引内容的字体应符合 GB/T2001.1 的规定。

教育装备标准化是标准化的重要组成部分，教育装备标准化的状况如下：1978 年教学仪器标准化工作组成立，1988 年成立了全国教学仪器标准化技术委员会，下设力热、电磁、光学、生物学、化学以及小幼 6 个分技术委员会。在全国教学仪器标准化技术委员会历时 4 届期间，共制定国家标准 4 项，教育行业标准 400 多项。这些标准的制定和实施对提高教学仪器产品质量，规范教学仪器市场秩序，保障学校师生的生命、财产安全发挥了重要的作用。

四、教育装备发展的标准化之路

教育装备的标准化一直是这个领域内的一个重要问题，同时也是教育装备理论、实践、生产、发展的一个研究课题，它不仅决定着产品的质量，还影响着教育现代化的进程。教育部在 2014 年 1 月 15 日颁布了本年度的工作要点。教育部 2014 年工作要点由 5 个方面、33 条组成，其中第 19 条指出要“加快推进教育装备标准化建设，提高公共教育装备服务水平”，这足以显示出教育装备标准化建设的重要性。

1. 教育装备标准与标准化

标准是“为了在一定的范围内获得最佳秩序，经协商一致制定并由公认机构批准，共同使用和重复使用的一种规范性文件”(GB/T20000.1—2002)。标准化是“为了在一定范围内获得最佳秩序，对现实问题或潜在问题制定共同使用和重复使用的条款的活动”(GB/T20000.1—2002)。标准化工作的任务是：制定标准、组织实施标准和对标准的实施进行监督。而标准化的目的则是：为了改进产品、过程和服务的适用性，防止贸易壁垒，促进技术进步。

上述关于标准和标准化的定义主要是针对工业产品、过程和服务而制定的，教育装备标准和标准化除了满足上述规定外，还具有一些特殊的问题，必须对此加以说明。目前，教育装备标准从类型上看，按照适用范围划分主要涉及国家标准(BG)、行业标准(JY)和企业标准(Q/)；而按照标准涉及的对象类型划分则主要涉及产品标准和服务标准(注：一些教育装备标准也部分地用到术语标准、符号标准、试验标准、过程标准和接口标准)。其中，产品标准是“规定产品应满足的要求以确保其适用性的标准”(GB/T 20000.1—2001)，服务标准则是“规定服务应满足的要求以确保其适用性的标准”(GB/T 20000.1—2001)。教育装备的产品标准容易理解，而教育装备的服务标准应对应其配备标准。从教育部 2014 年工作要点对教育装备标准化的指示可以看出，其标准化工作主要也是在教育装备产品标准化和服务标准化方面。

2. 教育装备标准化新理念

教育装备标准应该与其他领域的标准有所不同，这是一个值得深入探讨的问题。首先，教育装备的作用对象与其他领域装备的作用对象具有本质上的区别。粗略地说，工业装备的作用对象为无机物或有机物，而非生命的物质；农业装备的作用对象为植物或动物，而非人类的生命体；军事装备的作用对象是以人为主并兼有非人类的物，且具有破坏性；医疗装备、体育装备、教育装备的作用对象都是人类本身，并都是具有建设性的。但是，教育装备又与医疗装备、体育装备不同，它的作用对象虽然是人，但不是人的身体，而是宇宙间最为复杂的人类的头脑和人的心智。

虽然上述各个领域装备的作用对象具有很大区别，但是它们作为产品却都要通过工业生产来获得，或者说各个领域的装备其实都是工业产品。因此，从产品标准化的角度看，它们首先必须满足工业产品、过程与服务的标准。十分重要和关键的是，它们又必须体现各个领域的特点，满足各个领域特殊的要求，这就是在产品标准、过程标准和服务标准中特别强调的"以确保其适用性"(同 GB/T 20000.1－2001)的问题。适用性问题之所以这样重要，是因为它确保生产出的装备产品必须在相关应用领域内能够真正发挥其作用，真正物有所值。教育装备标准化问题的关键应该是研究和量化教育装备的教育教学适用性的变量和测量指标。即重点研究影响教育装备教学适用性的各种因素，并将它们列入教育装备的标准体系中。

教育装备的另一个特点是复杂性。教育装备的品种庞杂、繁多，从高端的大型仪器设备到一些实验用的杂物(如一段玻璃棒、一根牛皮筋等)，不一而足，给每样东西都制定一个标准是不可能的，也是没有必要的。所以，当前教育装备标准化的核心工作不是为各种仪器设备与材料制定一些详细的标准文件，而是研究和制定一个教育装备"元标准(meta-standard)"，即产品教育教学适用性标准。

3. 教育装备标准的元标准

meta-(汉译为"元")在英语中是一个前缀，原来表示"在……之后"的意思。但是在 meta-physics("元物理学"，汉译为"形而上学")一词出现后，meta-则开始表示"最根本、最原始的原因"。人们对"元"并不陌生，在各个领域的研究中，"元"是经常被用到的概念，带有"元"的学问应属于解释学范畴，例如："元数据"是用于描述数据的数据；"元认知"是对于认知原理的认知；"元科学"是研究科学发展的科学。那么"元标准"就应该是用于制定标准的标准了。

其实教育装备元标准也出现过，例如，教育部在 2003 年 7 月 9 日颁布的行业标准《教学仪器设备产品一般质量要求(JY 0001－2003)》就是一个具有这种性质的文件。该标准文件对教育装备产品的性能、安全、结构、外观等方面都做了详尽的描述，甚至在产品的包装、运输和存储方面也都做了规定，这些都是从产品的适用性角度出发提出的。但是，该文件作为教育装备元标准还不够完善，因为教育装备的最大适用性问题应该体现在其教学有效性方面。为了保证教育装备的教学有效性，必须考虑它们在生理适用性、心理适用性、时间适用性、空间适用性、教师适用性、学生适用性、认知适用性与文化适用性等方面的影响。以人为作用对象的装备(军事、体育、医疗、教育等装备)，其产品应该比以物为作用对象的装备(工业、农业等装备)更多地考虑适用性问题。军事装备在列装前必须保证其能够有效地消灭敌人，医疗装备在使用前必须保证其能够有效地治疗病人，教育装备在选配前也应该做教学有效性的分析论证。教育装备标准的适用性研究，正是针对其教学有效性提出的。研究制定教育装备的元标准就是对其产品做教学适用性的各种规定，以及让这些适用性显性化、数据化、可测量，形成各项技术指标。

4. 标准化建设工作必要性分析

现在来追问这样一个问题：教育部 2014 年工作要点列入教育装备标准化建设的原因是什么？即该任务是针对什么难题提出的？或者说是什么现象使得这个任务如此重要？不了解这个问题，以上讨论就是无的放矢。教育装备标准主要有两大类，一个是产品质量标准，另一个则是学校配备标准。

(1)产品质量标准。目前，教育装备的质量问题确实令人担忧，2009 年刊出的《"教学仪器设备存在的问题及质量管理的思路"课题研究调查报告》(《中国教育技术装备》2009 年 14 期)一文用大量的数据描述了教育装备质量低劣现象。2011 年，由当时的教育部教仪所与中国教育装备行业协会联合进行的"十二五"全国教育装备调研结果也反映出教育装备的质量问题十分严重。在这种情况下，对教育装备生产企业的产品提出标准化要求非常必要。

(2)学校配备标准。基础教育的教育均衡化是一个重大问题，学校配备标准在教育资源均衡性配置方面的作用十分巨大。配备标准要充分发挥作用就必须限制住两头，低端应该建立基本的达标指标，而高端也应设立一个满足适用性的"度"。2013 年 11 月 25 日《人民日报》发表文章《基础教育要警惕过度信息化》，提出了"信息技术在基础教育阶段所起的作用，应该限定在辅助、支持、保障、提升的层面，而不是'引领'"的观点，我们对这一观点基本赞同。但是还应该注意，其实我们警惕的不是过度信息化，而是无效信息化。严格地讲，"过度信息化"是一个伪命题，因为人类在历史上并没有信息化过，没有一个可量化的"度"为依据。而我们有几千年的教育教学经验，深知何为"有效教学"。告诉一个高血压患者不要过度吃盐等于没说，真正科学的态度是给患者一个测量食盐量的小勺，并告诉他每天的食盐摄入量。何为过度，何为不过度，这个度必须由教育装备元标准来规定。

教育装备标准化是新时期重要的建设任务，同时也是一个重大的研究课题。教育装备具有自己的特点，所以它的标准化问题应该首先考虑其适用性、有效性的研究，制定教育装备元标准是其核心工作。

第7章　教育装备人才需求与培养

任何一个学科的建立都离不开它的基本理论体系，这个基本理论体系包括描述性理论(属于认识论范畴)和操作性理论(属于方法论范畴)，其中描述性理论必须解决的两个基本问题是：①该学科的研究对象是什么，简称"是什么"问题；②该学科的研究目的是什么，简称"为什么"问题。而操作性理论也要解决两个基本问题：①该学科的实践内容有哪些，简称"做什么"问题；②该学科的实践措施有哪些，简称"怎么做"问题。教育装备学作为一门学科，其基本理论体系的建立也不能例外，必须解决上述基本问题。

第1节　教育装备人才需求与学科建设

从21世纪初开始，教育装备领域经历了管理方法的寻求，经历了概念建立与界定的讨论，经历了在教育中本质作用地位的研究，经历了发展历史的探索，其基础理论体系逐步建立起来并臻于完善。2011年4月21日，中国教学仪器设备行业协会正式更名为中国教育装备行业协会；2013年2月7日，教育部教学仪器研究所正式更名为教育部教育装备研究与发展中心；2013年8月13日，教育部教育装备工作领导小组正式成立。至此，教育装备领域理论与实践的重要性已经被确认，但是这个领域的人才需求问题一直未受到足够的重视，人才培养问题一直未能得到很好的解决。

一、教育装备人才现状与需求

2012年3月，中国教育装备行业协会为了准备《中国教育装备行业蓝皮书(2012版)》的编撰而进行数据收集工作，从而向我国东、中部地区的各个省市发放了调查问卷，其中的部分问题是用于了解各省市一级教育装备管理部门的人员配置现状的。据不完全统计，在职称方面，各省市教育装备管理部门的工作人员平均副高级以上职称人员占总人数的22.30%，中级职称人员占35.81%，初级及以下职称人员占41.89%。在学历方面，研究生以上学历的人员占6.01%，本科学历人员占49.73%，专科及以下学历人员占44.26%。从职称结构上看，感觉还是基本合理的，但是如果从学历结构上看，就显得学历层次过低了。进一步了解到，工作人员的知识结构与工作经历也显得与教育装备人才需求存在较大差异。目前，教育装备管理人员所学专业较为复杂，其中管理学与教育技术学专业毕业的人员所占比例稍微多一些；在工作经历方面，从事过基础教育教学工作的人员占有一定比例但数量不多。在全部参与调查的人员中，教育装备专业本科或研究生毕业的凤毛麟角。一方面是教育装备事业的迅速发展，另一方面是教育装备人才缺乏的现状，教育装备人才培养问题已经到了非常关键的时刻。

目前，教育装备的人才需求主要表现在三个方面：①研发方面的人才；②管理方面的人才；③理论方面的人才。教育装备研究的核心问题是教育，所以这三个方面的人才首先应该在教育教学上具有足够的知识和经验，不懂教育教学的人不具备成为教育装备人才的基本条件。若从学历层次考虑，一般地讲，研发方面的人才应该具有本科及以上学历，管理方面的人才应该具有硕士研究生及以上学历，而理论方面的人才应该具有博士研究生学历。

能够培养教育装备人才的人员应该是复合型人才，知识结构十分全面且复杂；除了要懂得教育教学以外，他们应该懂得装备的工作原理和设计制造，尤其应该具有电子科学技术和信息通信技术方面的知识和设计制造经历，即应具有理科与工科的知识背景。同时，他们还要具备管理学方面的知识，特别是现代科学化管理(如项目管理、运筹学等)的理论与方法。另外，还要对一些交叉学科的知识有所掌握，如：教育传播学、人机工程学、教育技术学等。当然，更重要的是教育教学方面的知识与经验，应该在教育学、教学论、教育心理学等方面具有研究造诣。这些要求是由教育装备的本质决定的，因为教育装备的作用对象是人的头脑、人的心智。

二、教育装备学科建设历史与经验

2002年7月，首都师范大学成立教育技术系，并于当年9月开始招收第一批本科生入学，专业为教育技术学，共计一个班31名学生。2002年下半年至2003年年初，北京市各高校开始申报新专业，教育技术系也开始考虑建设新专业问题。2002年年底，教育技术系聘请华东师范大学祝智庭教授为新建专业进行策划。在祝智庭教授的建议下，教育技术系决定申报两个新专业：教育装备技术专业和教育软件工程专业。其中教育装备技术的名称为祝智庭教授所起，他提议逐步建立教育装备学学科体系。2003年9月，教育技术系招收2003级本科生78名，教育装备技术专业和教育软件工程专业各一个班，每班学生39名。自此，全国第一个教育装备本科学科(注：为三级学科)正式建立起来，专业定位为教育装备设计、开发、生产管理人才培养方面。

教育装备技术本科专业设定的培养目标为："面向21世纪，培养德、智、体等全面发展的，在教育技术领域从事教育教学装备的设计、开发、管理的高级专业人才。其中包括各种教育设备开发公司、各种教学仪器公司、各大专院校条装处、政府机关设备管理部门。”确定的培养规格为：①具有良好的政治品质和职业道德。②系统掌握教育装备技术专业的基本理论、基础知识和基本技能；具有现代教育理念和创新精神，掌握计算机、电子电气、通信技术、自动控制方面的知识和技能，并具有本专业领域科学研究的初步能力，能从事与职业有关的科研工作。③掌握一门外语，能够熟练地阅读本专业的外文书刊。④有良好的心理素质和健康的体魄。在课程设置方面，为了体现知识的教育性与交叉性，同时还开设了教育学基础、教育技术学导论、教学设计、实验心理学、人体工程学等课程。

首都师范大学教育技术系于 2002 年开始申报教育技术学硕士学位授予权点，2003 年被国家学位办批准，2003 年 9 月开始招收教育技术学硕士学术学位研究生。届时，首都师范大学教育技术专业研究生共分为三个研究方向：教育装备研究方向、智能教学系统研究方向、远程教育研究方向。2003 年招收研究生总数 22 人，其中教育装备研究方向研究生共有 6 名，该方向研究生专业定位为教育装备管理人才培养方面。除了上述学术学位研究生以外，2003 年首都师范大学统一招收的教育技术专业学位研究生共计 30 人，他们的课程设置中有相当一部分内容属于教育装备学。

图 7.1　教育装备方向师生获奖证书

研究生学段的教育不同于本科生，他们不是以完成规定课程为主，而是在学习期间主要学会问题研究，掌握科学研究方法。教学过程中需要训练他们去发现问题、提出问题、分析问题的成因、找出解决问题的思路和办法。在 2004 年 7 月的“长春 2004——教育技术国际论坛”上，2003 年秋季入学的教育装备方向研究生和该方向教师共有 12 人分获优秀论文一、二、三等奖（见图 7.1）。其中，研究生的《教育装备管理浅析》一文荣获一等奖，《教育技术装备管理体制初探》和《电力线通信技术在教育信息化中的应用》获得二等奖，《教育装备的发展特点分析》和《教育装备技术再认识》获得三等奖。

三、教育装备理论发展历史与趋势

2003～2009 年是教育装备学科建立、建设、发展时期。在这个时期里，国内教育装备理论的发展也十分迅速，到 2009 年则达到了该时期内发展的顶峰。该时期教育装备理论发展的特点是人们开始注重方法论的研究，大量属于教育装备管理方法的文章和著作涌现出来，主要表现在评价方法、测量方法、预测技术等方面。除此之外，这个时期还有更多的专题会议出现，期刊文章水平也大幅提升。

国内外主要期刊上发表的教育装备相关文章在这段时期（2003～2009 年）内的总数已经达到 2 万多篇。从 2003 年全年正式发表 1173 篇发展到 2009 年全年正式发表 7637 篇，提高了近 6 倍，图 7.2 反映了这个时期教育装备期刊论文年发表量的趋势。除了数量以外，论文质量也大幅提升，相关文章开始在国内外一些重要刊物上发表，其中各种重要索引期刊文章的发表数量如表 7.1 所示。

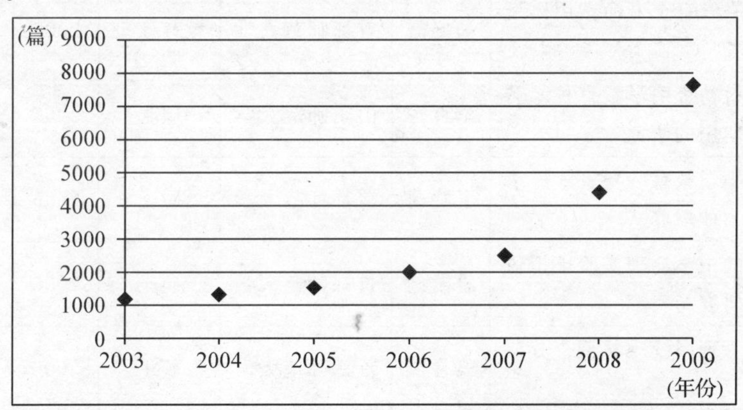

图 7.2　2003～2009 年教育装备期刊论文年发表量趋势

表 7.1　2003～2009 年教育装备论文国内外重要期刊发表情况

序号	名称	数量
1	中文核心期刊(北大)	562
2	统计源期刊(中信所)	311
3	剑桥科学文摘(美)	246
4	CA 化学文摘(美)	230
5	CSSCI 中文社科引文索引(南大)	138
6	文摘杂志(俄)	110
7	CSCD 中国科学引文库(中科院)	81
8	EI 工程索引(美)	4

表 7.2 为 2003～2009 年教育装备硕士研究生学位论文情况。从论文题目上可以看出，这段时期内教育装备理论研究关注的重点是科学管理与政府采购问题。

表 7.2　2003～2009 年教育装备硕士研究生学位论文一览表

题目	作 者	学位授予单位	学位名称	时间	导师
我国中小学教育技术装备管理工作中若干问题分析	李莉芳	北京科技大学	硕士	2004	毛祖桓
XML 在教育装备信息数据集成中的应用	谭海波	南京大学	硕士	2005	柏文阳
多媒体网络教室全寿命费用模型探究	马艳霞	首都师范大学	教育硕士	2005	胡又农
东营市农村初级中学教育技术装备管理与使用的研究	李百军	山东师范大学	硕士	2006	张洪生
北京市中小学教育装备人才需求的预测与人才培养	于晓荷	首都师范大学	硕士	2006	艾伦
基于声卡的中学物理实验虚拟仪器系统的研究与实现	唐君健	首都师范大学	硕士	2006	艾伦
教育装备管理系统现状调查分析及对策研究	殷常鸿	首都师范大学	硕士	2006	艾伦
教育装备淘汰的合理性调研与分析——学生机房计算机装备分项调研	徐冰	首都师范大学	硕士	2006	艾伦

续表

题目	作者	学位授予单位	学位名称	时间	导师
教育装备维修工作现状的调查分析	李刚	首都师范大学	硕士	2006	艾伦
提高高校教育装备采购效益的研究	吕波	首都师范大学	硕士	2006	艾伦
教育信息化视野下的教育技术装备管理研究——以南通地区为例	曹惠芳	南京师范大学	硕士	2007	尹宗利
教育装备效能综合评价研究	许成果	首都师范大学	硕士	2007	艾伦
计算机实验室系统可靠性研究	张霞	首都师范大学	硕士	2007	艾伦
教育装备运行费用影响因素的研究	李伟	首都师范大学	硕士	2007	艾伦
媒介环境下中小学教育技术装备建设的理论与实践	徐军	南京师范大学	硕士	2008	张舒予
普通高中通用技术教育装备标准设计的研究	郑丽君	南京师范大学	硕士	2008	顾建军
中小学信息化教育装备综合效能评价指标体系研究	肖飞生	浙江师范大学	硕士	2009	章苏静
教育装备政府采购管理系统安全架构的研究与实现	徐省华	广东工业大学	硕士	2009	徐海水
教育装备项目采购管理研究	尹恩德	华东理工大学	硕士	2009	杨洪涛 何仲昆

四、教育装备学科发展建议与预测

从2003年全国第一个教育装备专业建立起，至今教育装备的理论发展已经历了12个年头儿，在认识论、方法论、道德论、历史观等各个方面的研究都有了长足的进步。但是作为一门独立的学科，其发展方向与模式还存在许多需要探讨的地方。首都师范大学教育技术系的教育装备技术本科专业已于2008年开始停止招生，该专业停办；硕士研究生层次的该专业仍然保留。通过对上述专业创办和经营经历的总结，我们为我国高校教育装备学科建设提出以下建议。

第一，由于教育装备人才知识结构的全面性与复杂性，在本科生阶段开办教育装备专业是不合适的，建议从研究生阶段开设本专业。

第二，教育装备硕士研究生专业招收的本科毕业生应该具有理工科背景，这对今后理解教育装备的工作原理和研发过程都是十分有利的。研究生阶段以学习科学管理理论为主，特别是对管理科学方法的研究应加以重视。建议由师范院校开设该研究生专业，并为在读研究生提供教育教学实习锻炼的机会，让他们具有教学经历，懂得教学。

第三，如果能够进一步开设教育装备博士研究生专业，则该专业应该重点学习和研究教育理论。招收的硕士研究生毕业生应该具有理工科的本科背景，管理学的硕士背景，这对于成为真正的教育装备人才是十分必要的。

目前，国内教育装备硕士研究生专业已经逐渐成熟，开设教育装备博士生专业势在必行。这势必成为今后的一个发展趋势，让我们拭目以待。

第 2 节　教育装备学的发展与定位

作为一门研究学科，教育装备学刚刚起步，基础性研究也刚刚开始，在学术上还不能被人们认可，许多基本概念的界定还很不清晰。比如，教育装备学是什么？教育装备学的研究对象、目的、意义、内容以及方法等应该如何具体表述？不久前，我们曾经撰文对“教育装备是什么”这一基本问题做了说明。而此处则试图通过对教育装备学的发展状况分析，将“教育装备学是什么”的问题做一个肤浅的阐释。

一、教育装备研究发展过程简述

19 世纪末到 20 世纪初，由于信息通信技术的飞速发展和人类知识积累的迅速膨胀，教育领域对教育装备的需求和国家对教育装备的投入逐年增加。教育装备的系统化设计、合理化应用、科学化管理和综合性评价日渐重要，人们开始关注对教育装备的各种研究。在教育技术界，一些专家学者也在支持和帮助教育装备学作为学科和专业的建设。可以说，教育装备研究就在这样一个背景下发展起来了。

教育装备研究的发展可以分为三个阶段。第一阶段为教育装备技术研发阶段，这是一个原始阶段，研究重点在教学仪器设备与系统的研制开发工作方面。在此阶段，人们进行信息化教学设备、学校信息化管理系统、基于认知理论的学习系统等方面的研发。在研发工作过程后期，人们对教学仪器设备及系统的教育适用性问题、学科相关性问题、有效期问题等，以及教育装备的科学管理问题越来越关注，同时也愈来愈彰显出对相关基础理论的迫切需求。因此，自然而然地进入教育装备研究的第二个阶段，即装备理论吸纳和扩充阶段。由于教育装备研究在国内外还处于崭新的研究领域，没有更多的理论可以借鉴，所以人们将目光投向已经具有一定研究基础的军事装备理论，如装备的全系统、全寿命理论，装备的维修和管理理论，等等，使教育装备的研究深入到一个层次。此后，进入教育装备研究的第三个阶段，即学科理论体系建设阶段。这一阶段中，研究的主要内容是教育装备学科及专业的基础性研究和应用基础性研究。研究方式以实证研究居多。

二、教育装备学与教育技术学的关系

提到教育装备学的发展就不得不提及教育技术学。这是因为教育装备学是伴随着教育技术学的发展而建立起来的。而且从学科层次的关系看，目前在一些高校，教育装备学还只是作为一个方向(三级学科)放在教育技术学这个二级学科(专业)下面。

但是，毕竟教育装备学与教育技术学在研究对象上是不同的。教育技术学的研究对象是教学过程和教学资源，而教育装备学的研究对象则是教育装备以及教育装备与人和环境的关系。从教育资源的角度看，教育装备学和教育技术学在研究对象上有重叠的部分。教学资源是教育资源中的部分人力资源(教师、学生、专家等)、部分人工资源(设备、仪器、软件等)以及一些自然资源，它们构建起教学环境。根据教育装备的定义，教育装备是整个教育资源中除了人力资源和自然资源以外的一切人工资源，即为完成教育功能而人工设计、开发、制造的配备物和配备行为。图7.3反映了它们之间的关系。

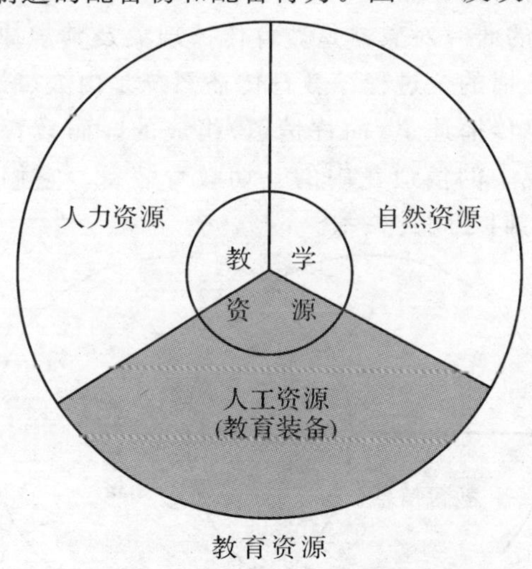

图7.3　教育装备与教学资源的关系

在对研究对象的处理上，教育装备学与教育技术学也是不同的。教育技术学对教学资源的研究重点是如何合理使用，让教学资源在教学过程中发挥更大的作用。而教育装备学对教育装备的研究重点是教育装备的系统设计、科学管理和综合评价。

教育装备学与教育技术学除了在研究对象上不同以外，在研究方法论方面也不同。教育技术学的操作性理论是教学设计理论，而教育装备学的操作性理论是教育装备系统设计和教育装备管理理论。

三、教育装备学与教育传播学的关系

教育装备学的发展与教育传播学也是密切相关的。我国教育传播学的创始人南国农先生在谈到教育传播的本质时认为“教育传播是由教育者按照一定的目的和要求，选定合适的信息内容，通过有效的媒体通道，把知识、技能、思想、概念等传送给特定的教育对象的一种活动”。一些研究者认为教育装备的定义是“在教育活动中，支持承载和传递知识信息的配备物和配备行为”。也可以更加具体地表述为：“教育装备是指实施和保障教育教学活动所需的仪器、设备、资料、学具、设施以及相关软件的总称。”这样看来，教育装备学与教育传播学有着相同的研究目的，即研究如何有效地传递教育信息，以达到教育过程的优化。同时，在教育装备研究的发展过程中，有许多研究借助了教育传播学的研究成果。例如，在教育装备研究发展的第一阶段，人们就利用教育传播学的媒体理论指导教学仪器设备的研制开发。

但是，教育装备学与教育传播学的研究对象毕竟是不同的。南国农先生认为：“教育传播学的研究对象，是教育传播现象及其规律性。它的对象是整个传播系统和信息传播的全过程。”教育传播系统是由人(教育者和受教育者)、教育信息本身和信息传播通道(简称信道)组成的。而教育装备学的研究对象是包括教育传播系统中的信道在内的一切教育装备。它们之间也有重叠的部分。图 7.4 反映了它们之间的关系。

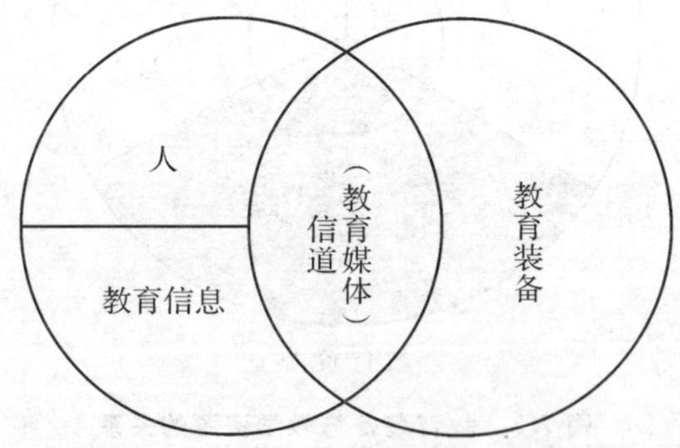

图 7.4　教育装备与教育传播系统的关系

在方法论方面，教育传播学本身属于描述性理论，因为它“着重回答教育传播研究中‘是什么’‘为什么’问题”。可以认为它不需要与其相对应的操作性理论。教育装备学则要着重解决“用什么做”“怎么用”问题，需要很强的可操作性，所以它有相应的操作性理论。

四、教育装备学的学科定位问题

教育装备学、教育技术学和教育传播学在学科性质、研究目的、研究对象、研究方法和基础理论方面存在一些异同。它们相同的地方首先是在学科性质上，三个学科都属于交叉学科的边缘学科。如果说教育传播学是教育学与传播学的交叉学科，教育技术学是教育学与信息科学的交叉学科，那么教育装备学就是教育学与装备学(特别是军事装备学)的交叉学科。这三个学科的另一个相同点是它们的研究目的，教育装备学、教育技术学和教育传播学的研究目的都是优化教育过程，提高教育的效率和效益。

这三个学科的不同点主要集中地表现在研究对象和研究方法方面。关于它们在研究对象和研究方法上的不同，在前面的教育装备学与教育技术学和教育传播学的关系中有过一些论述。教育传播学着重回答“是什么”和“为什么”问题，它没有相应的操作性理论。教育技术学着重回答“做什么”和“怎么做”问题，它需要操作性理论。教育装备学着重回答“用什么做”和“怎么用”问题，也需要操作性理论。

在基础理论方面，这三个学科也有一些异同。它们都以教育学作为基础理论，在这一点上它们是相同的。同时它们又都以横断学科的“三论”(信息论、系统论、控制论)为基础理论。但是它们又有所不同。如果说教育传播学的基础理论是信息论，教育技术学的基础理论是信息论和系统论，那么教育装备学的基础理论就是系统论与控制论。这三者的关系如表7.3所示。

表7.3　教育传播学、教育技术学和教育装备学对照

	教育传播学	教育技术学	教育装备学
学科性质	教育学与传播学交叉	教育学与信息科学交叉	教育学与装备学交叉
研究目的	优化教育过程，提高教育效率和教育效益		
基础理论	教育学、信息论	教育学、信息论和系统论	教育学、系统论和控制论
研究对象	教育传播系统和过程	教学过程和资源	教育装备
操作性理论	无	教学系统设计	装备系统设计和管理
解决问题	“是什么”和“为什么”	“做什么”和“怎么做”	“用什么做”和“怎么用”

目前这三个学科的学科层次、学科定位如何？教育部在1998年正式颁布的《普通高等学校本科专业目录》中，教育学这个一级学科下面共有10个二级学科(专业)，教育技术学就在其中，是第10个专业。这些二级学科中没有教育传播学和教育装备学。但是目前国内许多高等师范院校在建立教育技术学专业时，或称之为教育技术系(学院)，或称之为教育传播系(学院)。显然人们已经将教育技术学和教育传播学在学科层次上等同起来。而一些高等学校则把教育装备学的研究领域——教育装备技术——放在教育技术学专业下，成为一个三级学科(方向)。尽管教育部教育技术学教学指导委员会确定的教育技术学专业下的5个方向(教育技术、教育媒体技术、教育软件与知识工程、远程教育和信息技术教育)中没有教育装备技术，但是它作为一个重要的研究方向已经得到越来越多的关注和重视。认真分析学科层次及分类情况，可以得出以下结论。

第一，同一个学科门类下的一级学科在研究目的、研究对象和研究方法上都是不同的。例如，在教育学科门类下的三个一级学科(教育学、心理学、体育学)就是如此。

第二，同一个一级学科下的二级学科具有相同的研究目的，但是研究对象和研究方法是不同的。例如，在教育学这个一级学科下的10个二级学科，它们的研究目的可以认为都是优化教育过程，提高教育效率和教育效益，是相同的；而二级学科中的高等教育学和学前教育学在研究对象和研究方法上显然是不一样的。

第三，同一个二级学科下的三级学科具有相同的研究目的和研究对象，但是研究方法有所不同。例如，教育技术学这个二级学科下的5个三级学科，它们的研究目的都是优化教育过程，是相同的。而它们的研究对象是教学过程和教学资源，也是相同的。三级学科中的教育软件与知识工程的研究方法是智能算法问题，而信息技术教育的研究方法是教学设计问题，它们是不同的。

通过上述分析我们可以这样认为：既然教育装备学、教育技术学和教育传播学具有相同的研究目的，具有不同的研究对象和研究方法，所以这三者是否应该是同属于教育学这个一级学科下的三个二级学科呢？虽然从学术上看应该这样考虑，但是实现起来则需要教育装备学和教育传播学学科的自身发展。

至此，虽然我们对教育装备学是什么已经有了一个基本的了解，但是我们仍不能给教育装备学下一个严格的科学定义。这是因为我们对教育装备学的本体论问题(研究目的、意义、方法、内容等)还缺乏深刻广泛的研究，不能给予精确的结论。

第3节　教育技术对教育装备理论的影响

教育装备与教育技术有很深的渊源，教育装备学正是从教育技术学中发展起来的。目前，国内一些高校的教育技术专业也开设了教育装备方向(名称不同，研究生层次多些)。这与教育技术专业毕业生就业形势不太好有关，但是也与人们对教育装备学的认识开始加深有关。教育装备学与教育技术学的研究对象在教学资源这一点上是相同的，这正是被称为“教育技术装备”的教学设备或电教设备。两个专业对教学资源(教育装备的一部分)研究的思路不同。教育技术学主要研究教师和学生如何改变自己的教学和学习模式(教学设计)，以适应教育装备的特点；而教育装备学主要研究教育装备如何设计和构成才能适应各种教学的需要。所以，从教育装备研究者的角度看，他们更容易发现一些教育装备(如电子白板)存在对教学不适应性的问题。电化教育的研究正是从教育装备的研究开始的。当初的“三机一幕”，后来的多媒体计算机，现在的计算机网络和移动教学设备，以及电子白板等，都是电化教育一直重点关注的内容。而我们又都承认电化教育是教育技术的前身。教育教学系统是一个复杂系统，从系统论的“人—机—环境”角度看，教育技术更关注“人—环境”关系，教育装备更关注“机—环境”关系。对待复杂系统应该使用复杂性范式，将教育技术和教育装备分裂、简单化、线性化的研究思路逐渐变得过时。教育装备学发展虽然比较晚，但是发展过程非常规范。从本体论出发，研究认识论问题，研究方法论问题，研究发展历史，一步一个脚印地走。这是因为它借鉴了教育技术学发展的坎坷历程。

一、电化教育研究中的教育装备

说教育装备理论是在电化教育理论的基础上发展起来的，一点儿也不为过。下面将通过对三本早期电化教育专著的分析来说明这一点，这三本专著分别为1993年萧树兹先生(1914—2002)所著《电化教育》；1994年吴在扬主编的《中国电化教育简史》；1985年南国农先生主编的《电化教育学》。其中萧树兹先生和南国农先生均为河北大学教育系教授，新中国电教的开拓者和奠基人，著名教育技术专家。

萧树兹先生所著《电化教育》的基本内容如下：

第一章　电化教育的概念和历史

　　第一节　什么是电化教育

　　第二节　电化教育的发展简史

　　第三节　我国实施电化教育的概况

第二章　电化教育的作用与实施原则

　　第一节　电化教育的作用

　　第二节　实施电化教育的原则

第三章　电化教育的理论基础

　　第一节　电化教育的哲学基础

　　第二节　电化教育的心理学基础

　　第三节　电化教育的物理学基础

　　第四节　电化教育的艺术理论基础

第四章　幻灯及其在教学、教育中的应用

　　第一节　幻灯的特点及其在教学、教育中的意义

　　第二节　幻灯机

　　第三节　幻灯片

　　第四节　幻灯教学

第五章　扩音广播及其在教学、教育中的应用

　　第一节　扩音广播的特点及其在教学、教育中的意义

　　第二节　扩音广播的基本知识

　　第三节　扩音机与收音机的使用

　　第四节　扩音广播在课堂教学中的应用

　　第五节　扩音广播在课外活动中的应用

第六章　录音及其在教学、教育中的应用

　　第一节　录音的特点及其在教学、教育中的意义

　　第二节　几种主要录音方法

　　第三节　唱机

　　第四节　盒式磁带录音机

　　第五节　录音在教学、教育中的应用

第七章　电影及其在教学、教育中的应用

　　第一节　电影的特点及其在教学、教育中的意义

　　第二节　电影放映机的基本知识

　　第三节　教学电影放映机的操作

　　第四节　电影在教学中的应用

第八章　电视及其在教学、教育中的应用

　　第一节　电视的特点及其在教学、教育中的意义

　　第二节　电视系统简介

　　第三节　磁带录像机及其使用方法

　　第四节　电视接收机的使用

第五节　教学电视录像节目的制作

第六节　电视在教学、教育中的应用

第九章　语言实验室、程序教学与电子计算机辅助教学

第一节　语言实验室

第二节　程序数学与电子计算机辅助教学简介

第十章　电化教育管理

第一节　电教设备及器材的管理

第二节　电教教材的管理

第三节　电教人员及其职责

第四节　各级电教机构工作参考条例

从中不难看出，电化教育理论研究所关注的教学设备使用与管理问题，也正是教育装备理论研究之初重点关心讨论的问题。

吴在扬编著的《中国电化教育简史》是 20 世纪 90 年代南国农、李运林、李奈等主编的“电化教育丛书”之一。该丛书还有宣伟伯、余也鲁编著的《传媒·教育·现代化》，张学尧编著的《学校电教用房的设计》，李运林编著的《传播理论》，梁育腾编著的《小学语文电化教学法》，周君达编著的《电视教材文字稿本的编写》，宋先华、贺大国编著的《小学数学幻灯教学法》，黄宝文编著的《激光视盘》，梁育腾、詹道佳编著的《电化教育实验》，钱建昌编著的《小学自然电化教学法》等。《中国电化教育简史》主要介绍 1920 年到 1990 年中国电化教育发展的历史，是研究中国电化教育史和教育装备史非常有价值的参考书籍。本书一共有 3 篇 17 章：第一篇《中国电化教育的首次兴衰(1920 年～1948 年)》，包含第一章至第三章；第二篇《中国电化教育的二度兴衰(1949 年～1976 年)》，包含第四章至第七章；第三篇《中国电化教育的第三次兴起(1976 年～1990 年)》，包含第八章至第十七章，如下所示。

第一篇　中国电化教育的首次兴衰(1920 年～1948 年)

第一章　中国电化教育的萌芽

第二章　一度活跃的中国电化教育

第三章　电化教育陷入困境

第二篇　中国电化教育的二度兴衰(1949 年～1976 年)

第四章　电化教育的推行

第五章　电影、幻灯、录音教学的开展

第六章　广播教育电视的发展

第七章　电化教育再次陷入困境

第三篇　中国电化教育的第三次兴起(1976 年～1990 年)

第八章　党和国家对电化教育的倡导

第九章　电化教育组织的建设
第十章　电化教育队伍的建设
第十一章　电化教育媒体的发展
第十二章　电化教育研究和书刊
第十三章　广播电视大学
第十四章　广播电视中等专业教育
第十五章　电视师范教育和农业实用技术培训
第十六章　教育电视台和栏目
第十七章　远距离教育的研究与人员培训

本书的第十二章《电化教育研究和书刊》是我们应该特别关注的。1980 年，教育部提出电教要深入学科，从而开始加强电教研究。中小学的电教研究主要有媒体对比实验研究和专题电教研究两类，而高校的电教研究主要关注电化教育的理论研究。与所有的学科或研究领域一样(如教育技术学、教育装备学等)，研究伊始人们对领域的名称和定义非常重视，从而展开大讨论。20 世纪 80 年代关于"电化教育"的定义有多种说法：①教育方式说。认为电教是采用特殊的教育器材、教材形态、教学方法、教育形式和教育设施传递教学内容，实现教育目的。②新教育说。认为电教是将科技成果运用于教育领域，是教育发展的新阶段，涉及教育的各个方面，是教育的革新活动。③辅助工具说。认为电教主要是指电教器材、设施、电教教材，是辅助教师讲授的重要手段和工具。④过程说。认为电教是人机协作、高速优质培养人才的过程。而以南国农先生提出的"电化教育"的定义在当时占主导地位："运用现代教育媒体，并与传统媒体恰当结合，传递教育信息，以实现教育最优化就是电化教育。"1982 年，中央电教馆将 1978 年到 1981 年在一些全国性报刊和电教刊物发表的有关电教的文章汇编成《电化教育资料简介》，收文达 359 篇。内容涉及电化教育的概念、作用、历史、设备、教材、管理及国外电教情况介绍。到 1989 年，全国已有 100 多份电教刊物。其中向国内外发行的有《电化教育》《外语电化教学》和《电化教育研究》，国内公开发行的有《中小学电教》《广东电教》。在省内内部发行或交流的有《北京电化教育》《河北电教》《山西电教》《天津电教》《内蒙古电教》《辽宁电教》《黑龙江电教研究》《上海电教》《江苏电化教育》《山东电教》《安徽电教》《江西电教》《浙江电教通讯》《福建电教》《四川电教》《云南电教》《贵州电教》《陕西电教》《甘肃电教》《新疆电化教育》《宁夏电教》《湖北电化教育》《湖南电教》《广西电教》《电教与研究》河南省等刊物。有些大城市也办了内部交流的刊物或资料，如《太原电教》《景德镇电教》《成都电教通讯》《重庆电教》《济南电教》等。高等教育方面有《江苏电教》《医学视听教育杂志》《机械工业电教研究》等。

上述情况说明，电化教育的理论发展速度是十分惊人的，它的理论发展水平可以从当时的一些专著中查找线索。1985年，南国农先生主编的《电化教育学》一书正式出版，该书一共由9章组成：第一章《绪论》；第二章《电化教学的基本理论》；第三章《幻灯、投影教学》；第四章《广播、录音教学》；第五章《电影教学》；第六章《电视教学》；第七章《计算机教学》；第八章《语言实验室与教学》；第九章《电化教育管理》。其中大部分章节都是关于电教设备使用的内容，只有第二章《电化教学的基本理论》是关于电教理论的内容。该章共分3节，第一节为《电化教学过程》，叙述了电化教学中教师、学生、媒体之间的关系，以及电化教学的一般模式；第二节为《电化教学媒体》，叙述了电化教学媒体的分类和功能，以及电教教材的编制要求；第三节为《电化教育的基本原则和方法》(注：从前后文看，应该是《电化教学的基本原则和方法》更为恰当)，叙述了电化教学的基本原则，以及电化教学的方法。第九章《电化教育管理》共有5节，分别是《我国电化教育工作的方针》《电化教育的机构与人员》《电教设备和器材的管理》《电教教材的管理》《电化教育用房》。

1998年，南国农和李运林联合主编的新版《电化教育学》出版，该书在上一版的基础上进行了内容增减和重新组合，共由13章组成：第一章《绪论》；第二章《电化教育过程和原则》；第三章《电化教育媒体》；第四章《光学投影媒体》；第五章《电声媒体》；第六章《电视媒体》；第七章《计算机教学》；第八章《电化教育应用系统简介》；第九章《教学设计》；第十章《课堂电化教学》；第十一章《远距离教学》；第十二章《电化教育研究和实验》；第十三章《电化教育管理》。其中，第二章将上一版的《电化教学的基本理论》改为《电化教育过程和原则》，保留上一版中部分内容，增加的教学设计、远距离教学等内容则是受到当时逐渐发展起来的教育技术的影响。

二、教育技术中的教育装备理论

教育技术在中国的发展晚于电化教育，到20世纪90年代后期才在中国逐步发展起来。美国曾经在1963年、1972年、1977年、1994年和2004年对教育技术进行过5次定义，而其中美国教育传播与技术协会(简称AECT)在1994年发布的有关教育技术的定义(简称“教育技术94定义”)在中国被普遍认可和使用，而且影响最为深广。“教育技术94定义”的英文原文为：“Instructional technology is the theory and practice of design，development utilization，management and evaluation of processes and resources for learning.”通常被译为：“教育技术是关于学习过程和学习资源的设计、开发、利用、管理和评价的理论与实践。”其中，将“Instructional technology”(教学技术)译为“教育技术”是中国的习惯用法。

教育技术学的研究对象是学习资源和学习过程，其中学习资源这一研究对象与教育装备学的研究对象有交集，教育装备中的教学装备包含了学习资源中的人工资源部分；而学习过程的设计即教学设计已经成为教育技术学的一个重要研究问题。另外，由于教育装备学是在教育技术学的基础上发展起来的，所以人们更加喜欢使用“教育技术装备”这个名词。

1979年，中国出现第一部关于教育技术的译著《世界电化教育概况：利用教育技术进行科学教育的新动向》(联合国教科文组织出版部编，傅统先译，上海教育出版社出版)。此后直到1998年，教育技术方面的著作开始大量出版，据不完全统计，2002年出版的教育技术著作就达83本之多。图9.5显示了1997～2002年国内教育技术书籍的出版情况。

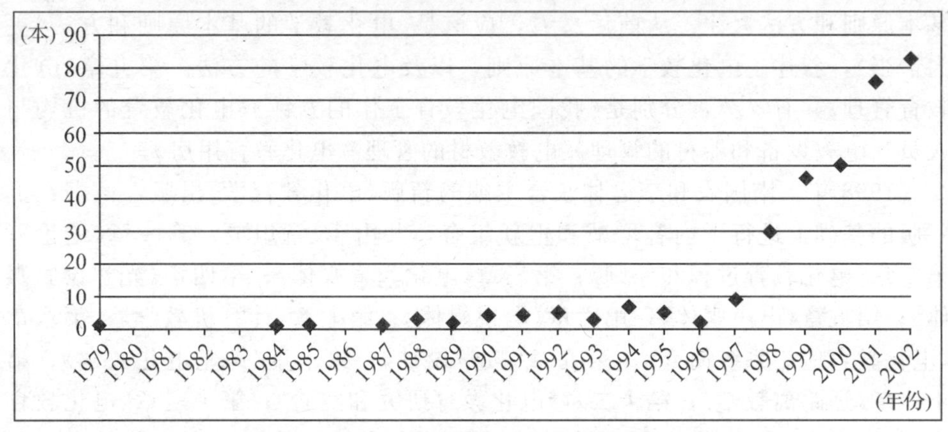

图7.5 1979～2002年教育技术书籍出版情况

随着教育技术概念的引入，教育技术学科的逐步建立，教育技术理论研究的快速发展，一些国外教育技术专家的著作也被大量翻译成中文作为教材使用，其中影响最大的是美国教育技术专家罗伯特·米尔斯·加涅(Robert Mills Gagne，1916—2002年)。加涅原是美国教育心理学家，其主要著作有：《学习的条件》《教学设计的原理》《知识的获得》《学习对个体发展的贡献》《教学方法的学习基础》《记忆结构与学习结果》《学习结果及其作用》《教学的学习基础》等。1987年，加涅汇集了一大批美国当代教育技术学专家的思想，主编出版了*Instructional Technology Foundations*一书。书中介绍了美国教育技术学的发展史及其理论，探讨了教学过程的系统分析、设计、实施、评价，以及涉及的各个领域的理论、主要模式和方法等。该书于1922年由张杰夫等译，在教育科学出版社出版，书名为《教育技术学基础》。关于书名的译法是有争议的，是译为“教育技术基础”好还是译为“教育技术学基础”好？因为“technology”一词可以译为“技术”，但它以“-ology”结尾，也可以译为“技术学”。从该书的内容上看，它并没有更多地涉及学科领域和学科体系的问题，而是以新技术支持下的学习模式、教学方法、教学设计为主，所以译为“教育技术基础”更为合适。

该书共有 16 章，第一章《绪论》(第一节《知识的来源》，第二节《其他资料》，第三节《什么是教育技术》，第四节《本书的内容》)；第二章《教育技术学的历史》(第一节《视听设备》，第二节《系统方法》，第三节《个别化教学》)；第三章《学习研究的基础》(第一节《学习研究》，第二节《作为认知的学习》，第三节《短时记忆的重要性》，第四节《学习复杂操作》，第五节《问题解决和知识组织》，第六节《心理模型》，第七节《自我调节》)；第四章《教学系统设计》(第一节《知识库》，第二节《设计研究》，第三节《教育的系统复合体》，第四节《以系统各层次作为基本层次》，第五节《学习经验层次的组织》，第六节《以社会为基础的组织的本质》)；第五章《教学需求的确认和详细规范》(第一节《教育技术学的概念》，第二节《有用的参照框架》，第三节《目标的详细规范》，第四节《对教学需求进行详细规范的过程》，第五节《需求分析》，第六节《教学方法、媒体和模型的详细规范》)；第六章《工作和任务分析》(第一节《工作分析》，第二节《任务分析》)；第七章《学习情境和教学模式》(第一节《情感领域》，第二节《运动技能领域》，第三节《认识领域》，第四节《序列化策略》，第五节《一种通用序列化策略》，第六节《微观策略》，第七节《微观水平的三种教学模式》，第八节《机动策略成分》，第九节《教学方法》，第十节《管理策略》)；第八章《学习者特征》(第一节《相互作用研究》，第二节《相互作用的类型》，第三节《适应性教学》，第四节《焦虑》，第五节《学习技能、动机和控制》)；第九章《显示和传播》(第一节《几个定义》，第二节《注意》，第三节《感知》，第四节《学习》，第五节《概念的形成》，第六节《其他的认知过程》)；第十章《远距离通讯的发展》(第一节《教育电视：电视广播》，第二节《磁带录像机》，第三节《教学电视定点服务系统》，第四节《有线电视》，第五节《卫星通讯系统》，第六节《电话会议系统》，第七节《光纤通讯》，第八节《远程文字传播(Teletext)》，第九节《视频交混系统》，第十节《音频与视频的改进》，第十一节《视盘》，第十二节《视频信息系统》)；第十一章《计算机辅助教育传递系统的发展》(第一节《教育传递系统》，第二节《教学技术的发展》，第三节《CAE 应用的发展》，第四节《知识技术的发展》)；第十二章《人工智能和计算机辅助学习》(第一节《基于模型的 ICAI》，第二节《基于理论的 AI CBL》，第三节《AI CBL 的未来发展》)；第十三章《教学成果评定》(第一节《测量的基础》，第二节《作为一个研究领域的标准参照测量》，第三节《标准参照测量的测验设计》，第四节《范围参照成就测验》，第五节《评价教学技术》)；第十四章《教育系统计划》(第一节《系统维护的计划工作》，第二节《系统变革的计划工作》，第三节《宏观教育系统分析》，第四节《宏观系统的变量》，第五节《评估和研究的需要》，第六节《计划工作的程序》，第七节《分析和计划的应用》)；第十五章《教育系统的开发》(第一节《ISD与知识传播》，第二节《模型适应实际：应用》，第三节《模型适应实际：对开发者的建议》，第四节《现实世界适应模型：ISD展望》)；第十六章《影响应用的因素》(第一节《教学设计的应用问题》，第二节《刺激采纳的因素》，第三节《面向用户的开发》，第四节《实施以用户为中心的开发》)。

从上述内容可以看出，与电化教育的研究相比，教育技术研究从教育心理学出发，更加关注学生的学习理论、教师的教学理论和教学设计方法等问题，这成为今后教育装备研究的出发点之一。教育装备学是综合考虑了教育装备的心理适应、生理适应、教师适应、学生适应、空间适应、时间适应、认知适应、文化适应性等一系列问题后的科学研究。

另一部在国内有较大影响的著作是北京师范大学乌美娜教授于1999年完成出版的《现代教育技术》。该书可谓集教育技术之大成，涉及教育技术领域的所有问题，以致后来成为其他教育技术类教材编写的典范。书中内容由3部分16章组成，第一部分为《教育技术概述》，共包含2章(第一章《教育技术发展的简史和概念的演变》；第二章《教育技术的定义实质和知识体系》)，分别叙述了教育技术的来历与形成、我国教育技术的发展简史、教育技术的定义、教育技术学的知识体系等内容。第二部分为《教学媒体》，共有9章(第三章《教学媒体概述》；第四章《非投影视觉材料》；第五章《投影视觉媒体》；第六章《活动图像媒体：电影与电视录像》；第七章《视觉图像与视觉文化》；第八章《听觉媒体》；第九章《计算机系统》；第十章《远程传播系统》；第十一章《过程技术》)，详细论述了各种教学媒体的特点、使用和优劣。第二部分后面还附有媒体实验部分，介绍各种教学媒体进行操作实验时的实验目标、使用器材、实验步骤和实验注意事项。第三部分为《教学设计》，共由5章组成(第十二章《什么是教学设计》；第十三章《教学设计的前端分析》；第十四章《学习目标的阐明与目标测试题的编制》；第十五章《数学策略的制定》；第十六章《教学设计成果的评价》)，详述了学习需要分析、学习内容分析、学生特征分析、学习目标的阐明、教学策略概述、教学顺序的确定、教学活动程序的建立、教学组织形式的合理选用、教学媒体的选择与利用、学生行为的评定、教案或教学材料的评价等内容。

此后出版的同类书籍很多，大多都是以教材的形式出现，内容基本上没有太大不同，体例也大致相似，都是由教育技术概述、媒体使用、教学设计三部分构成。其中与教育装备理论研究相关的部分为媒体部分和教学设计部分，但是教学设计部分仅作为参考。这是因为教育技术理论的研究目的和方法与教育装备理论有本质的不同，教育技术学主要研究教师和学生如何改变自己的教学和学习模式(教学设计)，出现一种新技术(如计算机、多媒体、互联网、电子白板、Moodle、Viki 、Weblog、移动通信、云计算等)，教育技术总是首先将其引入教育教学中，或作为教学内容，或作为教育装备，以接受这种教育装备的态度为前提，对教学过程、教学方式进行优化设计，以便能够最好地适应和运用这一教育装备，让人服从于装备。教育装备理论的思路与此相反，它更多地考虑如何使这个教育装备能够更好地为教育教学服务，所以经常以批判的目光来看待各种新兴的教育装备，主要研究教育装备如何设计和构成才能适应各种教学的需要。

第 4 节　教育装备理论的发展

对中国教育装备理论建设和学科建立贡献最大的莫过于《中国教育技术装备》和《中国现代教育装备》这两本国家级杂志。《中国教育技术装备》杂志创立于 1987 年，曾使用刊名《教育仪器设备》，是由教育部主管、中国教育装备行业协会主办的期刊。《中国现代教育装备》杂志创立于 1998 年，曾使用刊名《教育设备信息》，是由教育部主管、中国高等教育学会主办的期刊。这两本杂志几乎同时从 2001 年开始特别关注教育装备的理论研究，刊登了大量的研究型文章。这些情况说明，教育装备理论的建立正在孕育之中，并终将破茧而出。

一、教育装备理论文章的兴起

1977～2002 年，国内有关教育装备(或教育技术装备)方面的期刊文章数量呈迅速上升的趋势，1983 年只刊出 10 篇，到 2000 年已经刊出 188 篇，2001 年刊出 254 篇，2002 年刊出 709 篇。这些文章主要刊发在《中国教育技术装备》和《中国现代教育装备》等一些杂志上。因为 1983 年之前教育装备方面的论文年发表量非常小，所以图 7.6 只反映了 1983～2002 年教育装备论文刊出的情况。其中高校发文占比例最大，为 12.19%；其次是各省市教育装备管理部门，占 4.06%，并以湖北省教育技术装备处、湖北省黄冈市教育技术装备办公室、辽宁省教育技术装备中心和江西省教育技术装备站为最多。由于杂志名称的原因，《中国现代教育装备》杂志上刊登的与教育装备设计、生产、使用、管理等方面有关的文章相对多一些。

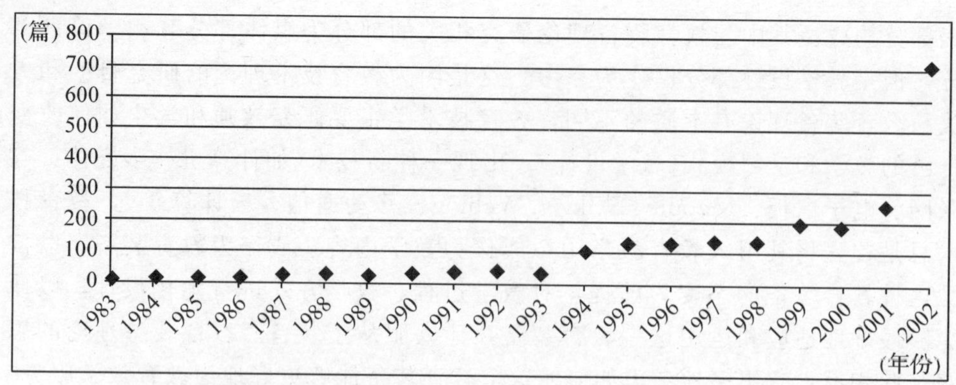

图 7.6　1983～2002 年教育装备论文刊出情况

与教育装备相关的学位论文主要出现在 2000 年以后。2000 年有关学位论文有 4 篇，2001 年为 7 篇，2002 年为 10 篇。

图书主要有赵维东主编，山东教育出版社于 1999 年出版的《教育装备校办产业政策法规实用指南》；2001 年宁波市教育委员会编写的《宁波市教育技术装备文件资料汇编》；姚蓉主编，西安市太白文艺出版社于 2002 年出版的《中小学实验室管理概论暨现代化教育技术装备》等为数不多的几部。

二、教育装备论坛会议的作用

2002 年 12 月 11 日至 13 日，“首届中国教育技术装备论坛”在上海举行，会期一共 3 天。该论坛是由中国教学仪器设备行业协会主办，《中国教育技术装备》杂志和中国教育装备网站协办，上海教学仪器设备行业协会和上海市教育技术装备部承办的。参加会议的代表有来自全国各省、市、自治区、计划单列市的教育厅、教育装备处(中心)的领导，各地教学仪器设备行业协会负责人，教学仪器设备企业总经理、厂长，大、中学校教师等，共计 150 多人。论坛采用主题报告和交流讨论相结合的形式，与会人员围绕基础教育课程改革对现代教育技术装备的要求，教育技术装备的管理和应用效益，企业的科学管理与企业文化，如何加强技术创新、提升教育装备的高科技含量，教育部门如何贯彻实施《政府采购法》等问题发表了自己的见解，并就目前教育技术装备工作中存在的一些问题提出了建议。

会议于 12 月 11 日开幕，中国教学仪器设备行业协会秘书长刘枢楠致开幕词，教育部基础教育司副司长李天顺、上海市人民政府教育督导办主任尹后庆、华东师范大学副校长唐明健、上海教学仪器设备行业协会会长陆建国分别做了讲话。

本次论坛共收到论文 92 篇，其中获一等奖论文 10 篇，二等奖论文 15

篇，三等奖论文17篇，获奖论文共计42篇。会后，《首届中国教育技术装备论坛交流材料选编》中共收录论文40篇，其中大部分为获奖论文。

“首届中国教育技术装备论坛”对推动中国教育装备理论发展起到了重要的作用。此后一直到2009年，教育装备理论研究和论文发表数一直呈上升趋势。

第5节 教育装备技术专业建设

2002年首都师范大学教育技术系成立之际，就建立了一个特色专业方向——教育技术学专业教育装备技术方向。该专业方向的建立，得到了国内和业界一些专家的认可和支持。教育装备是实施和保障教育活动的所有硬件、软件的统称，是学校建设的物质基础，是实施教学活动的基本手段，已成为衡量学校现代化水平的重要标志。教育装备学是关于教育装备的建设、发展、应用、管理、保障的理论和实践的综合性科学。而教育装备技术则以教育装备、学习资源的研制、设计、开发、应用和管理为主要目的，属于教育技术的理论与实践学科领域。

一、社会需求，特色专业

IT业目前被称为“朝阳产业”，是北京地区发展最快、对人才需求最大的龙头产业。从近年来首都信息技术相关专业招生的大好势头就可以看出这一点。北京市开办信息技术相关专业的高等院校众多，所以必须在这方面办出我们的特色，以己之长发展相关学科。教育技术学是信息科学与教育学的交叉学科，而教育装备技术则是一个能够很好地反映时代特色和学校特色的专业方向。

北京地区聚集着全国60％～70％的IT产业，对信息技术人才的需求与日俱增。由人才网上提供的信息可知，计算机世界咨询部提供的信息说明，既懂得电子信息工程又懂得教育的开发人员奇缺，远远不能满足目前的社会人才需求。这一事实为我们设置教育装备技术专业方向提供了广阔的市场。学习需求即社会需求，瞄准这个社会需求发展我们的专业是建设该专业方向的出发点。

二、学科调整，专业定位

近年来，一些起步早的学校的教育技术系不得不面临学科调整，使我们与他们站到了同一条起跑线上，给学科和专业建设起步较晚的学校一个难得的机会。教育技术系成立时，我们认真分析了教育技术学在基础教育教学中没有对应学科，教育技术学本科师范毕业生求职困难这一事实；经过大量的调查和研究，根据北京地区的社会需求特点，确定了开设教育装备技术这一交叉学科非师范专业的方向。教育部1998年颁布的本科专业目录中规定，一级学科教育学下的教育技术学专业毕业生，既可授教育学学士学位，也可授理学学士学位。可以这样理解：教育技术学本科毕业生的学科背景可以是教育学，也可以是理工科。考虑到社会需求、学生就业问题，以及本专业毕业生学历提升的各方面因素，我们为我们的本科生选择了理工科的学科背景及知识结构。我们在2003年开设了教育技术学专业的教育装备技术方向。教育装备技术是电子信息工程和教育学的交叉。

电子信息工程专业位于教育部1998年颁布的专业目录上工学学科门类(门类号08)下的一级学科——电子信息类(学科号0806)。这里需要说明，教育装备技术方向属于教育技术学专业，课程设置应参考教育技术学专业。但是由于教育技术学交叉学科的两重性(毕业生可授教育学或理学学位)，以及我们对毕业生学科背景与社会需求关系的分析，我们做出了主干课程按电子信息工程专业设置来定位的决定。

三、理科学位，工科模式

教育部1998年颁布的本科专业目录中与我们的专业方向相关的信息如表7.4所示。

表7.4　教育装备技术方向相关信息

学科门类	门类号	一级学科	学科号	二级学科（专业）	方向	学位
工学	08	电气信息类	0806	电子信息工程(080603)	—	工学
教育学	04	教育学类	0401	教育技术学(040104)	教育装备技术	教育学或理学

从表7.4可以看出，教育装备技术的毕业生可授教育学学位，也可授理学学位。我们为我们的毕业生选择了理学学士学位。但是该专业方向的学生，采用工科的培养模式。这主要出于以下考虑。美国在人才就业方面存在这样一个规律：经济景气时期，工科人才容易就业；而在经济不景气时期，理科人才较容易就业。中国国内目前处于经济发展的大好时期，似乎也遵循上述规律，对工科人才有较大需求。根据一些求职网站统计的数据计算，国内对电子信息类本科毕业生的供需比，理科平均为1：1.74，工科平均为1：3.64。即一个电子信息类的理科本科生毕业时，将有1.74个单位或职位在等

着他，而一个电子信息类的工科本科生毕业时，将有 3.64 个单位或职位在等着他。显然，工科毕业生有更大的就业机会。造成这一事实的原因之一是，工科毕业生走上工作岗位时可直接进入工作状态，而无须再次进行岗前职业培训。这是工科培养模式产生的必然结果。我们认为只有通过工科培养模式的理念，工科培养模式的培养目标确定，工科培养模式的教学计划实施，才能为北京市的经济发展输送合格的人才。

四、加厚基础，拓宽口径

为了真正实现为北京市培养合格人才，我们认真地分析了全国各高等院校相关专业的课程设置，并根据学分制的具体要求，制订了该专业的培养目标和教学计划。我们的教学计划体现了“厚基础，宽口径，弹性设置”的思想。

“厚基础”是指学科基础，即一级学科基础课程。学科基础课的加厚，使本专业的毕业生在今后的工作岗位上，或提升学历（考研）的过程中有坚实的基础，为进一步扩充自己的知识创造基本条件。

“宽口径”是指专业基础课，即二级学科（专业）的基础课程。专业的基础课拓宽的目的，是使我们的学生涉及更多的相关专业领域，知识结构更加丰满。在今后的工作岗位上或学历提升的过程中，具有更宽的选择余地。教育装备技术的学科背景，我们定位在电子信息工程专业。我们认为，电子信息工程专业的专业基础课应由 4 个模块构成：电子电气、信息通信、自动控制、计算机应用。即学生的专业基础知识结构应由这 4 块组成。这 4 块本应属于 4 个不同的专业（电子专业、通信专业、自动化专业、计算机应用专业），但是它们在这里相融了。教育装备技术的毕业生，如果从事校园网建设工作，具有信息通信和计算机应用的专业基础知识；如果从事现代化多媒体教室建设工作，具有自动控制和计算机应用的专业基础知识；如果从事各种现代化学习设备开发，具有电子电气和自动控制的专业基础知识；等等。此外，专业基础课程的选修课占有相当大的比例。这样设置是为了让学生在需要拓宽知识的课程上具有更大的自主权，可以根据自己的能力和余力涉足更加宽广的知识领域。

“弹性设置”是指专业方向课，即“三级学科”的专业课程。社会上的专业五花八门，我们不可能期待我们的学生做到面面俱到，涉及各个领域。所以在专业方向课设置时，应根据社会需求情况，弹性地选择。所谓“弹性”，就是应该有应变能力，随时调整自己的课程设置，体现最需知识和最新知识。表 7.5 反映了课程设置要求与学科层次关系。

表 7.5　课程设置要求与学科层次关系

课程设置要求	对应课程	对应学科层次
厚基础	学科基础课	一级学科(学科)
宽口径	专业基础课	二级学科(专业)
弹性设置	专业课(方向课)	三级学科(方向)

五、紧扣教育，体现特色

在我们设计的教学计划中，教育类课程在全部课程中所占比例较少。我们认为，仅凭这一点儿教育类课程是不能体现教育特色的，我们更多地依赖“课程设计”和毕业设计。在完成一些专业基础课程或专业课程时，都要进行相应课程联系实际的项目实践，而这些项目则都是与教育相关的。毕业设计更是如此。教育装备技术专业方向的学生要进行教育装备项目设计。能够保障这一点的是我们的教师。我们的教师多年来从事教育软件和教育装备方面的研究，可以说是硕果累累。我们认为，体现专业建设教育特色仅凭课程设置是不够的，它更需要学生和教师的融入，需要师范教育沉淀下来的“文化底蕴”。

参考文献

[1]胡德海．教育学原理：简缩本[M]．兰州：甘肃教育出版社，2008.
[2]唐汉卫，魏薇．教育学基础[M]．济南：山东人民出版社，2010.
[3]胡德海．论教育起源于人类社会生活的需要[J]．西北师大学报：社会科学版，1995(5).
[4]汪刘生，黄新宪．中外教育史大事对照年表[M]．长春：吉林教育出版社，1990.
[5]王晓华，叶富贵．中外教育史[M]．北京：首都师范大学出版社，2009.
[6]韦毅．教育起源析论[J]．南京晓庄学院学报，2002(3).
[7]李艺，颜士刚．技术的教育价值论[M]．北京：教育科学出版社，2010.
[8]南国农，李运林．教育传播学(第二版)[M]．北京：高等教育出版社，2005.
[9]黄荣怀，等．教育技术学导论[M]．北京：高等教育出版社，2006.
[10]刘济昌．教具理论研究导论[M]．北京：教育科学出版社，2011.
[11]查庆．构建主客体关系在马克思主义哲学中的作用和意义[J]．四川大学学报，2001.1
[12]黑格尔．逻辑学：上卷[M]．杨一芝，译．北京：商务印书馆，1982.
[13]王春．国家信息基础结构：美国行动计划(DB/OL)．http：//www.ciia.org.cn/info-yearbook.
[14]黎加厚．谈教育信息化[J]．中国电话教育，2002，1.
[15]黄荣怀．教育信息化：教育现代化的必由之路[J]．中国教育报，2002，10.
[16]蔡连玉．教育信息化管理：一个新的研究领域[J]．中国远程教育，2007，2.
[17]王素荣．教育信息化理论与方法[M]．北京：社会科学文献出版社，2006.
[18]李帅军．教育信息化管理的理论与实践[M]．北京：科学出版社，2007.
[19]蒋笃运，张豪锋，王萍，等．教育信息化若干重大问题研究[M]．北京：科学出版社，2008.
[20]赵菊敏．教育信息化的背景[J]．山西教育，2001，20.
[21]王德峰．哲学导论[M]．上海：上海人民出版社，2000，6.
[22]刘文其，等，“教学仪器设备存在的问题及质量管理的思路”课题研究调查报告[J]．中国教育技术装备，2009，14.
[23]任飚．基础教育要警惕过度信息化[N]．人民日报，2013-11-25.
[24]萧树兹．电化教育[M]，石家庄：河北人民出版社，1983.
[25]吴在扬．中国电化教育简史[M]．北京：高等教育出版社，1994.
[26]南国农．电化教育学[M]．北京：高等教育出版社，1985.
[27]南国农．李运林，电化教育学[M]．北京：高等教育出版社，1998.
[28]加涅．教育技术学基础[M]，张杰夫，等译．北京：教育科学出版社，1992.
[29]乌美娜．现代教育技术[M]．沈阳：辽宁大学出版社，1999.